长江三角洲
城市法治指数测评
蓝皮书 2020年度

华东师范大学长三角一体化法治研究院
上　海　律　典　智　库 ◎ 编

刘平　程彬 ◎ 主编

The Blue Book of Rule-of-law
Index Evaluation of
the Yangtze River Delta Cities (2020 Year)

上海人民出版社

项目团队

总　策　划	刘　平	华东师范大学特聘教授、博士生导师 长三角一体化法治研究院院长
项目总监	程　彬	上海律典智库主任
项目副总监	陈书笋	上海市行政法治研究所副研究员
	杨海宁	上海律典智库副主任
	陈肇新	华东师范大学法学院讲师
项目助理	李露沁	上海律典智库助理研究员
	郑明圆	上海律典智库助理研究员
	卢映旭	上海律典智库实习研究员
	梁心仪	上海律典智库实习研究员
测　评　员	张　健	邵思明　吴沛廷　杜　宇　付　楠　杨　阳
	殷奇林	刘紫荆（华东师范大学法学院在读硕士研究生）

目　录

第一部分
长江三角洲城市法治指数测评
说明报告

一、缘起与目标

党的十八大明确指出，法治是治国理政的基本方式。在我国实现国家治理体系和治理能力现代化的进程中，法治已经成为重要依托，全面依法治国已经纳入我国“四个全面”的战略布局。“法律是治国之重器，良法是善治之前提”已经成为全社会的共识。党的十九大又明确提出到2035年基本建成法治国家、法治政府、法治社会的宏伟目标。

2014年，习近平总书记明确要求长三角率先发展、一体化发展；2016年，《长江三角洲城市群发展规划》颁布实施，并提出到2030年全面建成具有全球影响力的世界级城市群的目标，要求长三角率先建立一体化发展体制机制，创建城市群一体化发展的“长三角模式”。2018年，习近平主席在出席首届中国国际进口博览会开幕式时宣布，将长三角区域一体化发展上升为国家战略，并要求建立长三角生态绿色一体化发展示范区。2019年12月，中共中央、国务院印发实施《长江三角洲区域一体化发展规划纲要》，长三角区域一体化进入全面发展的快车道。

在此大背景下，为了发挥高校作为产学研基地的功能，更好地服务长三角一体化发展的国家战略，更好地发挥法治在区域一体化发展中的保障作用，在上海市人大常委会的大力支持、市人大常委会法工委的精心指导下，华东师范大学决定设立“长三角一体化法治研究院”（以下简称法治研究院）。法治研究院系与上海市人大常委会办公厅合作共建，并接受市人大常委会法工委具体指导，重点围绕长三角一体化发展的体制和机制问题开展全面合作研究。法治研究院立足于深度服务长三角一体化发展的国家战略，紧扣一体化和高质量两个关键词，立足上海，面向长三角，辐射全国，围绕长三角一体化发展进程中法治的重大理论和现实问题，创新组织形式和管理方式，构架各类开放式的机构平台和项目平台，组织学科协同、校地协同、校校协同、国内外专家协同，开展重大课题攻关和项目建设，努力建设成为全国领先的新型区域法治协作研究高端智库。

法治研究院如何服务长三角一体化发展战略，是成立之后面临的首要课题。经过认真分析、研究，确定了一些工作抓手和项目，开展“长江三角洲城市法治指数测评”是其中一项重要预定任务。

2013年11月，党的十八届三中全会《关于全面深化改革若干重大问题的决定》要求“建立科学的法治建设指标体系和考核标准”；党的十八届四中全会《关于全面推进依法治国若干重大问题的决定》进一步强调“把法治建设成效作为衡量各级领导班子和领导干部工作实绩重要内容，纳入政绩考核指标体系”。在此大背景下，开展“长江三角洲城市法治指数测评”的主要目标，是通过法治指数测评，客观评估长三角地区相关城市法治建设的总体状况，发现其工作亮点和特点，给予肯定和鼓励，同时指出其工作中的不足和短板，分析其原因，提出相关的改进建议；同时，通过长三角地区城市之间的相互比较，清楚各城市法治建设的水平和等级，明确自己所处的方位，为确立下一步法治建设的目标和任务提供准确的信息依据和参考方向。

“长江三角洲城市法治指数测评”是对一个城市法治建设的全方位、综合性的测评，测评范围涉及政府、市场、社会三个维度，内容涵盖立法、行政、司法、守法以及党的领导等各个环节。此类综合性的城市法治指数测评，全国尚无有影响力的项目实践。实践中关注度较高的第三方测评，如中国政法大学法治政府研究院的“中国法治政府指数测评”、北京大学的“政府透明度指数测评”等，都是单个领域的法治指数测评。因此，本指数测评在全国具有创新性。

二、技术定位

一个城市的法治状态具有广泛性和复杂性，但测评指标并不能做到面面俱到，没有遗漏。因此，需要进行科学、系统地设计，确保选取的指标和确定的测评方式能真正客观地反映法治建设的实际状况。为此，首先需要确立法治指数测评应当遵循的基本原则。总结、借鉴以往的测评模式，项目团队认为以下五点十分重要，可以作为城市法治指数测评指标设定的原则：

（一）立足客观性

客观性是评价实际工作应当遵循的基本原则。客观性，就是以事实为依据，用数据和事例说话。总结以往的做法，实施指数测评的主体分为三种：第一种是来自社会公众的评价，这种评估方式，能够较为全面地反映社会整体的意见，特别是法治效果最终感受者的意见，更能够引起公权力部门的重视，能够预测公众未来的行动选择，如社会满意度问卷调查是此种指数测评中经常运用的方法；第二种是公权力内部考核评估，此种评估方式是一种公权力部门的内部监督评价行为，评估一般是自上而下地展开，评估基本服务于内部的监督控制，如国内第一个法治政府测评指数——深圳法治政府测评指数就属于此类；第三种是专门机构的指数评价，即学术机构或者社会公益组织作为第三方设计并实施的测评指数，是一种外部评估方式。本次测评无疑属于第三种，即作为第三方的学术机构，对长三角地区的城市法治状况作出独立、客观的评价。就测评的具体方法，比较以往的指数测评模式，主要有三种方式：一种是主观满意度调查，即主观指数，其所有的指标数据都是通过民意调查获得的公众或者特殊人群的满意度数据。这是一种常用方式，但其主观成分较重，调查成本也比较高，需要组织调查人员通过当面书面回答问题或者网上填写回答问题。第二种方式是纯客观调查，即客观指数，其意味着对公开途径所能获得的数据或者事实资料进行汇总、统计、分析，得出相关数据和结论，是通过数据的形式客观展示法治的基本状况；根据各种事实情况，评判一个城市符合法治价值的程度。第三种是将上述两种方式结合，既有客观数据统计与事实材料收集，也有主观满意度调查。应该说，第三种方式即客观指数与主观指数相结合，是最为科学的方式。但本项目因为受时间和成本的限制，拟选择第二种方式，即纯客观指数调查，以网络上能收集到的相关信息和资料为测评和分析依据，无法在网络上取得信息的指标一概排除。这种方法虽有一定的局限，但也具有明显的公平性，排除了人为选择性和主观随意性的弊端，较为适宜本项目的实施。

（二）具有可测性

可测性，指数测评的基本前提，意味着其指数的设计应当考虑在现实中是可能获得的，是可以测评、分析的，能实现定量分析与定性分析相结合。可测性的核心是能做到各种资料、事实通过科学的技术路径，转变为可量化的数据，使得能在统一数据对比中发现各自所处的水平，发现优势与短板。

实践中，有些工作是需要开展的，也是实际在进行的，但其指数没有办法实现量化，或者量化的成本很高，便不具有可测性，因而就无法设定为测评指标。如，法治观念、法治意识等，是法治建设的内在要求，但较为抽象，无法用一种统计的方法来衡量，需要泛化到各项具体可测的指标中去；又如，社会主义核心价值观入法，是新时代对立法工作的新要求，但如何转化为可以测评、可以定量分析的指标，目前还有很大难度。可测性的另一个要求是公开性，如，有一些法治工作也十分重要，但基本在体制内部运行，外部无法获得相关信息的，也不适宜设定为测评指标。

（三）体现动态性

动态性，指测评应当把握的主要边界，或者说是基本视域和范围，即测评的指数是“活”的指数。“动态”的指标要求每年都有工作留痕，工作进展，可以进行数据统计，或者在公众媒体上可以看到其工作及成效的事项信息。对于一些“静态”指标，如机构建设类指标，一旦机构成立，就意味着完成工作任务，进而转变为静态指标的，此类指标不宜列入。如，是否成立法治政府建设领导小组等，一旦领导小组成立了，就一直是得分项，实际上该指标就变成“死”的指标，不再具有动态性，这类测评指标应当排除。总结以往的测评指数，这类不具有动态性的指数还是较为普遍存在的，本项目应当尽量避免。即便一些制度性的事项无法回避，主要也不是测评其是否有组织机制，而是测评其日常活动和年度工作。概括起来说，应当是当年有动作的数据和有活动的事实，才纳入测评范围。这也是坚持测评工作科学性的体现。

（四）适度前瞻性

前瞻性，指数测评应当遵循的重要原则。指数测评是对现状的一种评估，应当能在现实中获得相关数据和事实材料。但测评工作的目的不仅仅是对过去和现状进行评价，更重要的是对今后工作有示范和引领功能。因此，在指标的设计上，要适度地体现前瞻性，将一些目前虽然还没有普及推广，但符合今后发展趋势与方向，或者已经明确为今后工作目标和要求的事项，纳入测评范围，这是有必要的。当然，对适度前瞻性的测评指标的选择，要求比较高，用通俗的话来说，就是“踮起脚尖够得着”的事项，或者眼前已有星火，即将会呈燎原之势的事项。一些在部分城市已经开展的创新性工作，预计将会在面上推广的，较为适宜列为测评指标。

（五）实现可比性

可比性，指数测评应当遵循的一般规律。指数的可比性，体现为纵向的可比性和横向的可比性。区域法治指数测评是一种横向比较的研究方法，因此，其立身之本就是相关数据和指标都是可以进行横向比较的，若只有一部分城市才能实践的，就不符合此项标准。如，长三角地区并不是所有的城市都有立法权，那些非设区的县级市基本没有地方立法权，所以，如果测评对象不限于有立法权的设区的市，那就无法进行科学立法工作的比较分析，该类指标就不能入选。而使命相同、任务相同，是比较研究的前提。所以设定的指标应当是所有纳入测评范围的城市都在开展的工作，或者都要求开展的工作。同时，如果这项指数测评需要今后持续开展的，那么所设计的指数应当是能够进行年度的纵向比较的，能显示其进步或倒退的状况的，而不是“一次性”的指标。如，2020 年全国全世界面临应对新冠肺炎疫情的防控，是当年度政府和各方面一项重点工作，其中不乏涉及法治的内容，但要设计成法治测评指数，就需要权衡其是否具有纵向的可比性问题。

三、法治指数的设定

（一）指数的构成

基于法治指数测评涉及领域的广泛性，包括党的领导、立法、执法、司法、守法、普法、社会治理、法律服务等多个领域，本测评指数的项目需求量较大，确定以 10 类一级指标为基数是适宜的。

以此为前提，项目团队分析、比较、权衡了多种业已存在的指数测评模式。第一种是 1000 分制，即每项指标设定为 100 分，总分为 1000 分，该方法的优点是分数能实现精准化，能拉开分数的档次，产生的心理影响会比较强烈。第二种是 100 分制，即每项分值设定为 10 分，满分为 100 分，该方法比较符合人们的习惯心理，容易被理解和接受。第三种是 100 分 + 加分项与减分项制，这种方法是对 100 分制的改良，即在 100 分的基础上，再增加 20 分的加分或者减分，能兼顾更多的测评要素。应该说，上述各种方法各具特点，各有优势。

经过比较分析，最后项目团队决定不照搬上述三种方式，而是采取100分＋减分项制，即：将100分分为基础分项50分，项目分项30分，加分项20分；之外，设立减分项，分值不超过20分。基础分项主要是评价相关领域基本制度建设与运行情况；项目分项主要评价特色工作和项目；加分项主要是评价被肯定的经验、创新性的探索和先进的做法；减分项则是明显的工作缺点或者在国家层面上曝光的反面典型案例、事件。按照这样的设定，基础分项和项目分项两项满分就能达到80分；加分项成为锦上添花的增量，实现满分为100分；但如果有减分项，就会被倒扣分数；减分项与加分项的分值相等。这样的测评指数设计，也是具有首创性的。

（二）评价方式

用打分的方式进行测评，自然会产生按分数排列的名次。很多指数测评也是以此作为评价依据或者作为结果发布的。但项目团队经过分析、研究，认为这种按分数排名次的方式并不适合法治指数的评价。因为测评分数本身具有天然的不完整性和误差性，分数相差1分名次就会有落差，但并不意味着其法治水平一定也存在落差，往往是各有所长、各有千秋。应当淡化排名次，选择运用一种更为科学、客观的评价方式。最后，项目团队借鉴国际上普遍运用的对大学进行评定的做法，采用等级评价的方式：将城市法治水平分为A、B、C、D四个等级，A代表“优秀”，B代表“良好”，C代表“合格”，D代表“不合格”；在每个等级里再细分为三级，以A等为例，分为A＋、A级、A－三级，总体形成四等10级的下列评价序列：

A+：E ≥ 90

A级：84 ≤ E < 90

A−：80 ≤ E < 84

B+：77 ≤ E < 80；

B级：73 ≤ E < 77；

B−：70 ≤ E < 73；

C+：67 ≤ E < 70；

C 级：$63 \leqslant E < 67$；

C-：$60 \leqslant E < 63$；

D 级：$E < 60$。

项目团队认为，这样按照等级进行评价更符合实际状况，也更有激励机制，而且给每个城市都留下升级进步的空间，用通俗的话来说，哪个城市都可以争取最高等级，而不受名额限制。

（三）一级指标的设定

项目团队的主要成员曾参加过历次《上海市依法行政状况白皮书》（2004—2009、2010—2014、2015—2020）的编著，参与过首个“上海市依法行政状况测评指数”的策划和分析报告的撰写，积累了一定的实践经验。同时，又横向比较研究了中国已有的法治指数：“香港法治指数”“法治余姚指数”，法治政府评估指数“深圳法治政府指数”，以及中国政法大学法治政府研究院发布的“中国法治政府评估指数”等，也参照研究了世界正义工程公布的全球“法治指数”、世界银行全球治理指数等相关资料。

认真学习了习近平法治思想，努力领会其核心要义和精神实质，深刻理解坚持依法治国、依法执政、依法行政共同推进，坚持法治国家、法治政府、法治社会一体建设的深刻含义。项目团队认为，法治指数应当体现下列要求：

1．要全面贯彻和体现习近平法治思想

2020 年 11 月中央全面依法治国工作会议，正式提出习近平法治思想，这是继习近平强军思想、习近平新时代中国特色社会主义经济思想、习近平生态文明思想、习近平外交思想之后第五个思想。习近平法治思想带有全局性、综合性、根本性，标志着我们党对共产党执政规律、社会主义建设规律、人类社会发展规律的认识达到新高度。习近平法治思想内涵丰富、论述深刻、逻辑严密、体系完整，历史和现实相贯通、国际和国内相关联、理论和实际相结合，是顺应实现中华民族伟大复兴时代要求应运而生的重大理论成果，是马克思主义法治理论中国化最新成果，是习近平新时代中国特色社会主义思想的重要组成部分，是全面依法治国的根本遵循和行动指南。同样是本书法治指数设计的根本遵循和指南。

2．要实践党的十八大对法治提出的新的目标和要求

2012年11月党的十八大提出“全面依法治国”，并将其纳入“四个全面”战略布局予以有力推进；明确“法治是治国理政的基本方式”；提出“科学立法、严格执法、公正司法、全面守法”的新法治“十六字”方针；对领导干部提出运用法治思维和法治方式的新要求；提出“五大文明”（即物质文明、政治文明、精神文明、社会文明、生态文明）建设，其中新增了生态文明；提出到2020年全面建成小康社会的奋斗目标。尤其是新法治“十六字”方针，仍然是法治建设努力的目标。

3．要全面贯彻党的十八届四中全会《决定》的精神

2014年10月党的十八届四中全会专门研究全面推进依法治国，提出总目标，进行顶层设计。《决定》提出了“法律是国家之重器，良法是善治之前提”；强调党的领导是中国特色社会主义最本质的特征，是社会主义法治最根本的保证，把党的领导贯彻到依法治国的全过程和各方面，是我国社会主义法治建设的一条基本经验；首次明确中国特色社会主义法治体系，即形成完备的法律规范体系、高效的法治实施体系、严密的法治监督体系、有力的法治保障体系，形成完善的党内法规体系；赋予所有设区的市立法权；提出人大主导立法；列出急需立法的项目，要求逐项落实。这些理念和要求都是制定法治指数的重要依据。

4．要全面贯彻党的十九届四中全会精神

2019年11月党的十九届四中全会专题研究国家治理体系和治理能力现代化问题，法治在国家治理中的作用更加彰显。全会总结了新中国70年历史性成就，解读了“中国之治”的制度密码：制度之治与执行之律；回答了我们何以有“四个自信”：13个显著优势，阐明了“四个自信”的基本依据；明确界定了国家治理体系和治理能力现代化的具体内涵，其中明确了要坚持六项基本制度：（1）坚持和完善中国特色社会主义行政体制，构建职责明确、依法行政的政府治理体系；（2）坚持和完善社会主义基本经济制度，推动经济高质量发展；（3）坚持和完善繁荣发展社会主义先进文化的制度，巩固全体人民团结奋斗的共同思想基础；（4）坚持和完善统筹城乡的民生保障制度，满足人民日益增长的美好生活需要；（5）坚持和完善共建共治共享的社会治理制度，保持社会稳定、维护国家安全；（6）坚持和完善生态文明制度体系，促进人与自然和谐共生。

5．要将党领导和推进全面依法治国落到实处

2018年3月，党中央组建中央全面依法治国委员会，法治中国建设迈入系统协同推进新阶段。按照中央的部署，各地都组建了依法治市委员会和办公室，承担起领导立法、保障执法、支持司法、带头守法，全面推进城市法治建设的使命。这也成为指数测评的一项新的重要内容。

6．要体现对法治政府建设的具体要求

从1989年《行政诉讼法》开始依法行政的第一个里程碑，配套制定《国家赔偿法》《行政复议法》等三部行政救济法全面实施，到《行政处罚法》《行政许可法》《行政强制法》三部行政行为法的先后实施；从2004年国务院《全面推进依法行政实施纲要》提出依法行政的基本要求：合法行政、合理行政、程序正当、高效便民、诚实守信、权责统一，到党的十八届四中全会《决定》提出法治政府的标准：职能科学、权责法定、执法严明、公开公正、廉洁高效、守法诚信；从2008年的《政府信息公开条例》到2019年的《重大行政决策程序暂行条例》。法治政府要求各级政府依法全面履行政府职能；健全依法决策机制；深化行政执法体制改革；坚持严格规范公正文明执法；强化对行政权力的制约和监督；全面推进政务公开。这些要求，都是法治指数不可或缺的依据。

7．要将增强全民法治观念、推进法治社会建设的要求纳入法治指数

客观地说，在法治国家、法治政府、法治社会一体推进过程中，法治社会建设还处于短板，表现为基层社区自治、行业自治、基层民主协商等制度都有待破题。从社会管理到社会治理，需要推动全社会树立法治意识，坚持全民普法与守法教育；推进多层次、多领域依法治理，坚持系统治理、依法治理、综合治理、源头治理；建设完备的法律服务体系；健全依法维权和化解纠纷机制。

8．要正确处理好政府与市场、改革与法治的关系

法治要为建设社会主义市场经济提供重要依托和保障。党的十八届三中全会《决定》明确提出发挥市场在资源配置中的决定性作用与更好地发挥政府作用的新命题；提出重大改革于法有据，先行先试依法授权的新要求。这些都是法治指数中不可回避的重要内涵。

依据上述全面依法治国的重要精神，项目团队设定了10项一级指标：A1依法治市；A2科学立法；A3严格执法；A4公正司法；A5全民守法；A6阳光政府；A7社会治理；A8全民普法；A9营商环境；A10法律服务。其中，A1是体现党的领导；A2—A5四项是新法治“十六字”方针的要求；A6、A9、A10三项是新时代对法治政府提出的新要求；A7是法治社会建设的要求；A8的普法也是法治的题中应有之义。

然而，在具体设计二级指标时，发现全民守法内容比较单薄，提不出那么多的测评指标，全民普法也存在相似的问题。而这两项都是面向全民或者对全民提出的法治要求，有共同性，最后决定将这两部分合并，成为“全民普法守法”。这样调整之后，多出来的10分如何处理？这9项一级指标中，其中前5项权重更重，是体现党的领导和新法治“十六字”方针的四项内容，因此决定各加2分，并且加到加分项里，以鼓励工作创新和争创先进。最终，本项目形成如下9项一级指标：

A1依法治市：5 + 3 + 4 = 12分；
A2科学立法：5 + 3 + 4 = 12分；
A3严格执法：5 + 3 + 4 = 12分；
A4公正司法：5 + 3 + 4 = 12分；
A5全民普法守法：5 + 3 + 4 = 12分；
A6阳光政府：5 + 3 + 2 = 10分；
A7社会治理：5 + 3 + 2 = 10分；
A8营商环境：5 + 3 + 2 = 10分；
A9法律服务：5 + 3 + 2 = 10分。

（四）二级指标的设定

二级指标的设定，是指数测评中最为关键的部分，决定着测评工作的质量与成败。二级指标需要使各种法治理念和各项法治工作得到全面地体现，并能够实现指标的客观性、可测性、动态性、前瞻性、可比性要求。在项目推进过程中，这部分是下功夫最多、耗费时间最长的。首先确立以下基本做法：

（1）二级指标分为基础分项、项目分项、加分项和减分项四类，占比分别为基础分项 50 分、项目分项 30 分、加分项不超过 40 分（后四项为 20 分）、减分项不超过 20 分。平均以每项 1 分设计，基本掌握基础分项设置 5 个指标，项目分项设置 3 个指标，加分项和减分项根据实际情况设定指标数量，但不超过限定的分数，实际资料和项目超过限定分数的不再计入。

（2）每项打分分为 0.25 分、0.5 分、0.75 分、1 分四挡，具体根据实际情况确定，有的可以从 0.5 分起算，也可以从 1 分起算。

（3）全部资料来自网络平台，主要途径：一是重点关注市政府网站、市人大网站、市人民法院网站、市人民检察院网站、市司法厅（局）网站等部门门户网站；二是输入“城市名 + 关键词”从网上搜索；三是加分项和减分项以国家级部门网站和中央主流媒体的信息为依据。

（4）所有信息都限于当年度所发布的信息，或者以当年度工作总结、报告为依据的信息。长期性的制度建设可参考以往的信息，但动态信息仍要以当年度的为主。若特殊原因尚未公布本年度相关数据的，以上一年度的数据作为比较分析的依据，但所有城市都应当保持一致。

在此基础上，分别为 9 项一级指标设定了下列二级指标，共计为 112 项：

1. 依法治市

一级指标	二级指标			分值
A1 依法治市	基础分项	B1	召开年度依法治市委员会工作会议；有年度工作计划（0.5×2）	1
		B2	公布地方性法规年度立法计划项目	1
		B3	公布政府规章年度立法计划项目	1
		B4	开展依法治市督查工作（0.5—1）	1
		B5	依法治区（县）工作协调推进（0.5—1）	1

（续表）

一级指标		二 级 指 标	分 值
A1依法治市	项目分项	B6 依法治市委员会四个协调小组（立法、执法、司法、守法普法）开展工作情况（0.25×4）	1
		B7 法规、规章计划由依法治市委员会或市委审议（0.5×2）	1
		B8 重大立法项目提交市委常委会审议情况（每项0.5，最多1）	1
	加分项	B9 形成有全国影响，或者得到国家相关部门肯定的创新工作事项（1）	4
		B10 获国家级、省级奖项（0.5—1）	
		B11 被中央媒体重点宣传（1）	

指标设计说明：

（1）依法治市的二级指标，主要是反映党推进全面依法治国、依法执政的内容，主要是依据依法治市委员会和依法治市办公室的主要工作设置，包括多项规定动作，如依法治市委员会每年度应当召开工作会议，审议年度工作计划；依法治市委员会下按照依法治国委员会的模式，都相应地设立了四个协调小组，即立法协调小组、执法协调小组、司法协调小组和普法协调小组，都由市委或者市人大领导等相关领导担任组长，应当每年有工作安排。

（2）依法治市二级指标的设置，要体现地方党委统筹协调、全面推进依法治市的全方位工作，即研究全面依法治市重大事项、重大问题，做好领导立法、保障执法、支持司法、带头守法等各个方面工作，其中突出的是党加强对立法工作的领导，完善党对立法工作中重大问题决策的程序，以及党统揽全局、协调各方的工作特点，但又不能与后面几项指标造成重复。所以这里的指标设置要体现综合性特点。

（3）全面依法治市是一项新的实践，依法治市委员会负责全面依法治市的顶层设计、总体布局、统筹协调、整体推进、督促落实，各地都还处于探索过程中，所以目前只能先选择一些已经有实践体会的内容列入评价，并为以后增加测评内容留有余地。

（4）全面依法治市的工作既要体现市委的相关工作，也要适度体现推动下级党委工作的内容。

（5）有些实践中有一定难度，尚未在面上普遍推行的制度，但带有方向性、前瞻性的，也可以列入测评，以起到引领和促进的作用，如：重大立法项目提交市委常委会审议，目前虽不普及，但这是党领导立法的重要途径，所以有必要将其列入。

（6）有些也很重要的属于依法治市的重要内容，如党内法规建设、国家监察制度实施，也是党依法执政的重要体现。但考虑到在网站上很难找寻到其全面的信息，不具有可测性，所以没有将其列入。

（7）鉴于全面依法治市工作的特殊性，不设减分项，这也是9项一级指标中唯一未设减分项的指标。

2．科学立法

<table>
<tr><th>一级指标</th><th colspan="3">二级指标</th><th>分值</th></tr>
<tr><td rowspan="14">A2
科学立法</td><td rowspan="5">基础分项</td><td>B12</td><td>立法（法规、规章）有公开征求公众意见机制（0.5×2）</td><td>1</td></tr>
<tr><td>B13</td><td>政府规章、行政规范性文件的人大备案审查制度健全（0.5×2）</td><td>1</td></tr>
<tr><td>B14</td><td>有立法后评估制度并实施（0.5×2）</td><td>1</td></tr>
<tr><td>B15</td><td>立法后有新闻发布会、解读等机制（法规、规章）（0.25×4）</td><td>1</td></tr>
<tr><td>B16</td><td>人大和政府基层立法联系点建设（0.5×2）</td><td>1</td></tr>
<tr><td rowspan="3">项目分项</td><td>B17</td><td>完成地方性法规年度立法计划（1）</td><td>1</td></tr>
<tr><td>B18</td><td>完成政府规章年度立法计划（1）</td><td>1</td></tr>
<tr><td>B19</td><td>有公开征集立法项目或者论证制度（0.5—1）</td><td>1</td></tr>
<tr><td rowspan="5">加分项</td><td>B20</td><td>完成法规、规章年度立法计划外项目（0.5×2）</td><td rowspan="5">4</td></tr>
<tr><td>B21</td><td>有国内或者省内首创的立法项目（0.5—1）</td></tr>
<tr><td>B22</td><td>举行立法听证会或者有人大全会审议的立法项目（1）</td></tr>
<tr><td>B23</td><td>立法中有创新性的制度被中央或者省级媒体重点宣传（0.5—1）</td></tr>
<tr><td>B24</td><td>立法过程中有征求公众意见的反馈机制（1）</td></tr>
<tr><td>减分项</td><td>B25</td><td>法规、规章在备案审查中被认定违宪或与上位法相抵触（每项1）</td><td>2</td></tr>
</table>

指标设计说明：

（1）对照党的十八届四中全会《决定》对立法工作的总体要求，对一些重要的制度需要纳入测评范围，如确立人大主导立法的理念，健全有立法权的人大主导立法工作的体制机制；推进科学立法、民主立法，建立基层立法联系点，推进立法工作精细化的要求；健全立法机关主导、社会各方有序参与的立法途径和方式；推行立法后评估制度等。这些立法制度都应该列入法治指数的测评范围。

（2）总结实践中成熟的地方立法经验做法，值得推广的制度。如：向社会公开征集立法项目，以及让公众参加立法项目的立项论证等制度，都是地方人大积极探索并取得较好社会效果的项目，值得纳入测评。又如：健全法规、规章草案公开征求意见和公众意见采纳情况反馈机制，在一项法规或者规章的审议过程中，主动向社会征求意见，让社会公众直接参加立法过程，并对意见是否被采纳有反馈机制的做法，也是实践中的有益探索，得到社会的广泛认同，值得通过纳入测评而加以推广。

（3）对于立法项目举行新闻发布，对相关条文进行解读制度，是后立法程序中两项重要的制度，也是目前地方立法实践中比较普遍开展的工作。从社会反响来看，也是得到公众认可的。所以将其列为基础分项，是合理、可行的。

（4）对规章、行政规范性文件的合法性审查，是人大的一项重要任务，是执行《监督法》中的重要内容，也是立法工作的有机组成部分。

（5）举行立法听证会、人大全会审议法规等制度，都是党的十八届四中全会《决定》中提出的新的立法工作要求。经过论证，认为比较超前，有些地方人大已经有开展，但目前实践还不是很充分，许多设区的市都还没有这些制度实践，无法纳入基础分项和项目分项，但从制度创新的定位出发，纳入加分项比较合适。

（6）对于开展立法协商，发挥政协委员、民主党派、工商联、无党派人士、人民团体、社会组织在立法协商中的作用；探索建立涉及重大利益调整论证咨询机制，也是党的十八届四中全会《决定》中提出的工作要求。但经过论证，这方面的实践还处于探索过程中，且尚未有面上已经推广的成熟经验，目前网上能收集到的这方面信息也较为有限，因此，未纳入测评指标，待以后实践发展再考虑纳入。

（7）有些立法工作的新要求，尽管也很重要，但在可测性和可比性方面较难实现，因此暂时未列入指数测评范围，如：社会主义核心价值观入法，是当前立法工作的重要指导原则，但如何体现和评价，还没有形成成熟的做法，难以作出准确的判断，不宜列入。

3．严格执法

<table>
<tr><th>一级指标</th><th colspan="3">二 级 指 标</th><th>分 值</th></tr>
<tr><td rowspan="14">A3
严格
执法</td><td rowspan="5">基础分项</td><td>B26</td><td>行政执法三项制度完善（行政执法公示制度、执法全过程记录制度、重大执法决定法制审核制度）[（0.25—0.5）×3]</td><td>1.5</td></tr>
<tr><td>B27</td><td>综合执法体制改革（0.5—1）</td><td>1</td></tr>
<tr><td>B28</td><td>法治政府建设报告制度（1）</td><td>1</td></tr>
<tr><td>B29</td><td>自由裁量制度完善（0.25—0.5）</td><td>0.5</td></tr>
<tr><td>B30</td><td>执法人员培训制度（0.5—1）</td><td>1</td></tr>
<tr><td rowspan="3">项目分项</td><td>B31</td><td>有严格执法的制度安排，实际效果良好（0.5—1）</td><td>1</td></tr>
<tr><td>B32</td><td>电子政务有成效（0.5—1）</td><td>1</td></tr>
<tr><td>B33</td><td>行政复议制度健全（0.5—1）</td><td>1</td></tr>
<tr><td rowspan="3">加分项</td><td>B34</td><td>被中央媒体重点宣传（1）</td><td rowspan="3">4</td></tr>
<tr><td>B35</td><td>有全国或者全省首创的法治政府建设项目（0.5—1）</td></tr>
<tr><td>B36</td><td>有全国性影响的典型示范单位（1）</td></tr>
<tr><td rowspan="3">减分项</td><td>B37</td><td>行政行为被复议纠错率高于全国平均水平（1）</td><td rowspan="3">2</td></tr>
<tr><td>B38</td><td>行政诉讼败诉率高于全国平均水平（1）</td></tr>
<tr><td>B39</td><td>不作为、乱作为（包括选择性执法）案件被曝光（每项1）</td></tr>
</table>

指标设计说明：

（1）严格执法的指标，是对依法行政提出的要求，也是法治政府建设的内在要求，这三个概念没有本质差异。依法行政的基本要求是：合法行政、合理行政、程序正当、高效便民、诚实守信、权责统一；法治政府的标准是：职能科学、权责法定、执法严明、公开公正、廉洁高效、守法诚信。严格执法的含义是要求各级政府依法全面履行政府职能；健全依法决策机制；

深化行政执法体制改革；坚持严格规范公正文明执法；强化对行政权力的制约和监督；全面推进政务公开。这些都需要在指标中予以体现。

（2）从具体内容来看，需要体现《行政处罚法》《行政许可法》《行政强制法》三部行政行为法的实施情况；还有《行政诉讼法》《国家赔偿法》《行政复议法》三部行政救济法的实施情况，这六部规范政府共同行政行为的法律，都体现了法治政府和依法行政的具体要求，都是法治指数设计中不可或缺的依据。

（3）“行政执法三项制度”是依法行政中全国统一部署的重要制度，新《行政处罚法》对此也进行了规范，成为一项法定制度；加上体现行政合理性的行政裁量基准制度，已经在全国推行。上述行政执法三项制度和行政裁量基准制度等四项内容构成 2 项基础分项。

（4）基于法治政府建设中向上级政府年度报告制度是 2004 年国务院《全面推进依法行政实施纲要》中明确提出的工作要求，国务院也已将此项工作加以落实，而且，法治政府建设年度报告也是行政执法指数的重要来源和依据，是阳光政府的应有之义，所以将此纳入测评指标，很有必要。

（5）综合执法体制改革仍是时代的使命，党的十八届四中全会《决定》明确要大幅减少市县两级政府执法队伍种类，重点在食品药品安全、工商质监（2019 年体制改革后为市场综合监督管理）、公共卫生、安全生产（体制改革后为应急管理）、文化旅游、资源环境、农林水利、交通运输、城乡建设、海洋渔业等领域推进部门综合执法；新《行政处罚法》又提出执法重心下沉到乡镇、街道的纵向执法体制改革，都需要各地去探索和实践，纳入测评范围，既是对改革的鼓励和促进，也是落实国家任务的体现。

（6）电子政务建设是依法行政的时代新要求，各地都有积极的实践，如上海的“一网通办”、浙江的“最多跑一次”等，都在全国有很大影响，这是具有一定前瞻性的指标。

（7）严格执法，各地都有很多创新性的实践，因此要给各地的改革探索留下空间，该项指标应该是开放性的，鼓励各地制度创新。

（8）加分项中，如何认定“有全国性影响的典型示范单位”？项目团队认为，要排除那种各地分配名额进行表彰的先进集体推举，因为不能真正体现典型性、创新性，只有经过评选、竞争、专业认定过的示范单位和项目，才符合这一标准。

（9）在此项指标设计中，最为纠结的是如何评价行政复议和行政诉讼制度。站在不同的视角，可能得出完全不同的结论。如行政复议纠错率高，说明复议机关严格履行职责，应该是正面评价；但从纠错率的角度来看，则从一个侧面反映了依法行政乱作为、软作为、不作为的负面评价。经过研究，从中寻找到一个平衡点，就是一方面对行政复议工作作正面评价（行政诉讼属于司法公正范畴，在此不设置评价）；另一方面，当该市的行政复议纠错率和行政诉讼败诉率高于全国平均水平时，作减分处理。基于2020年度的行政复议和行政诉讼全国数据没有公开的现实，此次将2019年度的全国行政复议纠错率和行政诉讼的败诉率作为比照依据。

4．公正司法

一级指标		二级指标		分值
A4 公正司法	基础分项	B40	“阳光司法”建设情况：两院报告可查（0.5×2）	1
		B41	公正审判（0.5—1）	1
		B42	跨行政区域管辖试点（0.5—1）	1
		B43	司法责任制推进有力（0.5×2）	1
		B44	检察监督有力（0.5—1）	1
	项目分项	B45	公益诉讼制度得到推进（0.5—1）	1
		B46	行政负责人出庭应诉制度普遍推行（0.5—1）	1
		B47	解决执行难（0.5—1）	1
	加分项	B48	审判成为最高院（检）指导案例、典型案例（1）	4
		B49	审理全国新型诉讼案件（1）	
		B50	公正司法有制度创新（1）	
		B51	测评指数在全国或全省名列前茅（0.5—1）	
	减分项	B52	被曝光或确认有司法腐败的案件（每项0.5—1）	2

指标设计说明：

（1）关于公正司法，党的十八届四中全会《决定》提出了明确的要求：

一是完善确保依法独立公正行使审判权和检察权制度；健全行政机关依法出庭应诉，支持法院受理行政案件，尊重并执行法院生效判决的制度。二是优化司法职权配置，探索设立跨行政区划的人民法院和人民检察院，办理跨地区案件；变立案审查制为立案登记制；明确司法机关内部各层级权限，健全内部监督制约机制。三是推进严格司法，推进以审判为中心的诉讼制度改革。四是保障人民群众参与司法，在司法调解、司法听证、涉诉信访等活动中保障人民群众参与，构建阳光司法机制，建立生效法律文书统一上网和公开查询制度。五是加强人权司法保障，切实解决执行难，实行诉访分离。六是加强对司法活动的监督，完善检察机关行使监督权的法律制度。

（2）公正审判与检察监督，分别体现人民法院依法独立公正行使审判权和人民检察院依法独立公正行使检察权，无疑是公正司法中两个最为核心的制度，分别体现人民法院和人民检察院在司法体制中的核心定位，所以也是指数测评中重要的指标。

（3）跨行政区域管辖制度的改革是司法改革实践中重要的推进制度，虽然需要跨市域管理，资料信息收集有一定难度，但从服务改革的角度看，纳入指数测评是很有必要的。

（4）行政机关负责人出庭应诉，是2014年《行政诉讼法》修订中新增的一项重要法定制度，对行政机关提出了更高的要求。

（5）公益诉讼是2017年《行政诉讼法》修订中增加的一项重要法律制度，包括民事公益诉讼和行政公益诉讼，也成为人民检察院的一项新的法定职责。这项制度各地都还处在探索阶段，但推进的力度很大，已经具备测评条件。

（6）执行难是司法实践中的难题之一，也是社会关注司法公正的焦点之一，即如何努力让人民群众在每一个司法案件中感受到公平正义。

（7）减分项中，如何来界定“被曝光或确认有司法腐败案件”？经研究，为了实现可比性，认为应当统一信息层级和渠道，最后统一到在中央纪委和国家监察委网站上通报的案件，具体分为两类：一是中央纪委和国家监察委自行办理与通报的案件；二是各省纪委监察委网站上有通报，被中央纪委监察委网站转发的案件。两者的分数权重则适当区分：国家的扣1分；转发省级的扣 0.5 分。

5. 全民普法守法

一级指标		二 级 指 标	分 值
A5 全民普法守法	基础分项	B53　宪法宣传周机制完善（0.5—1）	1
		B54　“谁执法谁普法”制度完善（0.5—1）	1
		B55　建立普法宣讲团（0.5—1）	1
		B56　普法阵地建设有成效（包括网络阵地）(0.5—1）	1
		B57　有领导干部学法制度（0.5—1）	1
	项目分项	B58　宪法宣誓仪式得到执行 0.25×4）	1
		B59　普法进中小学（0.5—1）	1
		B60　普法进社区（0.5—1）	1
	加分项	B61　普法新形式在全国或全省有影响（0.5—1）	4
		B62　被中央媒体重点宣传（1）	
	减分项	B63　发生全国有影响的违法违纪案件（每项 0.5—1）	2

指标设计说明：

（1）党的十八届四中全会《决定》明确将每年 12 月 4 日定为国家宪法日，在全社会普遍开展宪法教育，弘扬宪法精神。同时明确，建立宪法宣誓制度，凡经人大及其常委会选举或者决定任命的国家工作人员正式就职时公开向宪法宣誓。因此，自 2014 年 12 月 4 日起，全国都开展了国家宪法日活动，各地又发展出宪法宣传周等活动形式；宪法宣誓仪式也已广泛开展。这两项指标是检验各地宪法宣传的重要指数。

（2）党的十八届四中全会《决定》明确提出，推动全社会树立法治意识，坚持把全民普法和守法作为依法治国的长期基础性工作，深入开展法治宣传教育，引导全民自觉守法、遇事找法、解决问题靠法。

（3）党的十八届四中全会《决定》明确要求，坚持把领导干部带头学法、模范守法作为树立法治意识的关键，完善国家工作人员学法用法制度。

（4）健全普法宣传教育机制，实行国家机关“谁执法、谁普法”的普法责任制，也是十八届四中全会《决定》提出的明确任务，已经全面推行，具备可测性与可比性。

（5）普法宣传，一要有阵地，二要有人马，这是各地实践中普遍重视的两项工作，也是普法成效的具体体现，如组建普法宣讲团、建立宪法主题公园等，这已是两项具有可比性的指数。

（6）普法如何进中小学和社区，既是普法工作的重点，也是难点。党的十八届四中全会《决定》明确，把法治教育纳入国民教育体系，从青少年抓起，在中小学设立法治知识课程；把法治教育纳入精神文明创建内容，开展群众性法治文化活动。目标是明确的，实现路径有哪些？是检验各地普法工作水平和态度的重要途径。

（7）对于减分项，考虑到各个层级的违法腐败案件会较多，全部纳入不可能也没必要，因此将此范围限于在全国有影响的案件，那么，如何来界定"发生全国有影响的违法违纪案件"？这是操作中的一个难点。关键是如何认定"全国有影响"？经过试测，认为宜限于同一信息渠道内，最后确定两个途径：一是中央媒体有重点报道的；二是在中央纪委国家监察委网站上有报道的。

6．阳光政府

<table>
<tr><th>一级指标</th><th colspan="3">二 级 指 标</th><th>分 值</th></tr>
<tr><td rowspan="13">A6
阳光
政府</td><td rowspan="5">基础
分项</td><td>B64</td><td>政府网站有专门窗口可进行政府信息公开申请（0.5—1）</td><td>1</td></tr>
<tr><td>B65</td><td>政府信息主动公开制度健全、内容完备（0.5—1）</td><td>1</td></tr>
<tr><td>B66</td><td>依申请公开率（0.25—1）</td><td>1</td></tr>
<tr><td>B67</td><td>政府新闻发布会制度健全（0.5—1）</td><td>1</td></tr>
<tr><td>B68</td><td>发布政府信息公开年度报告（1）</td><td>1</td></tr>
<tr><td rowspan="3">项目
分项</td><td>B69</td><td>有重大行政决策事项目录及其公示制度（0.5—1）</td><td>1</td></tr>
<tr><td>B70</td><td>行政规范性文件目录可查且有文本（0.5—1）</td><td>1</td></tr>
<tr><td>B71</td><td>规范性文件的政府备案审查、清理制度（0.5—1）</td><td>1</td></tr>
<tr><td rowspan="4">加分项</td><td>B72</td><td>重大行政决策公众参与、专家论证、风险评估、合法性审查、集体讨论决定机制（每项0.5）</td><td rowspan="4">2</td></tr>
<tr><td>B73</td><td>有规范性文件或者政策解读（0.5）</td></tr>
<tr><td>B74</td><td>有信息公开创新性制度（0.5）</td></tr>
<tr><td>B75</td><td>政府透明度测评指数名列前茅（0.5）</td></tr>
<tr><td>减分项</td><td>B76</td><td>政府信息公开网上申请无渠道（每项1）</td><td>2</td></tr>
</table>

指标设计说明：

（1）关于阳光政府，主要的制度是政府信息公开制度、重大行政决策程序规范制度和规范性文件备案审查制度，分别依据国务院《政府信息公开条例》《重大行政决策程序暂行条例》和各省市关于规范性文件备案审查的地方性法规或者政府规章。

（2）《政府信息公开条例》于2008年5月实施，又于2019年4月作了修订，增设了新的制度。政府信息坚持以公开为常态、不公开为例外，具体分为主动公开与依申请公开两种方式，并明确了具体范围。主动公开的方式强调了政府信息发布机制，如新闻发布会、政府公报等；政府门户网站是重要的主动公开平台；要求行政机关根据需要设立公共查阅室、资料索取点、信息公告栏、电子信息屏等设施。依申请公开方式强调了应当建立健全政府信息公开申请登记、审核、办理、答复、归档的工作制度，加强工作规范；并明确要求建立健全工作考核制度、社会评议制度和责任追究制度；县级以上政府要建立政府信息公开年度报告制度，于每年3月31日前向社会公布。据此，设计了政府门户网站开设信息公开申请窗口、主动公开、依申请公开、新闻发布会、政府信息公开年度报告等多项测评指标。

（3）2019年颁布的《重大行政决策程序暂行条例》确定重大行政决策的五个法定程序，即：公众参与、专家论证、风险评估、合法性审查和集体讨论决定，并规定重大行政决策事项目录、标准及公布制度、宣传解读制度、决策过程记录和材料归档制度。这些制度，都应当在指标设计时加以考虑。

（4）关于规范性文件备案审查制度，国家层面上并没有统一立法，但各省市基本都有相应地方立法，不是地方性法规就是政府规章。所规范的内容有基本的规定动作，也有自选动作。重要的有规范性文件目录制度、备案审查制度、清理制度和解读制度等。这些制度都已纳入指标测评的范围。

7．社会治理

一级指标		二　级　指　标	分　值
A7 社会治理	基础分项	B77　“枫桥模式”得到推广（基层人民调解）(0.5—1）	1
		B78　行业性专业性调解有组织、有类型（0.5—1）	1
		B79　信访制度完善（0.5—1）	1
		B80　平安建设（0.5—1）	1
		B81　网格化管理（0.5—1）	1
	项目分项	B82　市域社会治理有抓手、有成效（0.5—1）	1
		B83　诉调对接制度完善（0.5—1）	1
		B84　司法所建设（0.5—1）	1
	加分项	B85　有全国或者全省影响的创新项目（0.5—1）	2
		B86　获得省级或者全国奖项（0.5—1）	
	减分项	B87　被曝光涉黑涉恶案件（每项1）	2
		B88　发生重大、特大安全事故（每项1）	
		B89　发生重大社会安全事件（每项1）	

指标设计说明：

（1）关于社会治理，党的十八届四中全会《决定》提出，推进多层次多领域依法治理，坚持系统治理、依法治理、综合治理、源头治理，提高社会治理法治化水平；发挥市民公约、乡规民约、行业规章、团体章程等社会规范在社会治理中的积极作用。建立健全依法维权和化解纠纷机制，强化法律在维护群众权益、化解社会矛盾中的权威地位；把信访纳入法制化轨道。健全社会矛盾纠纷预防化解机制，完善调解、仲裁、行政裁决、行政复议、诉讼等有机衔接、相互协调的多元化纠纷解决机制；加强行业性、专业性人民调解组织建设，完善人民调解、行政调解、司法调解联动工作体系；深入推进社会治安综合治理，完善立体化社会治安防控体系，保障人民生命财产安全。

（2）大调解体系包括人民调解、行政调解、司法调解以及行业性、专业性调解。中央又提出推广新时代“枫桥经验”。这些制度都需要在测评指数中体现。为此，选取人民调解制度，行业性、专业性调解制度，诉调对接制度作为测评点。

（3）信访制度是化解社会纠纷的重要途径，但信访制度也面临改革，需要实现法制化，需要正确处理好信访制度与法律救济制度之间的关系，避免信访成为社会救济的最后一道防线，导致人们“信访不信法”。但简单地以信访数量来衡量信访工作好坏是不客观、不准确的，所以应该从总体上来评价信访工作的成效。

（4）社会治安综合治理在各地实践中大多以“平安建设”为抓手。2020年11月，平安中国建设工作会议在北京召开，习近平总书记作出重要批示，充分肯定各地区各部门所作出的努力，并提出了建设更高水平的平安中国要求。这方面，各地都有许多制度创新，如上海的“一网统管”、浙江的“平安浙江战略”等，所以将平安建设作为测评指标是可行的。

（5）“网格化管理”是城市管理中一项普遍开展的基础性工作，具有很强的可比性。但是，如何做到量化可比，还需要进一步研究细化。

（6）司法所建设，是实现基层社会治理一项很重要的机制安排，但在2019年行政管理体制改革之后，司法所的功能也从普法和社会治理拓展到当好基层政府的法律参谋和顾问的角色，其标准化的内涵已不同过去。这方面，上海已经率先行动。2020年12月，上海市委组织部、市委编办、市司法局、市发改委、市财政局等五部委联合出台《关于全面加强新时代司法所建设　切实提升基层法治水平的意见》，提出了提高司法所统筹推进基层法治建设、承担基层政府法制工作、提供基层公共法律服务等履职能力，服务和保障街道乡镇中心工作，提升基层法治水平的新任务、新标准。因此，将司法所建设纳入测评指标，具有前瞻性，需要用新的标准来检验司法所建设的标准化内涵。

8．营商环境

<table>
<tr><th>一级指标</th><th colspan="2">二 级 指 标</th><th>分 值</th></tr>
<tr><td rowspan="12">A8
营商环境</td><td rowspan="5">基础分项</td><td>B90 有优化营商环境的政策（0.5—1）</td><td>1</td></tr>
<tr><td>B91 放管服改革有成效（0.5—1）</td><td>1</td></tr>
<tr><td>B92 有扶持中小企业措施（0.5—1）</td><td>1</td></tr>
<tr><td>B93 行业协会作用发挥（0.5—1）</td><td>1</td></tr>
<tr><td>B94 知识产权保护统筹协调机制（0.5—1）</td><td>1</td></tr>
<tr><td rowspan="3">项目分项</td><td>B95 电子证照、印章、签名应用（0.5—1）</td><td>1</td></tr>
<tr><td>B96 行政许可承诺时限短于法定时限（0.5—1）</td><td>1</td></tr>
<tr><td>B97 社会信用体系平台建设（0.5—1）</td><td>1</td></tr>
<tr><td rowspan="2">加分项</td><td>B98 有全国或者全省首创性项目（0.5—1）</td><td rowspan="2">2</td></tr>
<tr><td>B99 中央媒体重点宣传（1）</td></tr>
<tr><td rowspan="2">减分项</td><td>B100 出台地方保护主义政策（1）</td><td rowspan="2">2</td></tr>
<tr><td>B101 发生有地方保护主义倾向的行政执法案件（每项 1）</td></tr>
</table>

指标设计说明：

（1）优化营商环境，是目前各级各地政府工作中的重中之重。从行政审批制度改革到放管服改革，政府始终没有停歇过。2019 年 1 月，国务院颁布《优化营商环境条例》（国务院令第 722 号）；2021 年 1 月，国务院常务会议听取《优化营商环境条例》实施情况第三方评估汇报，要求进一步打通落实堵点提升营商环境法治化水平。

（2）优化营商环境的核心理念是平衡好发挥市场在资源配置中的决定性作用与更好地发挥政府作用，即通过放管服改革，最大限度减少政府对市场资源的直接配置，最大限度减少政府对市场活动的直接干预，加强和规范事中事后监管。当然，其内容比较多，只能作综合性的评价。

（3）在优化营商环境方面，各地的一个主要抓手是出台相关优惠政策，如人才吸引政策、财税优惠政策、扶持中小企业政策、金融服务政策等。其中，金融政策是中央事权，不宜列入测评指标，其他几项都可以考虑纳入。

（4）在政府减少市场直接干预的同时，发育发挥行业协会商会类社会组织的行业自律和专业服务功能；建立社会信用体系建设，完善守法诚信褒奖和违法失信行为惩戒机制，是与市场经济相适应、相配套的两项重要制度，无疑是重要的测评指标。

（5）保护知识产权，从而创造公平的市场竞争机制，无疑是优化营商环境一项重要的制度安排，也是政府的重要职能。

（6）如何来检验营商环境的优化水平？缩短行政许可的时限是一项有可比性的指标，最好的方法是通过模拟向同类行政许可受理窗口申请行政许可的方式获得实际时间，作出比较分析。但受限于本项目测评方式的制约，暂不采取此方式，而只通过查阅相关文件，看其有没有缩短法定行政许可办理时限的规定，虽然未能证实实际实施情况，但已能部分达到测评目的。

（7）电子政务，是优化营商环境的具体体现。鉴于在线政务服务（如“一网通办”）已经在各地普遍推行，纳入测评是题中应有之义，但选择什么抓手来实现可测性、可比性的指标，是一个难题。经过研究分析，选择了国务院文件要求推行的“电子证照、电子签名、电子印章”实施情况为抓手。

（8）需要特别说明的是，优化营商环境，实现法制化，即地方依据国务院《优化营商环境条例》，制定优化营商环境的地方性法规或者政府规章，应该是一个重要的体现。因此，项目团队曾经考虑将此纳入测评指数，但经过试测和论证，发现对于原有立法权的城市而言可以做到，但对于刚刚获得立法权的设区的市来说就有难度，存在障碍，因为《立法法》给予他们的立法权仅限于城乡建设与管理、环境保护、历史文化保护等三方面的领域，优化营商环境很难纳入此范围，最后只得放弃。

9. 法律服务

<table>
<tr><th>一级指标</th><th colspan="3">二 级 指 标</th><th>分 值</th></tr>
<tr><td rowspan="11">A9
法律服务</td><td rowspan="5">基础
分项</td><td>B102</td><td>公共法律服务平台建设（0.25—1）</td><td>1</td></tr>
<tr><td>B103</td><td>律师工作（0.5—1）</td><td>1</td></tr>
<tr><td>B104</td><td>仲裁工作（0.5—1）</td><td>1</td></tr>
<tr><td>B105</td><td>司法鉴定工作（0.5—1）</td><td>1</td></tr>
<tr><td>B106</td><td>公证工作（0.5—1）</td><td>1</td></tr>
<tr><td rowspan="3">项目
分项</td><td>B107</td><td>法律援助制度保障（0.5—1）</td><td>1</td></tr>
<tr><td>B108</td><td>法律顾问制度完备（0.25—1）</td><td>1</td></tr>
<tr><td>B109</td><td>法律服务进村居（0.5—1）</td><td>1</td></tr>
<tr><td rowspan="2">加分项</td><td>B110</td><td>全国或者全省创新性项目（0.5—1）</td><td rowspan="2">2</td></tr>
<tr><td>B111</td><td>中央媒体重点宣传（1）</td></tr>
<tr><td>减分项</td><td>B112</td><td>律师、司鉴、公证、仲裁领域发生全国影响的腐败案件（每项1）</td><td>2</td></tr>
</table>

指标设计说明：

（1）党的十八届四中全会《决定》明确要求建设完备的法律服务体系。推进覆盖城乡居民的公共法律服务体系建设，加强民生领域法律服务；完善法律援助制度，扩大援助范围；发展律师、公证等法律服务业，统筹城乡、区域法律服务资源；健全统一司法鉴定管理制度；完善仲裁制度，提高仲裁公信力。上述这些要求，是设计法律服务测评指数的重要依据。

（2）加强公共法律服务平台建设，建立市、区县、街镇、社区（居村）四级公共法律服务平台，已经得到扎实有效地推进，所以具备了纳入测评的条件。当然，其服务质量如何，是下一步完善测评指标时需要考虑的问题。

（3）律师服务、公证服务、司法鉴定和仲裁服务，是司法行政部门的四项主要的法律服务事项，无疑是测评法律服务水平的重要指标。其中，关于律师服务，在论证过程中，也曾经考虑，以一个地区人均拥有律师数量来衡量法律服务的水平，但经过仔细论证，发现对于三四线城市来说，不是很公平。因为客观上，律师资源配置不平衡，律师大量集中在一线二线城市是一种事实，将此作为测评标准，也很难在短时间里解决这种不平衡的状况，因此，放弃了以此为标准。

（4）法律援助制度，是公共法律服务的一项重要制度，也是政府提供公共法律服务的主要职责之一，在新形势下，还要求拓展法律援助的范围。

（5）党的十八届四中全会《决定》明确要求积极推进政府法律顾问制度，建立政府法制机构人员为主体、吸收专家和律师参加的法律顾问队伍；各级党政机关和人民团体普遍设立公职律师，企业可设立公司律师，明确公职律师与公司律师法律地位及权利义务，理顺公职律师、公司律师管理体制机制。在实践中，公职律师客观上承担起了法律顾问的作用。所以，将党、政府、企业、居村四方面的法律顾问（公职律师）制度纳入测评，既是国家的要求，也是现实可测、可比的。

四、测评城市范围的确定

法治指数的测评对象如何确定？第一方案是将长三角地区拥有立法权的所有设区的市作为测评范围，即地级以上的城市，共有41个。除上海市外，江苏省共有13个设区的市，分别为：南京市、无锡市、徐州市、常州市、苏州市、南通市、连云港市、淮安市、盐城市、扬州市、镇江市、泰州市、宿迁市。浙江省共有11个设区的市，分别为：杭州市、宁波市、温州市、湖州市、嘉兴市、绍兴市、金华市、衢州市、舟山市、台州市、丽水市。安徽省共有16个设区的市，分别为：合肥市、淮北市、亳州市、宿州市、蚌埠市、阜阳市、淮南市、滁州市、六安市、马鞍山市、芜湖市、宣城市、铜陵市、池州市、安庆市、黄山市。

第二种方案是将《长江三角洲区域一体化发展规划纲要》明确的长三角区域一体化发展中心区城市作为测评范围，共27个城市：上海市；江苏省9个：南京市、无锡市、常州市、苏州市、南通市、扬州市、镇江市、盐城市、泰州市；浙江省9个：杭州市、宁波市、温州市、湖州市、嘉兴市、绍兴市、金华市、舟山市、台州市；安徽省8个：合肥市、芜湖市、马鞍山市、铜陵市、安庆市、滁州市、池州市、宣城市。

基于此项工作是开创性的，还没有成熟的经验，最后决定采用第二方案，以长三角区域一体化发展中心区城市 27 个为 2020 年度（以 2020 年 1 月至 12 月的数据为依据）法治指数测评对象。以后可以根据实际工作和形势发展的需要，再扩大到所有设区的市。

五、指数测评程序与方法

本项目的指数测评工作，按照下列程序操作：

第一步：测试，即由团队核心人员选择 5 个不同层级和省份的城市，按照初步设计的二级指标进行数据资料收集；根据测试结果，对不具有可测性和可比性的指标进行调整，最后确定 112 项二级指标。

第二步：培训测评员，从华东师范大学法学院择优招募了 8 位在读硕士生担任本项目测试员，承担 27 个城市的数据采集和初步评价任务。事前，专门进行了培训，对每项指标的测评方式、信息来源和注意事项进行解释，当面解答各位测试员提出的疑惑和问题。

第三步：测评员完成测评，即每人完成三个城市的测评任务。过程中召开碰头会对测试情况进行反馈，对具体问题进行统一和矫正。

第四步：对测评员完成的 27 个城市的采集数据和初评结果，由团队核心人员按照一级指标进行分工，对各自负责的 27 个城市同一个一级指标项下的二级指标一一进行横向复核，以同一标准确认每项得分。

第五步：汇总，最终产生 27 个城市的得分。（见表 1-5-1）

表 1-5-1　长江三角洲城市法治测评指数（2020 年度）汇总

	A1	A2	A3	A4	A5	A6	A7	A8	A9	总分	等级
上海	7.50	11.25	9.75	12.00	10.00	10.00	9.00	9.00	8.00	86.50	A
宁波	7.50	10.00	10.50	12.00	9.00	9.00	9.50	8.00	10.00	85.50	A
嘉兴	7.00	8.25	10.00	11.50	9.50	10.00	10.00	9.00	7.75	83.00	A–
南通	4.75	10.00	9.00	11.50	11.00	9.50	9.00	9.00	8.00	81.75	A–
常州	5.50	10.00	8.50	12.00	9.50	8.50	9.00	9.50	8.75	81.25	A–
杭州	5.75	11.00	9.00	10.00	7.50	9.50	10.00	9.50	8.00	80.25	A–

（续表）

	A1	A2	A3	A4	A5	A6	A7	A8	A9	总分	等级
无锡	6.25	8.75	7.25	11.50	9.00	9.50	9.00	10.00	9.00	80.25	A–
南京	6.75	11.75	7.00	12.00	9.00	10.00	9.00	7.50	7.00	80.00	A–
泰州	6.75	10.75	6.75	10.50	9.25	9.50	9.00	10.00	7.50	80.00	A–
温州	7.75	9.50	7.50	11.00	9.75	9.75	7.50	9.00	8.25	80.00	A–
金华	7.50	8.00	9.75	9.50	8.50	9.50	9.00	9.00	6.75	77.50	B+
苏州	5.00	9.50	10.50	11.00	7.50	9.50	8.00	9.00	7.50	77.50	B+
合肥	7.50	6.50	8.00	8.50	9.50	9.00	9.50	10.00	8.00	76.50	B
滁州	3.75	8.00	8.50	9.25	7.75	9.75	8.50	9.00	10.00	74.50	B
绍兴	4.25	7.25	7.75	12.00	7.75	9.50	9.50	9.00	7.50	74.50	B
盐城	4.75	8.25	8.75	9.50	7.75	10.00	8.00	9.00	8.25	74.25	B
扬州	4.00	8.75	8.50	11.50	8.50	9.75	9.00	8.00	6.25	74.25	B
湖州	7.50	8.00	7.75	8.00	8.50	8.75	7.50	8.00	8.00	72.00	B–
芜湖	5.25	9.00	6.00	10.50	9.00	8.50	8.00	7.50	7.50	71.25	B–
台州	4.00	9.00	8.50	9.50	8.00	9.50	8.00	8.00	6.50	71.00	B–
舟山	6.25	7.50	7.00	7.00	7.50	9.75	8.50	8.00	7.00	68.50	C+
池州	3.25	8.25	7.25	8.00	8.75	9.50	7.00	9.00	7.25	68.25	C+
安庆	3.50	7.50	8.00	7.50	7.00	9.75	9.25	7.75	8.00	68.25	C+
镇江	5.00	6.25	6.75	8.50	7.75	9.25	7.50	8.00	7.25	66.25	C
铜陵	6.75	6.75	6.75	7.00	8.00	8.75	7.50	7.50	7.00	66.00	C
马鞍山	5.25	6.25	6.50	7.50	8.50	8.50	8.50	8.00	7.00	66.00	C
宣城	4.25	6.75	6.50	6.50	7.50	8.75	7.50	7.50	7.75	63.00	C
平均值	5.68	8.62	8.07	9.82	8.56	9.38	8.58	8.62	7.77	75.11	

A+：E ≥ 90；A 级：84 ≤ E < 90；A−：80 ≤ E < 84；B+：77 ≤ E < 80；B 级：73 ≤ E < 77；B−：70 ≤ E < 73；C+：67 ≤ E ≤ 70；C 级：63 ≤ E < 67；C−：60 ≤ E < 63；D 级：E < 60

第二部分
长江三角洲城市法治指数测评（2020 年度）
总报告

一、总体评价

（一）总体情况

此次测评对象包括上海、宁波、嘉兴、杭州、常州，南通、无锡、泰州、南京、温州、苏州、金华、合肥、绍兴、滁州、扬州、盐城、湖州、芜湖、池州、台州、安庆、舟山、镇江、铜陵、马鞍山、宣城等27个长江三角洲一体化发展中心区城市。测评结果分为优秀、良好、合格和不合格四个等级，具体细分为A+、A、A–、B+、B、B–、C+、C、C–和D，共10个评级，概括起来为四等10级。（具体测评等级划分见表2-1-1）

表2-1-1　2020年度长三角城市法治水平测评等级划分

测评得分	评　级	等　级
90 ≤ E ≤ 100	A+	优秀
84 ≤ E < 90	A	
80 ≤ E < 84	A–	
77 ≤ E < 80	B+	良好
73 ≤ E < 77	B	
70 ≤ E < 73	B–	
67 ≤ E < 70	C+	合格
63 ≤ E < 67	C	
60 ≤ E < 63	C–	
E < 60	D	不合格

1. 27个城市法治建设水平总体良好

27个城市法治指数测评总分平均值为75.11，显示出法治水平总体良好。测评总分等级获得优秀和良好的城市共有20个，优良率达到74.07%。27个城市中没有评级为D不合格的，也没有C–等级的，说明长江三角洲中心区城市的法治建设水平总体良好。但是，27个城市无一达到A+的评级，可见每个城市的法治建设工作都存在一定短板，还有很大努力和进步的空

间。（见图 2-1-1）

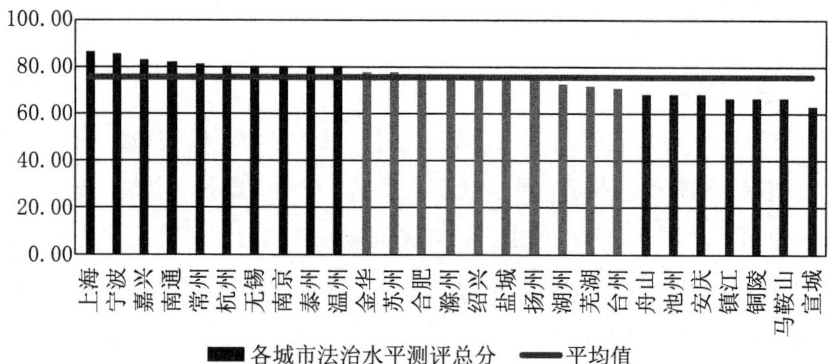

图 2-1-1　2020 年度长三角城市法治水平测评得分情况分布

2. 27 个城市法治建设水平差距并不明显

本次法治指数测评各有 10 个城市获得优秀和良好等级，各占 37.04%；此外，剩下 7 个城市获得合格等级，占 25.92%。（见图 2-1-2）以平均分 75.11 分作为基准数，高于平均分 10 分以上的，只有上海和宁波两个城市；低于平均分 10 分以上的，只有宣城。在平均分上下各 10 分以内的区间内，有 24 个城市，占总数的 88.89%。可见大多数城市的法治建设水平相近。

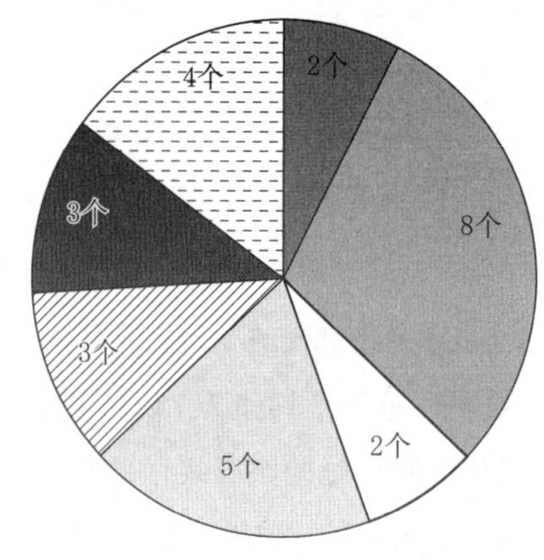

图 2-1-2　长三角城市测评等级分布情况

等级为优秀的，分别为上海、宁波、嘉兴、杭州、常州、南通、无锡、泰州、南京、温州等 10 个城市。其中，评级为 A 的，只有上海和宁波两个城市；其余城市评级均为 A–。（见表 2-1-2）

表 2-1-2　优秀等级城市得分情况

城市	上海	宁波	嘉兴	南通	常州	杭州	无锡	南京	泰州	温州
总分	86.5	85.5	83	81.75	81.25	80.25	80.25	80	80	80

等级为良好的，分别为金华、苏州、合肥、绍兴、滁州、扬州、盐城、湖州、芜湖、台州等 10 个城市。其中，评级为 B+ 的，只有金华和苏州两个城市；评级为 B 的，有合肥、滁州、绍兴、盐城、扬州等 5 个城市；评级为 B– 的，有湖州、芜湖、台州等 3 个城市。这 10 个城市中，滁州、绍兴、盐城、扬州、湖州、芜湖、台州等 7 个城市的等级虽然获评为良好，但是低于长三角平均水平。（见表 2-1-3）

表 2-1-3　良好等级城市得分情况

城市	金华	苏州	合肥	滁州	绍兴	盐城	扬州	湖州	芜湖	台州
总分	77.5	77.5	76.5	74.5	74.5	74.25	74.25	72	71.25	71

等级为合格的，分别为舟山、池州、安庆、镇江、铜陵、马鞍山和宣城等 7 个城市。其中，评级为 C+ 的，分别为舟山、池州和安庆等 3 个城市；其余城市评级均为 C。（见表 2-1-4）

表 2-1-4　合格等级城市得分情况

城市	舟山	池州	安庆	镇江	马鞍山	铜陵	宣城
总分	68.5	68.25	68.25	66.25	66	66	63

3．安徽省与其他两省法治建设水平的差距较为明显

对三省一市的城市进行分类统计，上海得分最高，为 86.5 分，但鉴于上海市是直辖市，与省不具有完全的可比性；安徽省城市平均分仅 69.22 分，落后上海 17.28 分；江苏省与浙江省平均分较为接近，相差在 1 分以内。（见

表2-1-5）按照评级标准，上海市为A，江苏省为B+，浙江省为B，安徽省为C+。

表2-1-5 三省一市平均得分情况

	上海市	江苏省	浙江省	安徽省
平均得分	86.5	77.28	76.92	69.22

江苏省的9个城市中，南通、常州、无锡、南京、泰州等5个城市的等级为优秀，占据了前十位中的一半，但没有获评A级以上；苏州、盐城、扬州等3个城市的等级为良好；唯一一个等级为及格的城市是镇江。（见图2-1-3）较为意外的是，苏州的评分仅比江苏省平均分略高一点，在省内9个城市中也排名靠后。

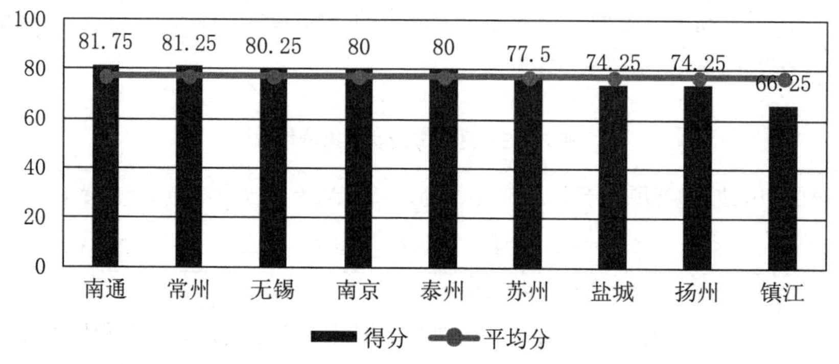

图2-1-3 江苏省各城市得分情况

浙江省的9个城市中，宁波、嘉兴、杭州、温州等4个城市的等级为优秀，其中，宁波获评A级；金华、绍兴、湖州、台州等4个城市的等级为良好；唯一一个等级为及格的城市是舟山。（见图2-1-4）出乎意料的是，嘉兴位列三甲，测评总分超过了杭州。与江苏省相似，两省法治总体水平十分接近。

安徽省8个城市无一获优秀等级，其中排名最高的城市是合肥，仅列27个城市中的第13位，得分略高于长三角平均分。其他6个城市的测评总分均低于平均分。在合格等级的7个城市中，安徽占了5个。可见，安徽省的法治建设水平在三省中相对落后，与江苏、浙江相比有一定差距。（见图2-1-5）

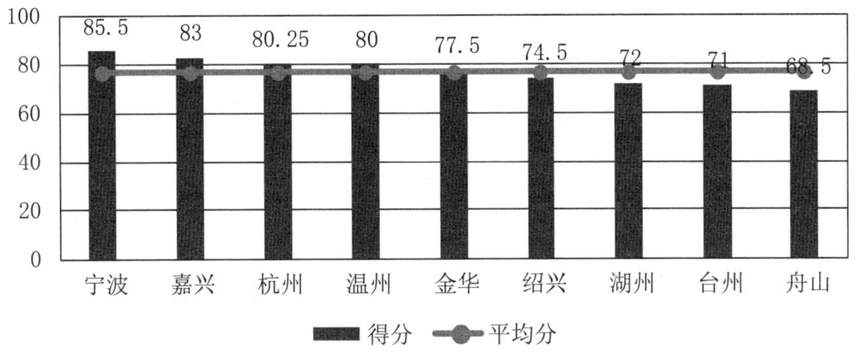

图 2-1-4　浙江省各城市得分情况

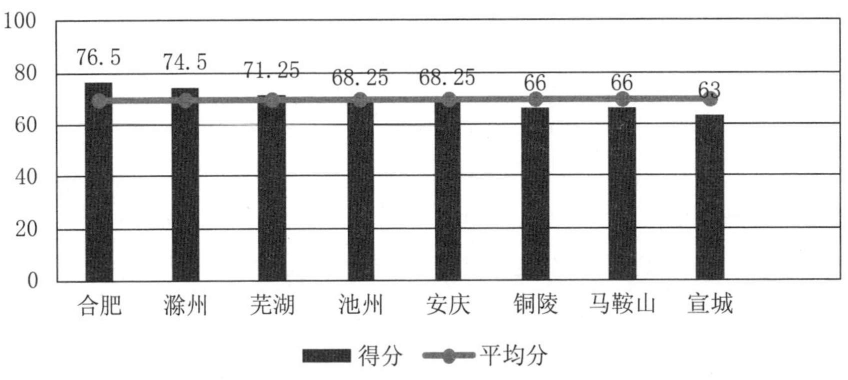

图 2-1-5　安徽省各城市得分情况

4．法治建设 9 大领域的发展不够均衡

在 9 项一级指标中，大部分指标都获得了优秀或者良好的等级。其中，“阳光政府”得分率高于 90%，得到 A+ 的评级；“营商环境”“社会治理”得分率也较高，得到 A 的评级；获得优秀等级的还有“公正司法”，得到 A– 的评级。在良好等级中，只有“法律服务”得到 B+ 评级，“科学立法”和“全民普法守法”都仅得到 B– 评级。“严格执法”和“依法治市”成为 27 个城市法治建设中的短板，前者评级为 C+ ，后者评级只有 D，得分率甚至低于 50%。（见图 2-1-6）

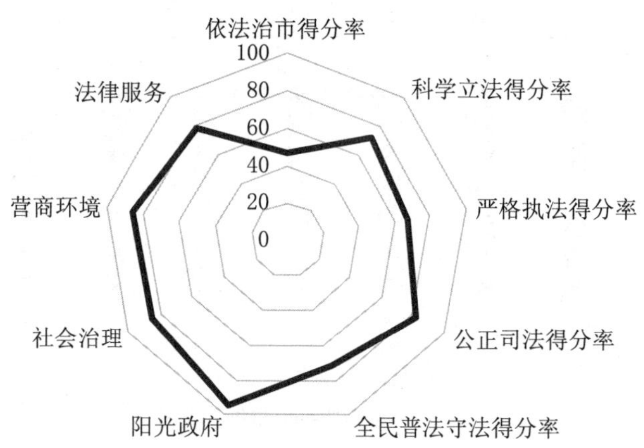

图 2-1-6　长三角城市一级指标得分率情况

（二）不同类别城市法治建设水平比较分析

法治与政治、区域经济、人民生活、人口、城镇化程度等因素息息相关。测评报告将城市行政级别、国民生产总值、人均可支配收入、人口密度、城镇化率等五项指标分别作为参照因素，对 27 个城市法治发展水平进行跨学科、跨领域的融合分析，研究长三角地区法治、政治、经济、人民生活、人口、城市化水平之间协同发展的情况。

1．以城市行政级别为视角的比较分析

当代中国法治建设选择的是自上而下的国家主导型道路，政治资源的多寡与法治发展关系密切。报告按照城市的行政级别，将 27 个城市分为直辖市、副省级市和其他设区的市。（见表 2-1-6）以城市行政级别为观测点，对不同级别的城市法治建设水平进行比较分析。通过对长三角城市的行政级别分类，得到的结果中，直辖市仅上海一个，副省级城市也只有 3 个，其余 23 个城市均为其他设区的市。

表 2-1-6　27 个城市行政级别分类

直辖市	上海
副省级城市	南京、杭州、宁波
其他设区的市	嘉兴、常州、南通、无锡、泰州、温州、苏州、金华、合肥、绍兴、滁州、扬州、盐城、湖州、芜湖、池州、台州、安庆、舟山、镇江、铜陵、马鞍山、宣城

第一，政治资源对城市法治建设水平具有较大的影响力。首先，从测评总分来看，上海作为唯一一个直辖市测评总分排名第一，三个副省级城市的评级均在优秀。其次，从三类城市的平均分来看，直辖市高于副省级城市 4.6 分；而副省级城市又高于其他设区的市 8.2 分。（见图 2-1-7）

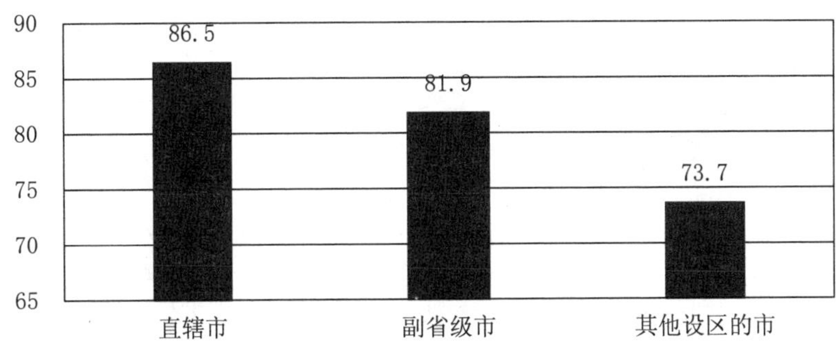

图 2-1-7　按行政级别划分的城市得分情况

第二，政治资源无法成为决定城市法治建设水平的决定性因素。在评级为优秀的城市中，嘉兴排名第 3，得分高于杭州；南通、常州、无锡和泰州分别排名第 4 至第 8，得分均高于或等于南京。即使上海作为直辖市排名 27 个城市之首，其也仅比宁波高了 1.5 分，优势并不明显。（见图 2-1-8）

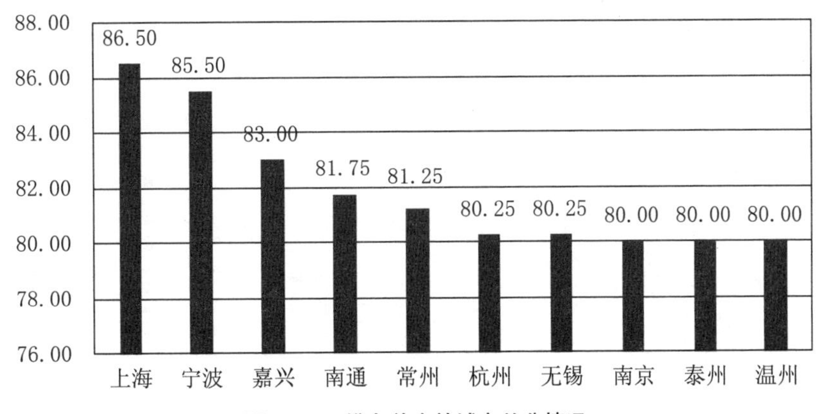

图 2-1-8　排名前十的城市总分情况

第三，政治资源对科学立法与公正司法的影响较为明显。在“科学立法”和“公正司法”方面，直辖市与副省级城市的得分率明显较高，而其他设区的市的得分率则相对较低。直辖市与副省级城市的“科学立法”的得分率评级均达到了 A+，其他设区的市的得分率评级仅为 C+ 。“公正司法”方面，前两者得分率也均为 A+，上海甚至是满分，但后者却停留在 B+。（见图 2-1-9）

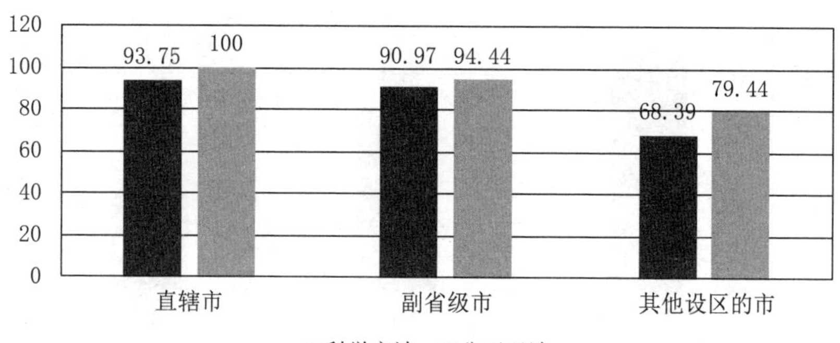

图 2-1-9 在科学立法和公正司法方面三类地区的得分率对比（%）

第四，直辖市相对于副省级城市，城市法治建设水平并无全方面超越的优势。具体分析 9 项一级指标的得分率情况，上海在“依法治市”“科学立法”“严格执法”“公正司法”“全民普法守法”“阳光政府”“营商环境”等七个方面高于副省级城市的平均水平，但除了“全民普法守法”得分率领先 12.5% 以外，其他领域的领先优势均不足 10%。在“社会治理”和“法律服务”方面还落后于副省级城市平均水平，差距分别是 5% 和 3.3%。（见图 2-1-10）

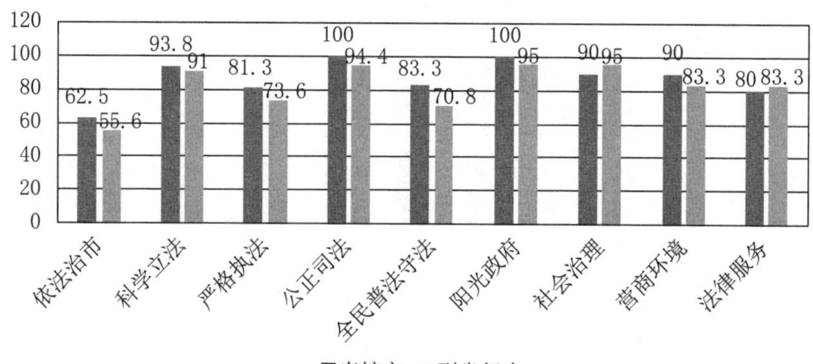

图 2-1-10 直辖市与副省级城市的一级指标得分率对比（%）

第五，直辖市相对于其他设区的市，城市法治建设水平具有全面的优势。上海在“科学立法”和“公正司法”方面领先优势较为明显，得分率差都超过 20%；但在“阳光政府”“社会治理”“营商环境”“法律服务”这四方面的优势并不明显。（见图 2-1-11）

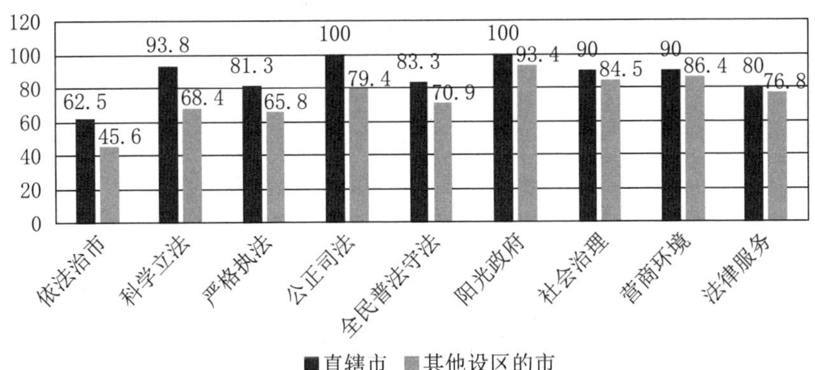

图 2-1-11　直辖市与其他设区的市的一级指标得分率对比（%）

第六，副省级市在“营商环境”“全民普法守法”评级中落后于其他设区的市。总体来看，副省级市在 7 项一级指标对其他设区的市具有一定优势，特别是“科学立法”领先优势较大，得分率差达到 22.6%，这与副省级城市原来就拥有立法权，立法实践比较充分有关。但是，在“全民普法守法”和“营商环境”方面，副省级市反而落后一些，得分率差分别为 0.1% 和 3.1%。其他设区的市能够在“全民普法守法”中领先副省级城市，主要得益于南

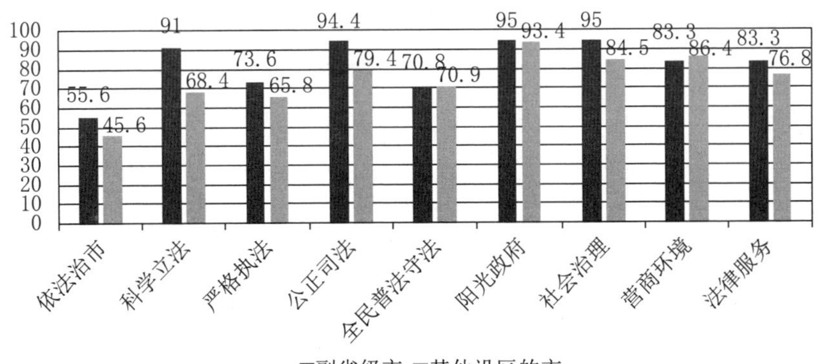

图 2-1-12　副省级城市与其他设区的市的一级指标得分率对比（%）

通、温州、嘉兴、常州、合肥这五个城市的优异表现；能够在“营商环境”中取得领先，主要得益于无锡、泰州、合肥、常州这四个城市的优异表现。（见图2-1-12）

2．以经济发展水平为视角的比较分析

经济基础是上层建筑的风向标，两者相伴而行是常态。因此，区域经济发展一般会推动区域法治水平的提升；与此同时，法治发展又进一步强化经济基础。报告将地方生产总值作为地区经济发展水平的衡量指标，以此来观察其对地方法治建设的实际影响。（见表2-1-7）对地区生产总值进行分档后，长三角核心区中属于发达地区的有3个，较发达地区的也有3个，一般发展的有10个，较落后的有11个城市。

表2-1-7　按地区生产总值对长三角城市的分类

地区2019年生产总值（亿元）	等　级	城　　市
15000 ≤ Q	发达	上海、苏州、杭州
10000 ≤ Q < 15000	较发达	宁波、南京、无锡
5000 ≤ Q < 10000	一般	合肥、南通、常州、温州、扬州、绍兴、盐城、嘉兴、台州、泰州
Q < 5000	较落后	金华、镇江、芜湖、湖州、安庆、马鞍山、宣城、滁州、舟山、池州、铜陵

注：各城市地区生产总值数据来源为2020年各城市统计局官网。

第一，经济发展水平对城市法治水平存在正向影响，但是当经济发展到一定程度后，影响力呈现逐步弱化趋势。根据指数测评结果，地区生产总值低于5000亿元的城市，测评平均分评级仅C+，明显落后于其他三个地区。但是，地区生产总值高于5000亿元的三档城市之间，测评平均分差在5分以内，非常接近。甚至较发达地区的平均分比发达地区还高出了0.5分。可见，虽然经济发展水平对法治水平具有正相关性，但是在经济发展水平达到一定程度后，经济发展对法治的影响力会让位给其他因素。（见图2-1-13）

第二，发达地区、较发达地区和一般地区的总分虽然存在一些差距，但基本都维持在5%以内，得分率较为接近。且9项一级指标中的得分率均存

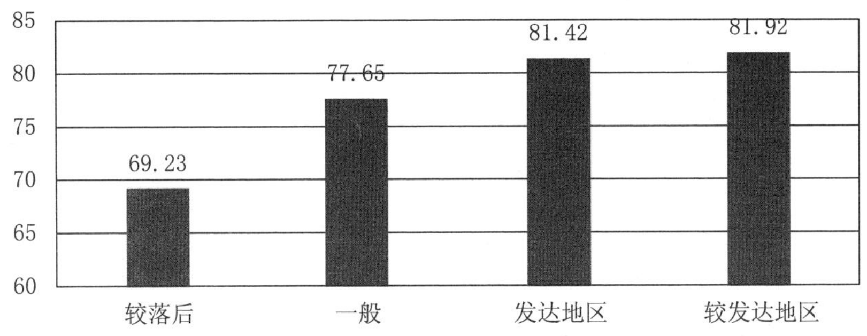

图 2-1-13　四类地区平均总分情况

在高等级地区的得分率不如低等级地区的情况。（见图 2-1-14）图中可以看出，在“依法治市”中，较发达地区比发达地区高 6.25%。“严格执法”方面，一般地区比较发达地区高 0.63%。在“公正司法”方面，较发达地区比发达地区的得分率高 6.94%。“全民普法守法”方面，一般地区的得分率为最高，与较发达地区、发达地区的得分率差分别为 0.42% 和 5.98%。“社会治理”方面，较发达地区比发达地区高 1.67%。“营商环境”方面，一般地区的得分率比较发达地区高 5.5%。“法律服务”方面，较发达地区比发达地区高 8.34%。因此可以将这样的情况看作地区经济发展对法治水平的影响并非是全面性的体现。

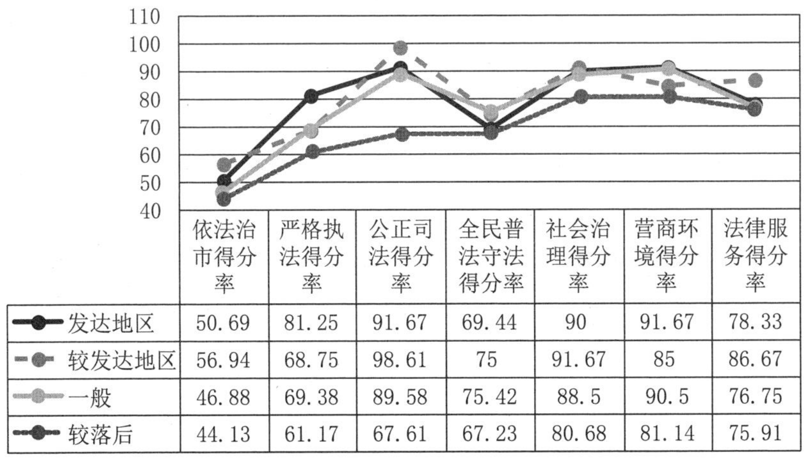

	依法治市得分率	严格执法得分率	公正司法得分率	全民普法守法得分率	社会治理得分率	营商环境得分率	法律服务得分率
发达地区	50. 69	81. 25	91. 67	69. 44	90	91. 67	78. 33
较发达地区	56. 94	68. 75	98. 61	75	91. 67	85	86. 67
一般	46. 88	69. 38	89. 58	75. 42	88. 5	90. 5	76. 75
较落后	44. 13	61. 17	67. 61	67. 23	80. 68	81. 14	75. 91

图 2-1-14　四类地区在依法治市、严格执法、公正司法、全民普法守法、社会治理、营商环境和法律服务方面的得分率情况（%）

第三，从一级指标的得分率情况来看，较落后地区不仅在总分上排名最后，且在各项一级指标上的得分率都垫底。（见图2-1-14）尤其在“公正司法”上，与一般地区的得分率差超过20%。可见地区的经济发展虽然在上升到一定水平后影响力会相对变弱，但对于经济发展较落后的地区而言，经济发展的落后给法治建设带来的负面影响还是较为明显的。

3．以人民生活水平为视角的比较分析

习近平总书记指出：“人民幸福生活是最大的人权。”这是中国共产党人的初心，也是城市法治建设的追求。与此同时，人民生活水平也制约着法治实现的快慢。为了观察人民生活水平与法治建设水平之间的关系，报告将人均可支配收入作为人民生活水平的观测点，将27个城市划分为富裕、较富裕、一般和欠富裕四个级别，并据此对不同地区的法治建设水平进行比较。（见表2-1-8）分类结果中，属于富裕城市的有3个，较富裕的有11个，一般的有9个，欠富裕的城市有4个。

表2-1-8　人均可支配收入等级划分

人均可支配收入（万元）	等　级	城　　市
$6 \leq Q$	富裕	上海、南京、苏州
$4.5 \leq Q < 6$	较富裕	常州、无锡、镇江、宁波、嘉兴、温州、金华、绍兴、台州、舟山、杭州
$3 \leq Q < 4.5$	一般	合肥、芜湖、马鞍山、南通、泰州、扬州、盐城、宣城、湖州
$Q < 3$	欠富裕	滁州、池州、安庆、铜陵

注：各城市人均可支配收入数据来源为2020年各城市统计局官网。

第一，人民生活水平对城市法治建设水平有着较强的正向作用。从指数测评总分来看，富裕地区平均得分率评级为A–；较富裕地区评级为B+；一般地区评级为B；欠富裕地区评级为C+ 。总体而言，人民的富裕程度是开展法治建设的重要基础，与法治发展水平呈正比。（见图2-1-15）

第二，人民生活水平对“依法治市”“科学立法”和“公正司法”的影响较为显著。在“依法治市”“科学立法”和“公正司法”等方面，各城市的评级排名与人民生活水平的排位完全一致。且富裕地区与欠富裕地区的得分率

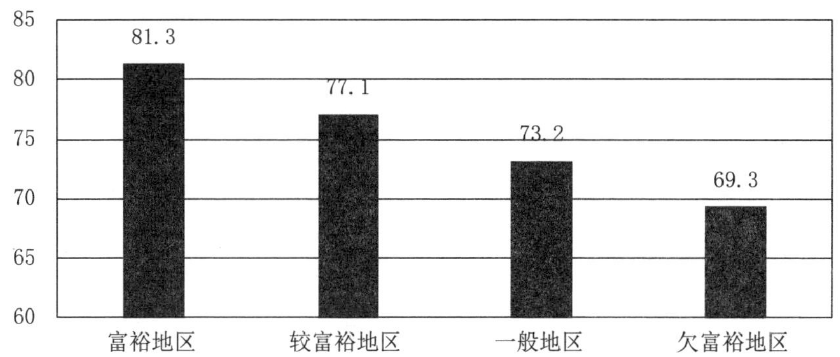

图 2-1-15　按人民生活水平划分地区的总得分率情况（%）

差均在 10% 以上，差距较为明显。（见图 2-1-16）

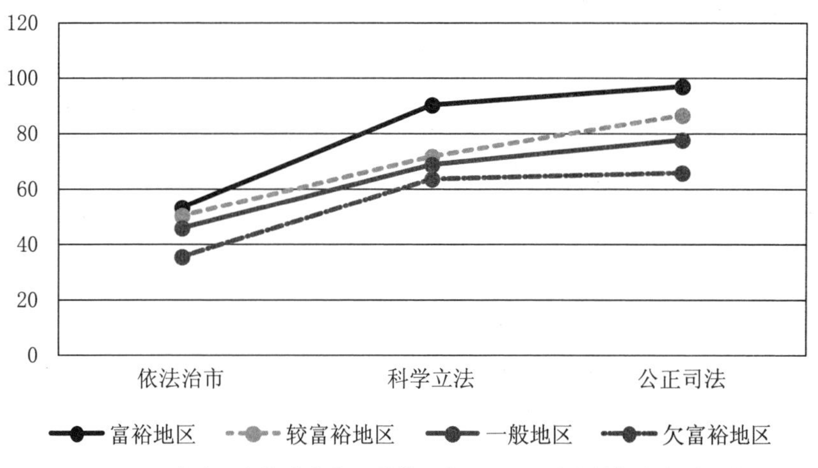

图 2-1-16　四类地区在依法治市、科学立法、公正司法上的得分率对比（%）

第三，人民生活水平对“严格执法”“全民普法守法”“阳光政府”“社会治理”“营商环境”和“法律服务”的影响较为复杂。在“严格执法”“全民普法守法”“阳光政府”“社会治理”“营商环境”和“法律服务”等方面，各城市的评级排名与人民生活水平的排位呈现错落无序的情况，没有特别的规律。（见图 2-1-17）

“严格执法”方面，欠富裕地区高于一般地区，虽然，得分率差仅为 0.8%。仔细分析，欠富裕地区中滁州的表现较好，得分率达 70.83%；但在一般地区中芜湖、马鞍山和宣城的得分率很低，仅为 50%、54.17%、

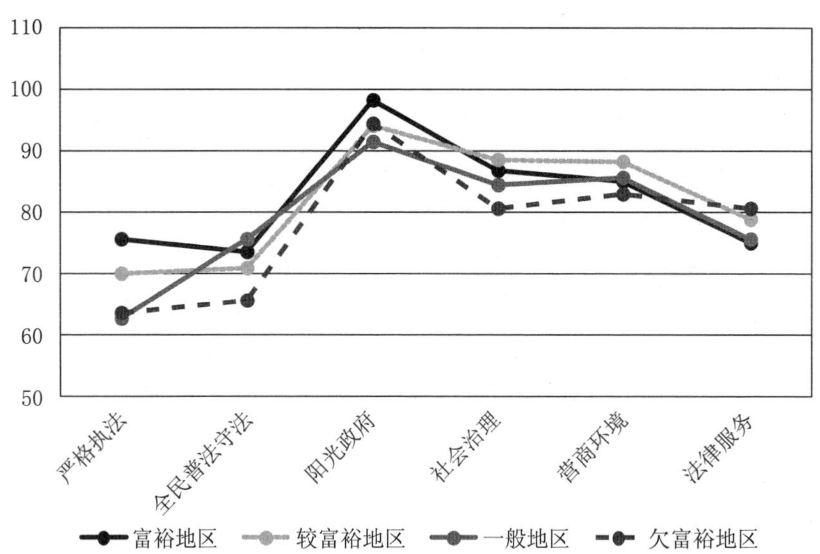

图 2-1-17　四类地区在严格执法、全民普法守法、阳光政府、社会治理、营商环境、法律服务方面的得分率对比（%）

54.17%，甚至低于欠富裕地区中得分率最低的铜陵。（见图 2-1-18）

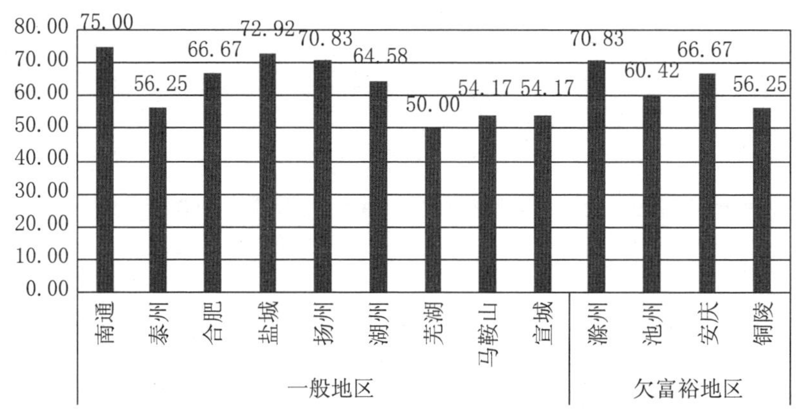

图 2-1-18　严格执法方面一般地区与欠富裕地区的得分率对比（%）

“全民普法守法”方面，一般地区的得分率跃居第一。仔细分析，一般地区中，南通、合肥、泰州、芜湖得分率较高，均超过了较富裕地区以及富裕地区的平均得分率。而较富裕地区中，杭州、金华、绍兴、台州、舟山和镇江的得分率均低于一般地区的平均得分率。富裕地区中，苏州的得分率也

低于一般地区的平均得分率。（见图 2-1-19）

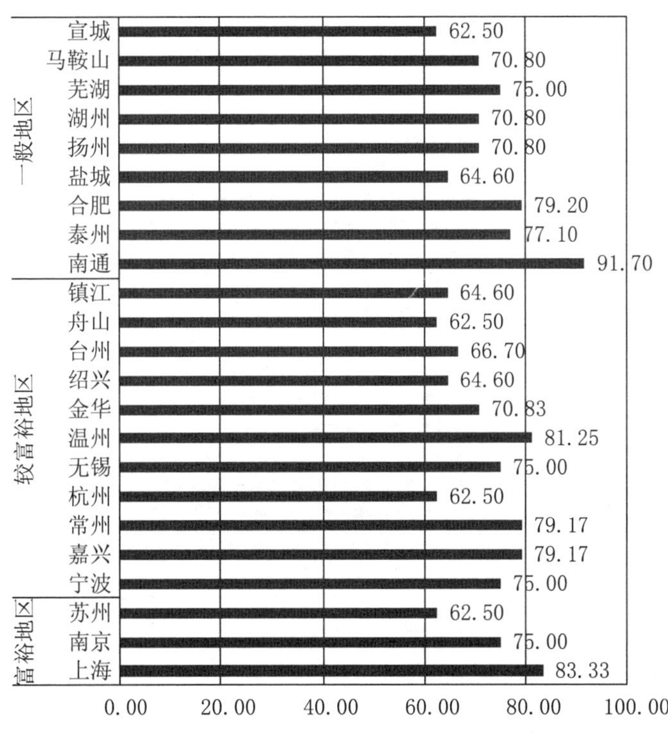

图 2-1-19　全民普法守法方面富裕地区、较富裕地区与一般地区的得分率比较（%）

“阳光政府”方面，四类城市之间的得分率差距并不明显。富裕地区得分率稳居第一，欠富裕地区平均得分率同时超过了一般地区与较富裕地区。仔细分析，阳光政府的最低得分率出现在较富裕地区和一般地区，分别是常州、芜湖、马鞍山等 3 个城市。（见图 2-1-20）

“社会治理”方面，较富裕地区的表现最好，得分率比富裕地区高出了 1.9%。仔细分析，在较富裕地区，出现了两个满分的城市，分别是嘉兴和杭州。（见图 2-1-21）

“营商环境”方面，指数测评结果最为意外，较富裕地区和一般地区的得分率均超过了富裕地区。在较富裕地区中，无锡获得了满分，且大多数城市的得分率都超过了富裕地区的平均得分率；在一般地区中，则有泰州与合肥获得了满分。（见图 2-1-22）

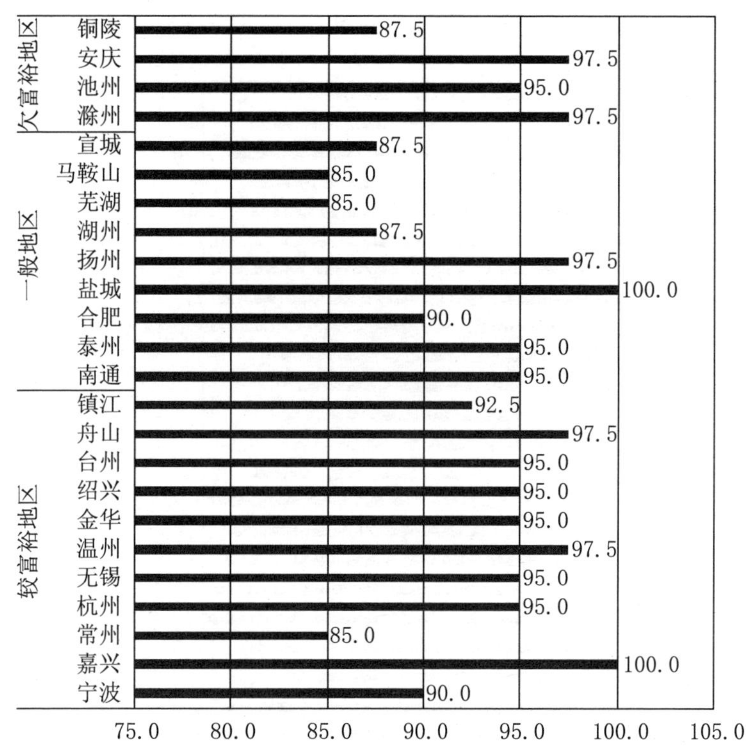

图 2-1-20 阳光政府方面较富裕地区、一般地区、欠富裕地区的得分率对比（%）

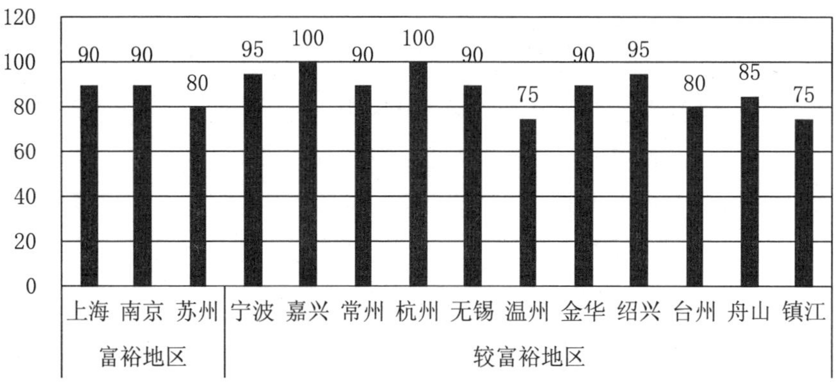

图 2-1-21 社会治理方面富裕地区与较富裕地区的得分率对比（%）

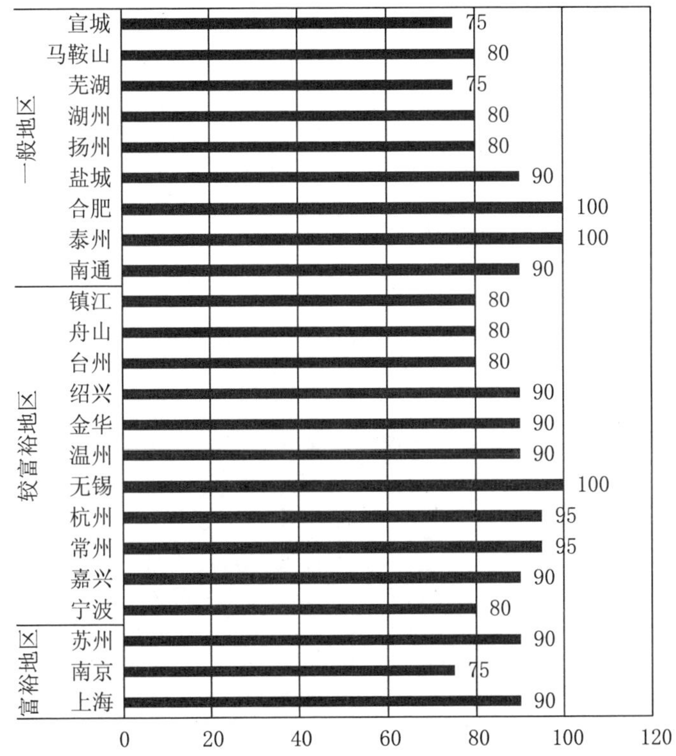

图 2-1-22　营商环境方面富裕地区、较富裕地区、一般地区的得分率对比（%）

“法律服务”方面，欠富裕地区的得分率最高，而富裕地区的得分率最低。欠富裕地区中表现尤其突出的是滁州，获得了满分。而富裕地区中，南京和苏州的得分率等级都只有良好，上海的表现也不够优秀。（见图 2-1-23）

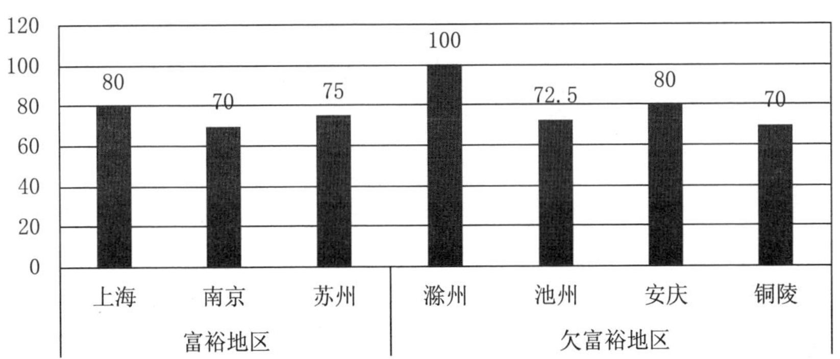

图 2-1-23　法律服务方面富裕地区于欠富裕地区的得分率对比（%）

4．以人口密度为视角的比较分析

人口是城市管理和服务的基础，也是城市法治建设不可回避的一个问题。人口密度的提高会带来人口的多样性、城市运行的高风险性以及生态环境的脆弱性等问题。报告以人口密度作为观测点，将27座城市分为高密度、较高密度、一般密度和低密度四类地区，（见表2-1-9）并据此对不同地区的法治建设水平进行比较。

表2-1-9　2019年城市常住人口密度归类

常住人口（人/平方公里）	等　级	城　　市
1000 ≤ Q	高密度	上海、苏州、无锡、南京
700 ≤ Q ＜ 1000	较高密度	嘉兴、南通、常州、泰州、舟山、镇江、温州
400 ≤ Q ＜ 700	一般密度	金华、绍兴、湖州、芜湖、宁波、杭州、盐城、台州、铜陵、马鞍山、合肥、扬州
Q ＜ 400	低密度	池州、宣城、滁州、安庆

注：人口密度计算的数据来源于各城市的官方统计局。

以人口密度为依据的分类结果中，属于高密度的有4个，较高密度的有7个，一般密度的有12个，低密度的有4个。

第一，人口的高密度并没有给城市法治建设带来负面影响。从指数测评总分来看，高密度地区平均得分率评级为A–；较高密度地区评级为B+；一般密度地区评级为B；低密度地区评级为C+ 。总体而言，人口密度越高的城市，法治建设水平也越高，呈正相关关系。（见图2-1-24）可见人口密度并不是城市病的原因，类似新加坡和东京等高密度城市治理的经验说明，高密度地区实现城市有效治理是可能的。

第二，城市法治环境优良成为人口导入的因素。指数测评等级为优秀的城市，绝大多数属于高密度或者较高密度，例如，上海、无锡、南京等。城市法治建设水平与人口密度的真实的关系是更高水准的城市生活和良好的法治环境吸引人口迁移，从而提高了人口密度，人口密度高实际上是更高的城市法治化水平和城市运行能力的表现。人口密度较高的城市，在城市法治测评中能名列前茅，也体现了这些地区政府在适应人口增长而增强管理和服务的供给、提高

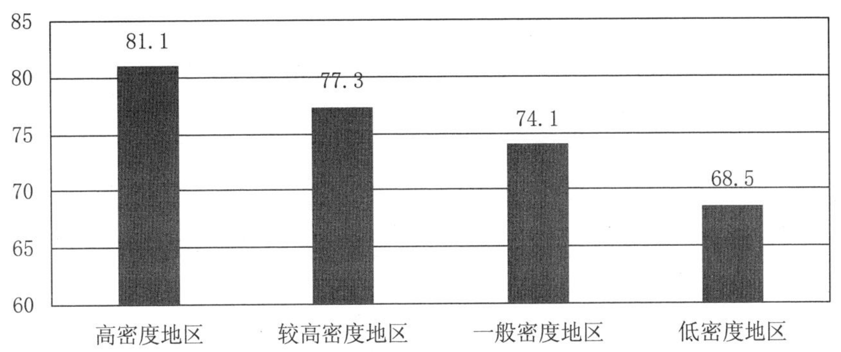

图 2-1-24　四类地区的总分得分情况

人口管理和服务的效率，以及提高管理和服务公平性方面的努力。

第三，在“依法治市”“科学立法”以及“公正司法”方面，四类地区平均得分率与人口密度呈现稳定的正相关性。在这些指标中，高密度地区与低密度地区的得分率差都超过 20%，“公正司法”方面甚至达 34.8%。（见图 2-1-25）

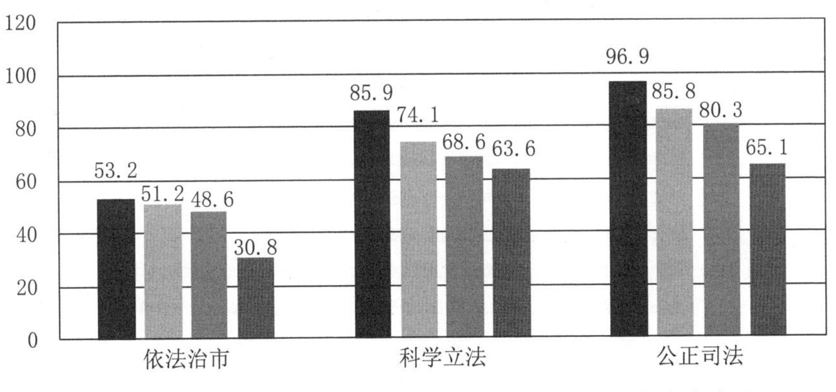

图 2-1-25　四类地区在依法治市、科学立法、公正司法方面的得分率对比（%）

第四，人口密度对“严格执法”“全民普法守法”“阳光政府”“社会治理”“营商环境”和“法律服务”的影响较为复杂。（见图 2-1-26）高密度地区在“全民普法守法”“营商环境”和“法律服务”方面不具有优势。

“严格执法”方面，仅高密度地区的指数测评得分率获得良好等级。一

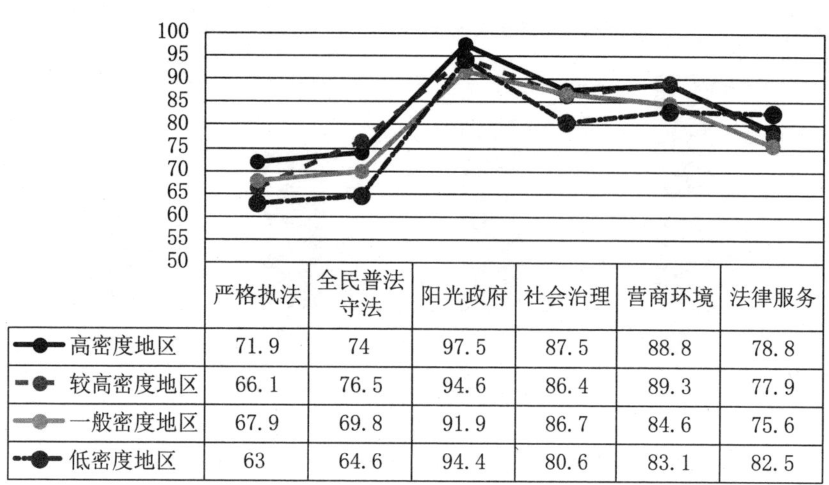

	严格执法	全民普法守法	阳光政府	社会治理	营商环境	法律服务
高密度地区	71.9	74	97.5	87.5	88.8	78.8
较高密度地区	66.1	76.5	94.6	86.4	89.3	77.9
一般密度地区	67.9	69.8	91.9	86.7	84.6	75.6
低密度地区	63	64.6	94.4	80.6	83.1	82.5

图 2-1-26　四类地区在严格执法、全民普法守法、阳光政府、社会治理、营商环境、法律服务上的得分率对比（%）

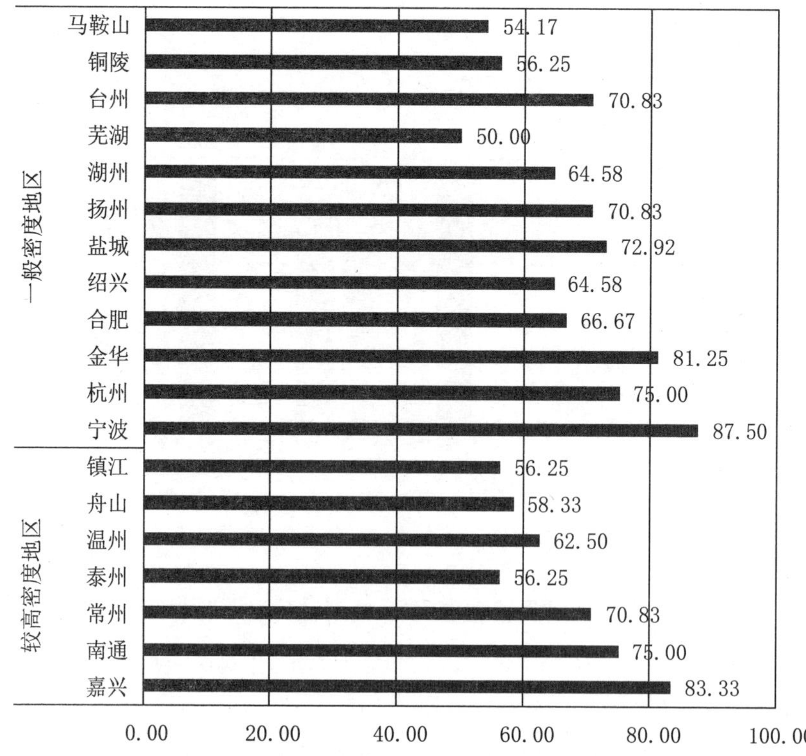

图 2-1-27　在严格执法方面较高密度地区与一般密度地区的得分率对比（%）

般密度地区的得分率超过了较高密度地区的得分率。仔细分析，在较高密度地区中泰州和镇江的得分率较低，同为 56.25%，甚至没有合格。而一般密度地区中，宁波与金华的得分率等级都达到优秀，分别为 87.5% 和 81.25%。（见图 2-1-27）

“全民普法守法”方面，高密度地区不如较高密度地区，后者的得分率高出了 2.5%。较高密度地区中的南通和温州的得分率分别为 91.67% 和 81.25%，均达到优秀。而高密度地区中，苏州的得分率较低，仅仅勉强及格，为 62.5%。（见图 2-1-28）

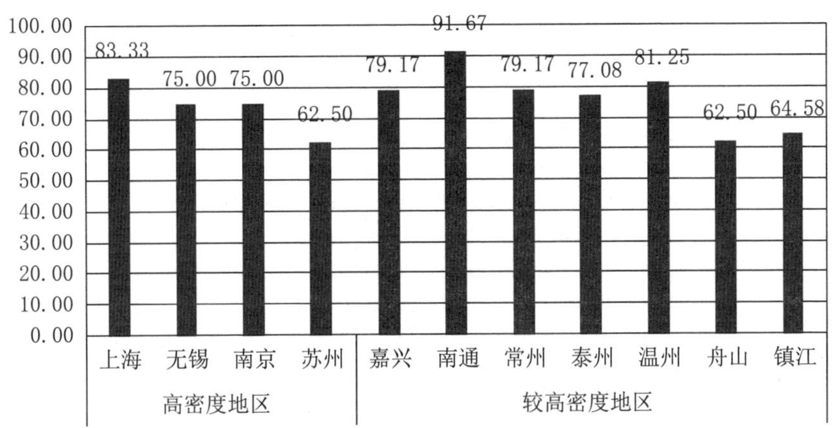

图 2-1-28　全民普法守法方面高密度地区与较高密度地区的得分率对比（%）

“阳光政府”方面，四类地区的水平最为接近，最高与最低的平均得分率仅相差 5.6%。从城市的得分率来看，低密度地区中的滁州、池州、安庆的得分率均达到 A+ 级。而一般密度地区中湖州、芜湖、马鞍山和铜陵的得分率虽然不低，但相较其他同级别的城市而言，稍显落后。（见图 2-1-29）

“社会治理”方面，除低密度地区外，其他三类地区的水平非常接近，平均得分率仅相差 1.1%。其中，一般密度地区的得分率比较高密度地区的，稍稍高出了 0.3%。在一般密度地区的城市中，宁波、杭州、合肥、绍兴、金华和扬州都取得 A+ 级的成绩。相较而言，较高密度地区中的温州和镇江的得分率较低，处于 B 级。（见图 2-1-30）

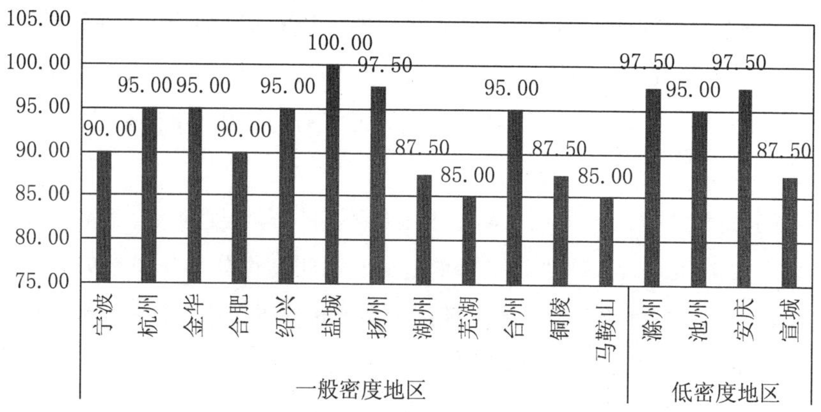

图 2-1-29　阳光政府方面一般密度地区与低密度地区的得分率对比（%）

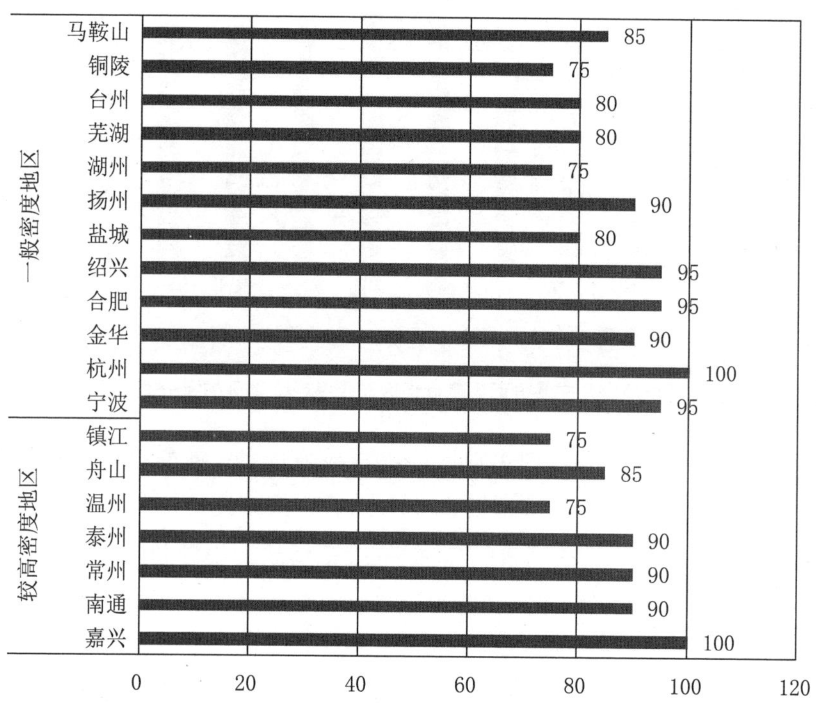

图 2-1-30　社会治理方面，较高密度地区与一般密度地区的得分率对比（%）

“营商环境”方面，高密度地区与较高密度地区的水平非常接近，较高密度地区平均得分率比高密度地区略高 0.5%。高密度地区中，南京的得分率与同级别的城市差距较为明显，仅为 75%。而较高密度地区中，嘉兴、南

通、常州、泰州、温州则表现较好，均获得 A+ 的评级。（见图 2-1-31）

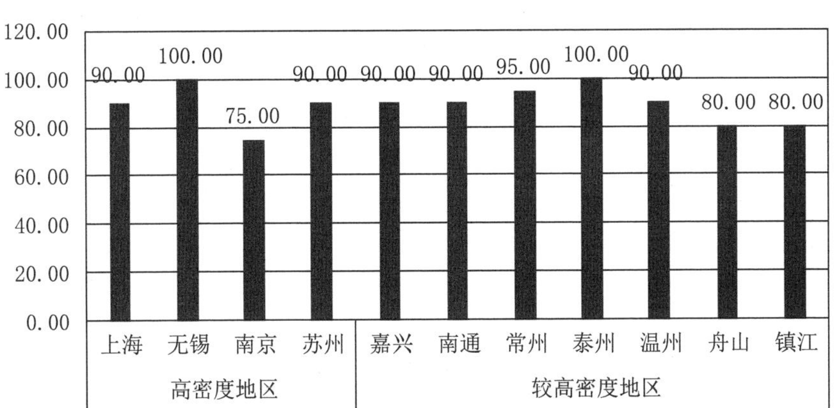

图 2-1-31　营商环境方面高密度地区与较高密度地区的得分率对比（%）

“法律服务”方面，低密度地区的平均得分率超过其他所有地区，且与高密度地区相比超出 3.7%。低密度地区中滁州和安庆的得分率都达到优秀。高密度地区中，南京和苏州得分率等级都只是良好。（见图 2-1-32）

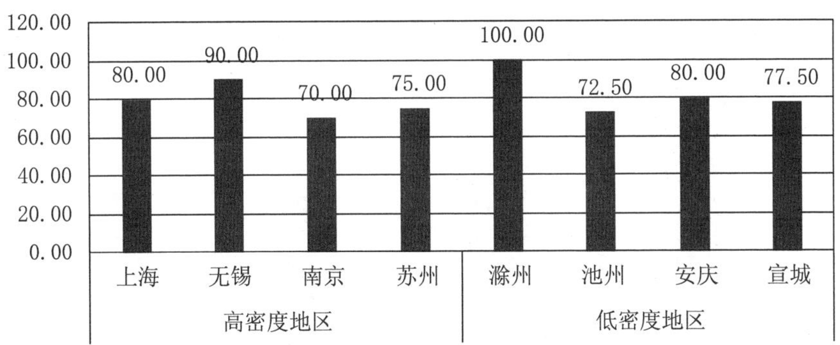

图 2-1-32　法律服务方面高密度地区与低密度地区的得分率对比（%）

5. 以城镇化率为视角的比较分析

城镇化是一个国家现代化的内在要求，也是其重要标志。城镇化不仅仅意味着人口集中和经济规模的提升，同时也意味着产生新的生产方式、生活方式和观念。城镇化客观上更需要法治保障，同时也为法治建设提供有力的社会条件。报告根据 27 个城市的城镇化率，将其分为高城镇化地区、较高城镇化地区、一般城镇化地区和低城镇化地区，进而研究分析城镇化与城市法治建设水平之间的关系。（见表 2-1-10）经过分类，属于高城镇化地区有 2 个城市，较高城镇化地区有 8 个城市，一般城镇化地区城市最多，有 12 个。低城镇化地区有 5 个城市。

表 2-1-10　长三角城市城镇化情况

城镇化率（%）	等　级	城　　市
80 ≤ Q	高城镇化	上海、南京
70 ≤ Q ＜ 80	较高城镇化	宁波、杭州、常州、无锡、温州、苏州、合肥、镇江
60 ≤ Q ＜ 70	一般城镇化	嘉兴、南通、泰州、金华、绍兴、盐城、扬州、湖州、芜湖、台州、舟山、马鞍山
Q ＜ 60	低城镇化	池州、宣城、滁州、安庆、铜陵

第一，城镇化程度与城市法治建设水平基本呈现正相关关系。从测评总分来看，高城镇化地区平均得分率评级为 A–；较高城镇化地区评级为 B+；一般城镇化地区评级为 B；低城镇化地区评级为 C+ 。总体而言，城镇化率越高的城市，法治建设水平也越高。（见图 2-1-33）

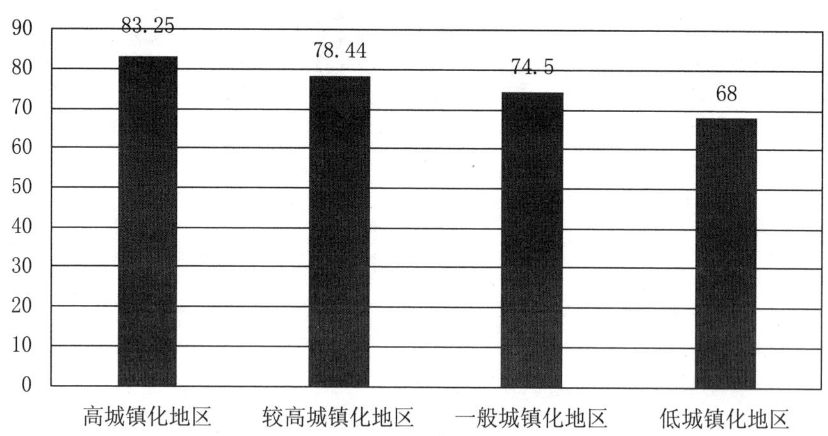

图 2-1-33　四类城镇化地区的平均总分情况

第二，低城镇化地区的法治建设水平普遍较低。池州、宣城、滁州、安庆、铜陵等 5 个城市的城镇化率均低于 60%，是长三角一体化发展中心区城市中城镇化率最低的地区。这 5 个城市的法治建设水平都低于 27 个城市的平均水平；除滁州外，另外 4 个城市的等级均仅为合格。

第三，在“依法治市”“科学立法”“公正司法”“全民普法守法”“社会治理”等五个方面，四类地区平均得分率与城镇化程度呈现出稳定的正相关性。其中，城镇化率对“科学立法”“公正司法”的影响度最高。“科学立法”方面，高城镇化地区与低城镇化地区的得分率相差 33.75%；“公正司法”方面，两者相差 36.25%。（见图 2-1-34）

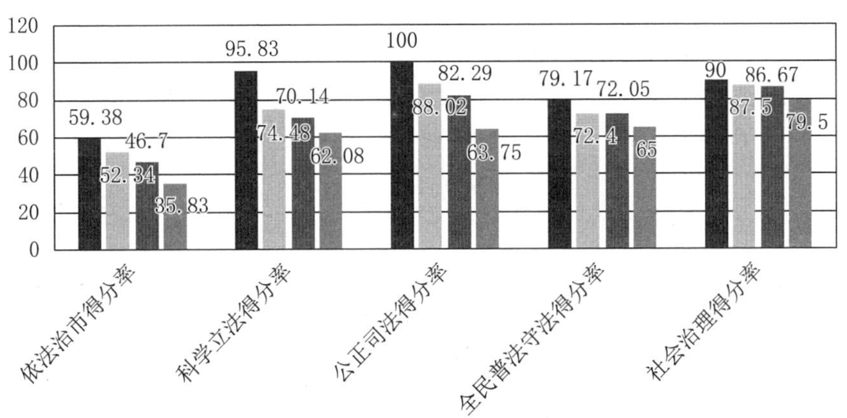

图 2-1-34　四类地区在依法治市、科学立法、公正司法、全民普法守法、社会治理方面的得分率情况（%）

第四，城镇化程度对“严格执法”“阳光政府”“营商环境”和“法律服务”的影响较为复杂。高城镇化地区在“严格执法”“营商环境”和“法律服务”等三方面，不具有优势。（见图 2-1-35）

“严格执法”方面，较高城镇化地区的得分率最高，超过高城镇化地区 1.04%。在较高城镇化地区中，宁波和苏州的得分率较高，均达到 A 级。而高城镇化地区中，南京在这一项上的得分率仅为 58.33%，没有达到及格线。（见图 2-1-36）

“阳光政府”方面，高城镇化地区拿到满分，其他三类地区差距不大。虽然，一般城镇化地区与低城镇化地区的得分率都超过较高城镇化地区，但

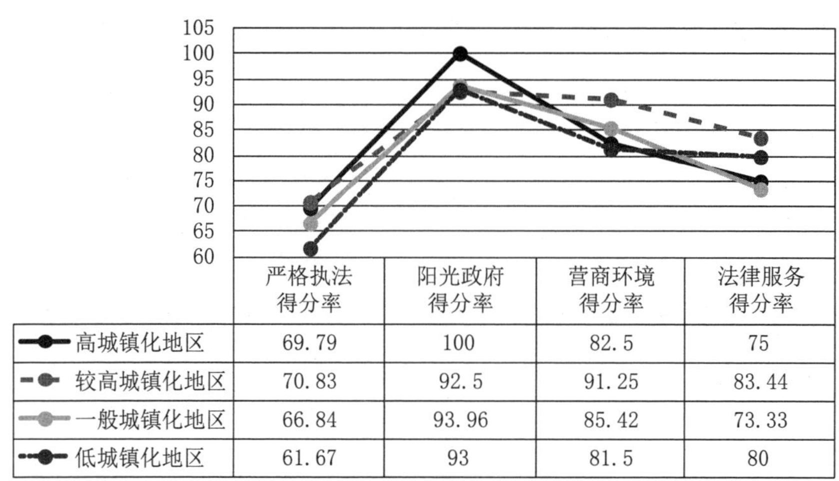

	严格执法得分率	阳光政府得分率	营商环境得分率	法律服务得分率
高城镇化地区	69.79	100	82.5	75
较高城镇化地区	70.83	92.5	91.25	83.44
一般城镇化地区	66.84	93.96	85.42	73.33
低城镇化地区	61.67	93	81.5	80

图 2-1-35　四类地区在严格执法、阳光政府、营商环境、法律服务方面的得分率情况（%）

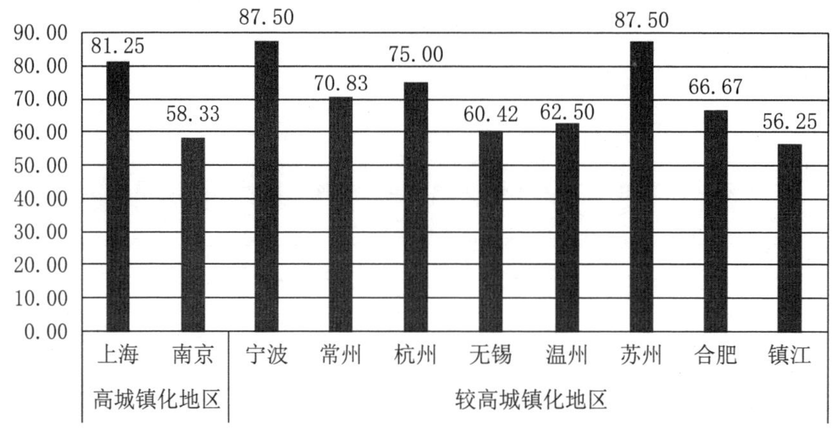

图 2-1-36　高城镇化地区与较高城镇化地区在严格执法上的得分率对比（%）

分差仅为 1.46% 和 0.5%。在一般城镇化地区中，嘉兴与盐城也都拿到满分。（见图 2-1-37）

“营商环境”方面，高城镇化地区表现不佳，仅略高于低城镇化地区，而落后于其他两类地区。在这方面，较高城镇化地区的优势较为明显。仔细分析，较高城镇化地区中的无锡与合肥表现突出，获得满分。一般城镇化地

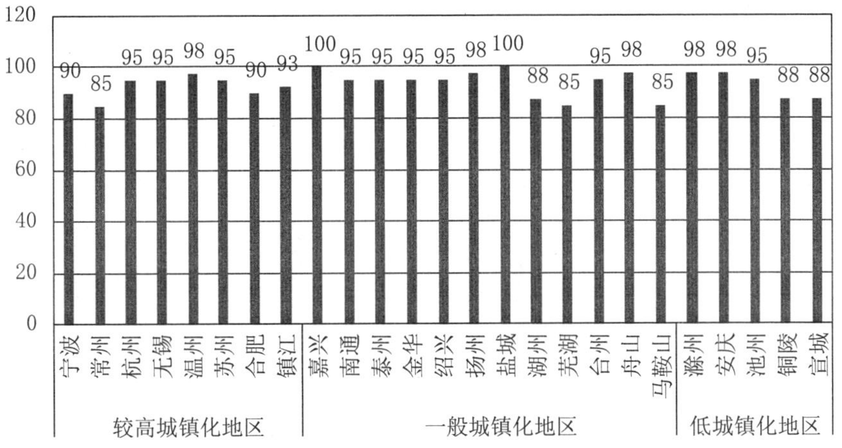

图 2-1-37　较高城镇化地区、一般城镇化地区与低城镇化地区在阳光政府方面的得分率对比（%）

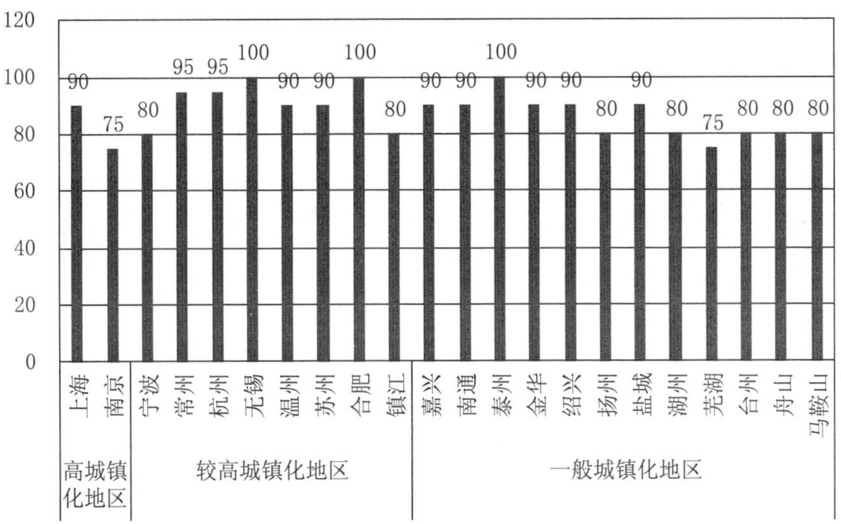

图 2-1-38　高城镇化地区、较高城镇化地区与一般城镇化地区在营商环境方面的得分率对比（%）

区中，泰州也拿到满分，成绩优异。（见图 2-1-38）

"法律服务"方面，较高城镇化地区的平均得分率最高，而低城镇化地区的平均得分率位列第 2，高城镇化地区仅为第 3。较高城镇化地区的城市中，宁波的得分率为 100%，成绩突出。同时低城镇化地区中，滁州也拿到

满分。而较高城镇化地区的城市中上海和南京分别只获得 80% 与 70% 的得分率。（见图 2-1-39）

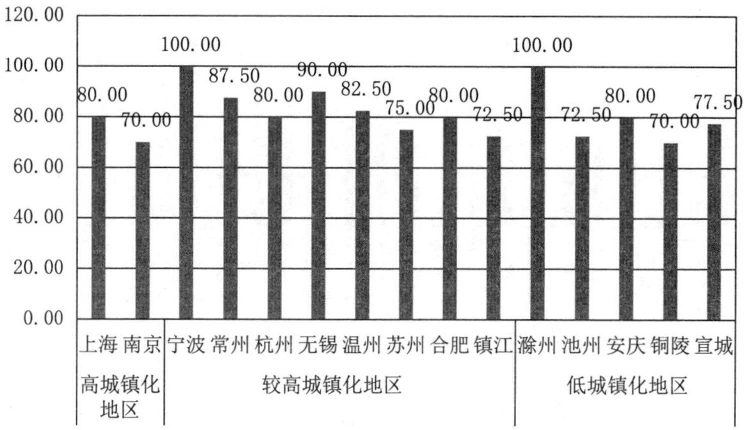

图 2-1-39　高城镇化地区、较高城镇化地区、低城镇化地区在法律服务方面的得分率对比（%）

6. 多因素影响下的法治建设水平趋势分析

报告分别从政治资源、经济发展水平、人民生活水平、人口密度和城镇化率这五方面，对比分析长三角一体化发展中心区不同类型城市之间的法治建设发展水平。主要呈现以下特点：

第一，政治资源、经济发展水平、人民生活水平、人口密度和城镇化率对城市法治发展都呈现了一定的正向促进作用。但是，经济发展水平、人民生活水平、人口密度和城镇化率在超过一定程度后，其对法治的正相关性会减弱。（见图 2-1-40、41、42、43、44）

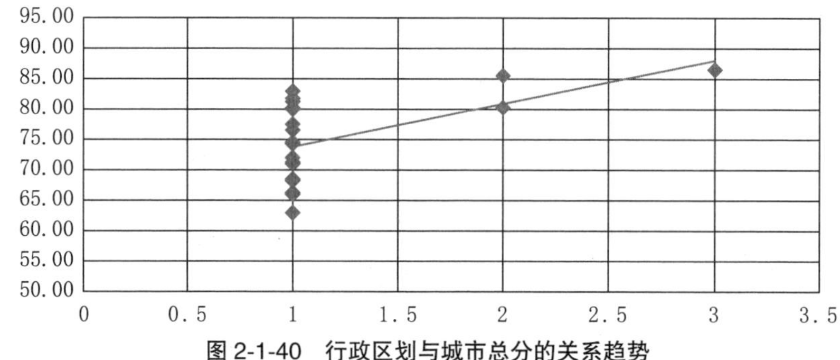

图 2-1-40　行政区划与城市总分的关系趋势

注：横轴“1”代表其他设区的市，“2”代表副省级城市，“3”代表直辖市。

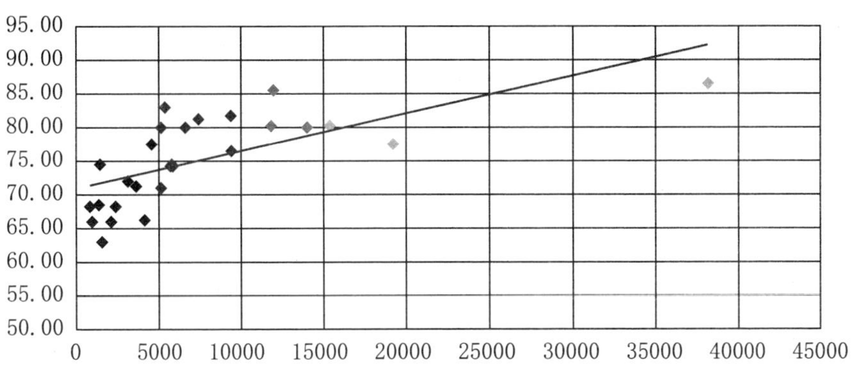

图 2-1-41　地区经济水平与城市总分关系趋势

注：◆代表发达地区城市，◆代表较发达地区城市，◆代表一般地区城市，◆代表较落后地区（下同）。部分因数值因过于接近而有所重叠。

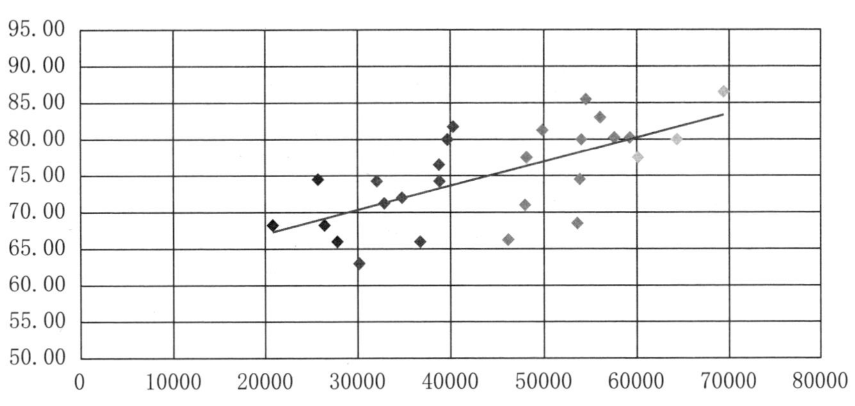

图 2-1-42　人民生活水平与城市总分关系趋势

注：◆代表富裕地区城市，◆代表较富裕地区城市，◆代表一般地区城市，◆代表欠富裕地区城市。

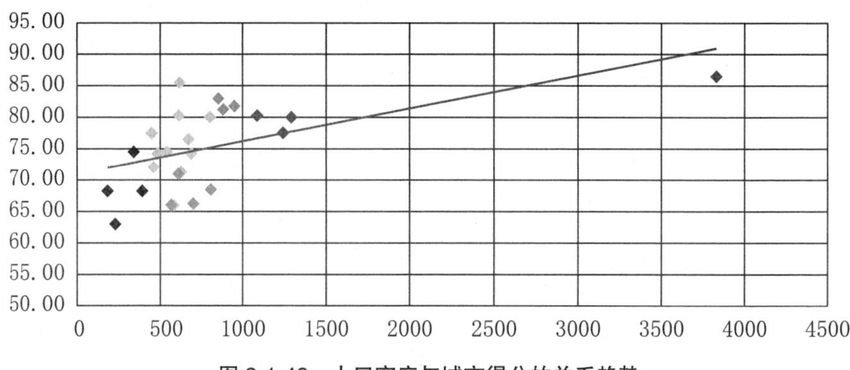

图 2-1-43　人口密度与城市得分的关系趋势

注：◆代表高密度地区城市，◆代表较高密度地区城市，◆代表一般地区城市，◆代表低密度地区。部分数值因过于接近而有所重叠。

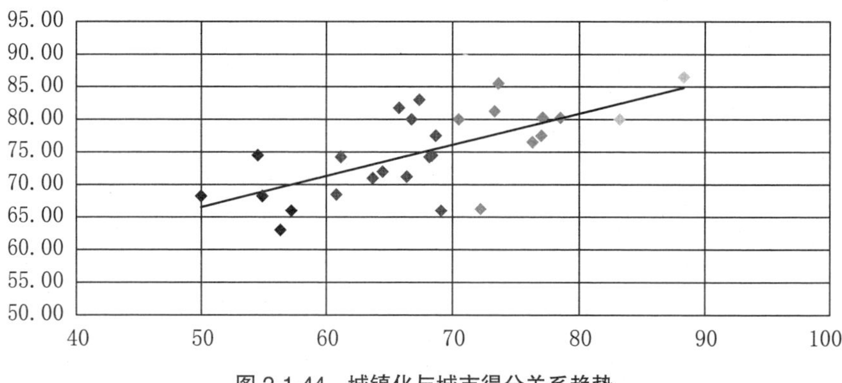

图 2-1-44　城镇化与城市得分关系趋势

注：◆代表高城镇化地区城市，◆代表较高城镇化地区城市，◆代表一般地区城市，◆代表较低城镇化地区城市。

第二，在低城镇化地区，人民生活水平越高其法治水平反而越差。由于本书中的人民生活水平是以人均可支配收入为依据来划分的，因此可以理解为在低城镇化地区中，或者说在城乡二元结构中，人均可支配收入的提高有时意味着贫富差距的进一步拉大，即真正享受发展红利的只有少部分人，而大部分人只是“被平均”了。收入分配不均导致社会公平正义也由此受到负面影响，最终呈现出法治水平的逆向下降。而对于一般城镇化地区、较高城镇化地区和高城镇化地区而言，较高的城镇化带来更完善的社会分配机制以及更科学的发展模式，因此人民生活水平的提高有助于城市法治水平的提升。且对于高城镇化地区而言，人民生活水平的提高所带来的对法治建设的正向影响力最为显著。由此可知，经济发展模式以及分配问题关系着整个城市的社会公平正义，而这也是建设法治社会的重要基石。合理的发展模式和分配机制可以促进城市的法治建设，形成良性循环。相反，不合理的发展模式和分配机制即使带来一定的经济回报，也会逐渐蚕食城市的法治建设成果，破坏社会秩序。（见图 2-1-45）

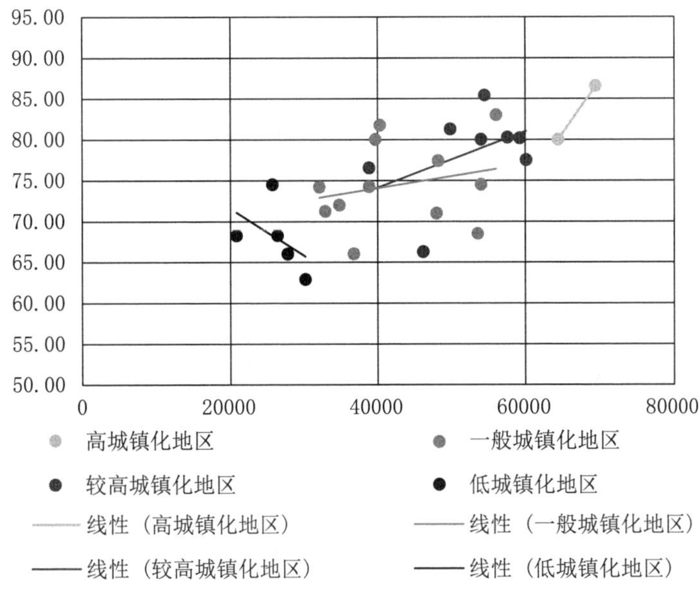

图 2-1-45　人民生活水平对于不同城镇化地区的法治水平的影响

第三，在人口低密度地区，经济发展越好城市法治水平反而越差。这是因为在人口低密度地区，经济发展主要依靠第二产业的引入，特别是承接长三角地区一线城市的淘汰产业以及发展劳动密集型产业。因此，经济上行幅度越大的地区，可能面临更多流动人口涌入、生态环境恶化等经济转型带来的问题，在一定时间内便很容易产生更多的社会矛盾，而引起的法治水平下降。相反，人口密度更高地区的经济转型，更符合中央提出的经济高质量发展的要求，而且大多城市具备了较为完善和精细的城市治理机制，能够有效化解经济转型发展带来的诸多问题。（见图 2-1-46）

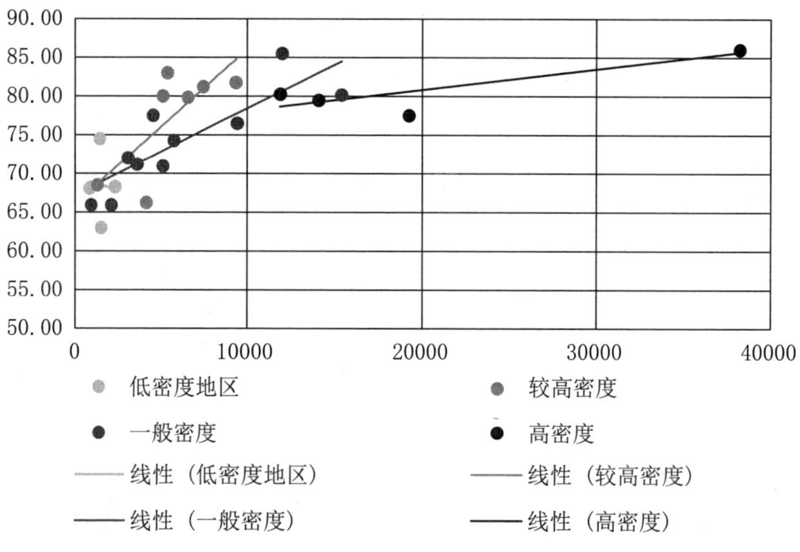

图 2-1-46　地区经济水平对于不同人口密度地区的法治水平的影响

第四，虽然行政资源、地区经济发展、人民生活水平、人口密度、地区城镇化对于大部分城市的法治水平的影响都较为正面，但仍有一部分城市或多或少地成为本次分析结果中的例外。它们或在各种资源较为匮乏的情况下获得较为突出的成绩；或在各方面资源较好的情况下并未获得与之相对应的成绩。下文中将重点分析这些城市。

7．部分城市点评

本次法治指数测评的 27 个城市的资源禀赋和发展基础各不相同，上海作为唯一一个直辖市，又是全国的经济中心，其法治水平独占鳌头并不令人意外。但是，也有部分城市在各方面资源、条件相对落后的情况下，取得较为亮眼的成绩；反之，也存在一些城市在各方面资源、条件都较好的情况下，表现却差强人意。究其原因，可能与政府的重视程度、地区人文文化等因素相关。

（1）南通、泰州和滁州的表现较为突出

南通属于其他设区的市，地区经济发展、人民生活水平和城镇化率在 27 个城市中均属于一般级别，但人口密度较大。在这样的情况下，较大的人口密度对于城市的法治建设而言，更容易成为负担，而非加分项。但南通的指数测评总体得到了 81.75 分，等级为优秀（第 4）。在所有其他设区的市中排名第 2，仅次于经济属于较富裕地区的嘉兴。且在“科学立法”“公正司法”“全民普法守法”“阳光政府”和“营商环境”方面都取得了前三，其中“全民普法守法”的得分率甚至取得第 1。（见图 2-1-47）从人民生活水平来看，同类城市中南通的指数测评总分位列第 1，并在“严格执法”“公正司法”“全民普法守法”上的得分率都是第 1。其余的一级指标中，除了“依法治市”以外，所有的一级指标得分率均排在前三名以内。（见图 2-1-48）从城镇化程度来看，同类城市中南通的测评总分位列第 2。除了“依法治市”外的所有一级指标中，得分率均位列前三以内，（见图 2-1-49）其中“全民普法守法”的得分率排名第 1。从经济发展程度来看，同类城市中南通的测评总分排名第 2。并且在除了“依法治市”以外的一级指标项中都获得了前三以内的成绩。（见图 2-1-50）可见南通的法治发展与其他同级的城市相比较不仅总体得分较高，同时也较为均衡。

泰州与南通的情况基本一致，属于其他设区的市，地区经济发展、人民生活水平和城镇化率在 27 个城市中均属于一般级别，但人口密度较大。在这样的情况下，泰州法治指数测评总分为 80 分，等级为优秀（第 9）。在设区的市中，泰州测评总分位列第 5。排位之前的城市中，除了南通以外，都是属于较富裕的地区。从一级指标的得分率排位情况来看，泰州在“科学立法”“阳光政府”以及“营商环境”上的得分率均排在了前三位，且“科学立法”和“营商环境”的得分率都位列第 1。（见图 2-1-47）从人民生活水平来看，同类城市中泰州测评总分仅次于南通，位列第 2。且在“依法治市”“科学立法”“公正司法”“全民普法守法”“阳光政府”“社会治理”“营商环境”等 7 项指标中占据优势，均位列前三以内。（见图 2-1-48）从城镇化程度来看，同类城市中泰州指数测评总分仅次于嘉兴、南通，位列第 3。除了“严格执法”与“法律服务”外，泰州在所有的一级指标的排名中都位列前三以内，甚至在“科学立法”以及“营商环境”上排位第 1。（见图 2-1-49）

可以说，泰州在各方面资源都不占优势的情况下能取得这样的成绩是较为不易的。

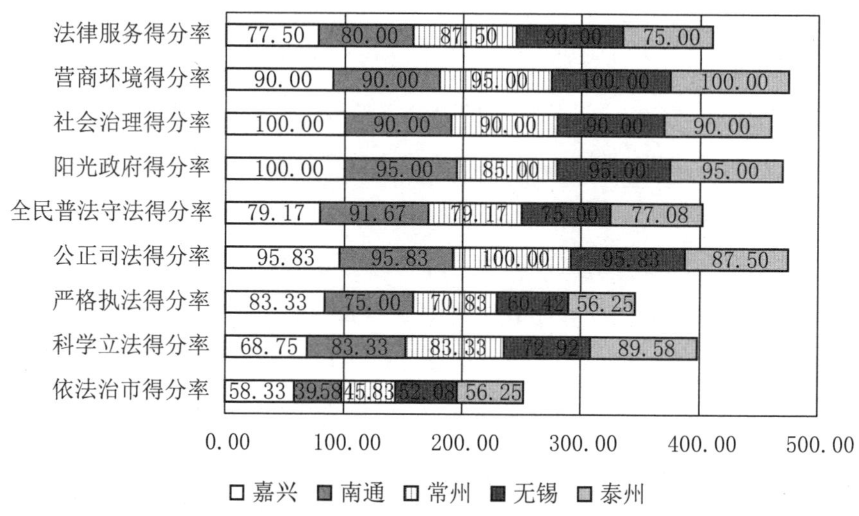

图 2-1-47 其他设区的市的一级指标得分率情况（%）

注：由于某些分类中城市较多，为方便图表展示，图 2-1-47 至图 2-1-55 的图例中只选取了总分前五的城市进行展示。

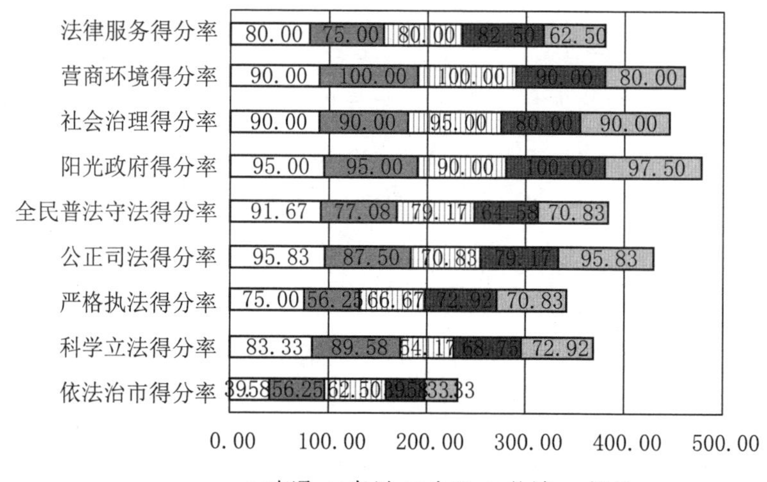

图 2-1-48 人民生活水平一般的地区的一级指标得分率情况（%）

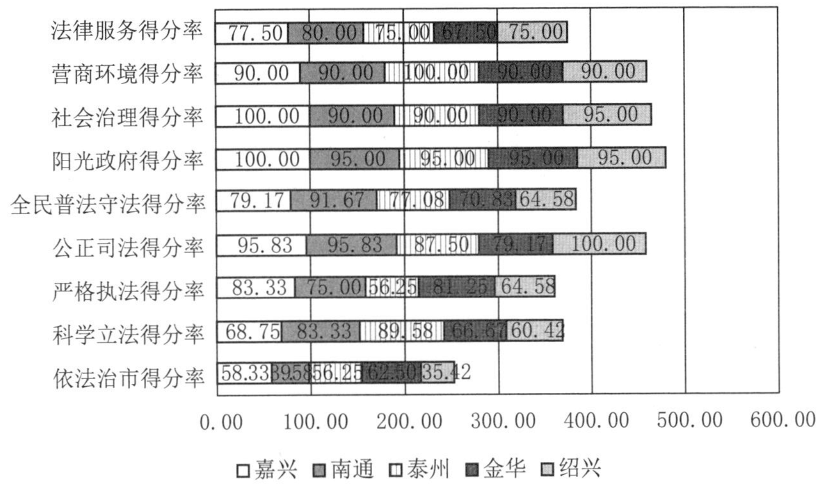

图 2-1-49　一般城镇化地区的一级指标得分率情况（%）

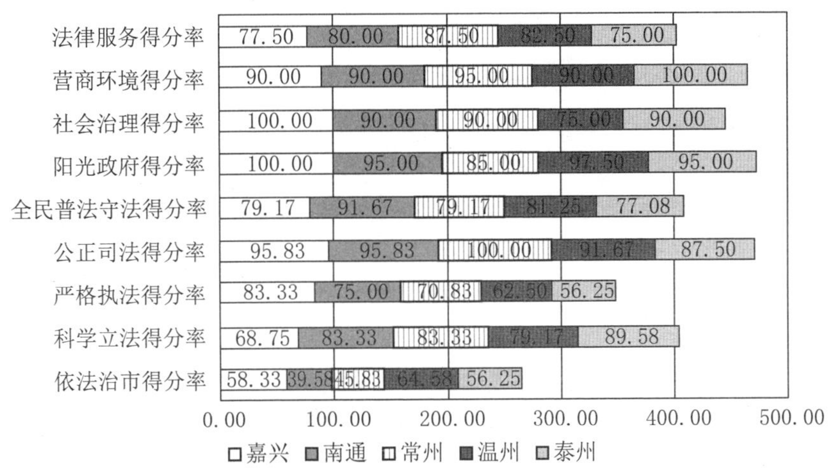

图 2-1-50　经济发展一般地区的一级指标得分率情况（%）

滁州也属于其他设区的市，在经济发展程度、人民生活水平、人口密度以及城镇化程度等各方面指标来看，都属于长三角一体化发展中心区城市中较为落后的地区。但与同类城市相比，滁州的表现是较为突出的。与欠富裕地区的其他城市相比，滁州总分排名第 1。且在“严格执法”“公正司法”“阳光政府”“营商环境”和“法律服务”这几方面的得分率都位列第 1。（见图 2-1-51）与低城镇化的其他城市相比，滁州的总得分仍然位列第 1，且在

“严格执法”“公正司法”“阳光政府”“营商环境”和“法律服务”这几项指标的得分率都位列第 1。（见图 2-1-52）与经济较落后的其他城市相比，滁州总分排名第 2。并在“阳光政府”“营商环境”“法律服务”方面排名第 1。（见图 2-1-53）可见滁州作为各方面客观条件都不占优势的城市，在法治发展方面取得较为不错的成绩。

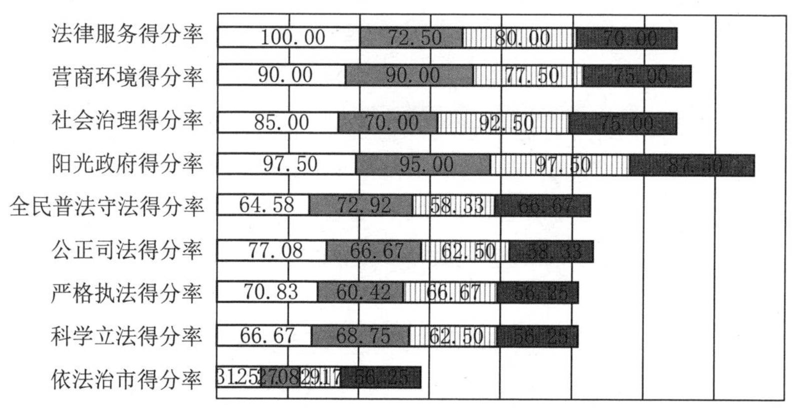

图 2-1-51　欠富裕地区一级指标得分率情况（%）

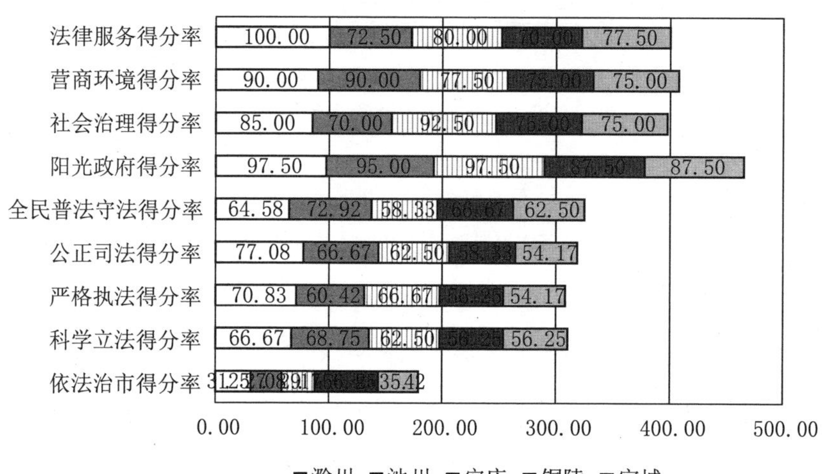

图 2-1-52　低城镇化地区一级指标得分率情况（%）

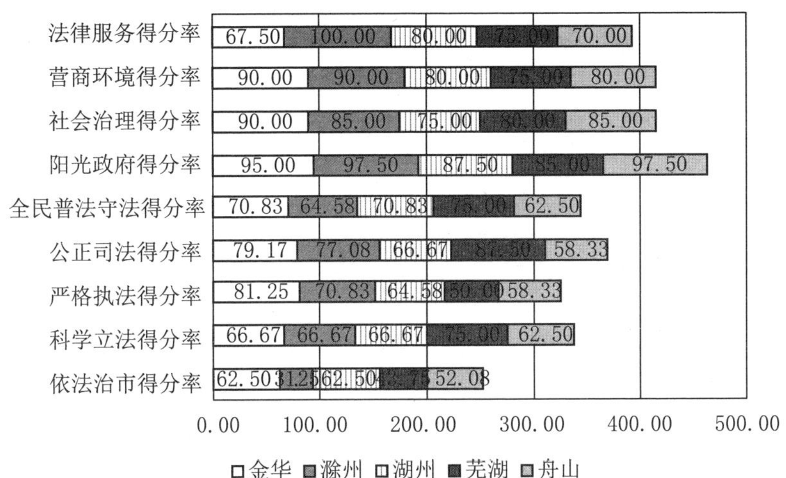

图 2-1-53　经济发展较落后地区的一级指标得分率情况（%）

（2）舟山和镇江的表现较为令人意外

与上文中表现较为优秀的城市形成对比的，是有些各方面条件都较为良好的城市，却在法治水平上表现得不尽如人意。（由于分类中城市过多，为方便图表展示，图 2-1-54、图 2-1-55 中仅展示后五位的城市的得分率情况）

从人民生活水平来看，较富裕地区中舟山与镇江的总分明显低于同类城市，指数测评等级均只有合格。舟山属于较富裕地区，城镇化水平一般，人口密度较大。与其他较富裕地区的城市相比，舟山的总分排在倒数第 2，为 68.5 分。在一级指标上，其在“公正司法”“全民普法守法”“营商环境”这三项指标上得分均在最后。（见图 2-1-54）与一般城镇化地区的其他城市相比，舟山的总得分仍然位列倒数第 2。同时，其在“公正司法”和“全民普法守法”上的得分率都排在最后。（见图 2-1-55）

与舟山类似的还有镇江。同属较富裕地区的镇江，在城镇化等级上比舟山还要更高，属于较高城镇化地区，人口密度较大。与其他较富裕地区的城市相比，镇江的总分排名垫底。镇江在“科学立法”“严格执法”“社会治理”和“营商环境”这四方面的得分率均排在最后，且除了“阳光政府”与“法律服务”外，其他指标的得分率也都处于倒数三位之列。

（见图 2-1-54）与较高城镇化地区的其他城市相比，镇江的总得分依然排在最后。并在除了“全民普法守法”和“阳光政府”以外的所有指标上都得了最低分。对比其在较富裕地区中的情况可知，镇江在大部分指标上都较为落后。（见图 2-1-55）

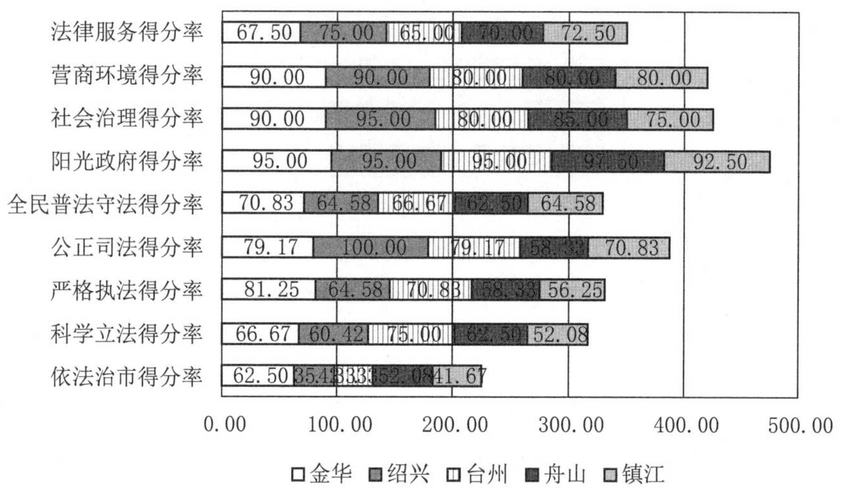

图 2-1-54　较富裕地区一级指标得分率情况（%）

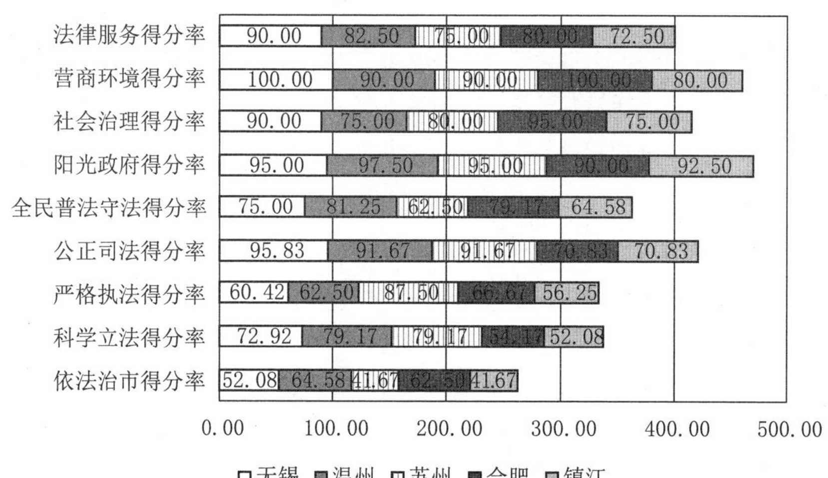

图 2-1-55　较高城镇化地区一级指标得分率情况（%）

舟山和镇江的法治指数测评分数不尽如人意，主要受制于当地的经济发展水平。根据之前的分析结果可知，当地区经济发展属于较落后的情况下，地区经济因素对于城市的法治水平的影响较为明显，因此这可能是导致舟山与镇江相对得分率较低的原因之一。

二、一级指标分项分析

（一）依法治市

1．总体情况

第一，依法治市工作整体推进力度不足。27个城市在“依法治市”方面，平均得分率为47.3%，评级仅为D。（见图2-2-1）在9项一级指标中，此项得分率最低。其中，平均得分率等级为C的城市，也仅温州、上海、宁波、湖州、金华和合肥。其余城市得分率等级均为不合格。

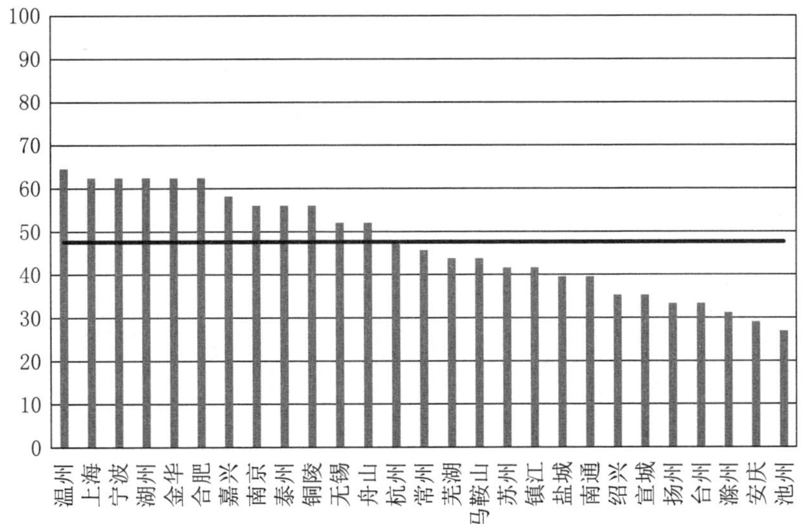

图2-2-1　各城市“依法治市”得分情况

第二，在普遍表现较差的情况下，不同城市之间仍有较大差距。从四个等级的分布情况来看，没有等级达到优秀和良好的城市。多达21个城市“依法治市”工作得分率等级处于不合格。但即使如此，排名靠前和排名垫底的城市之间仍然存在较大的差距。排名垫底的城市甚至只有不到30%的得分率。

第三，“依法治市”基础工作完成度较好，优良率较高。经换算，27 个城市在“依法治市”方面的基础项平均得分率为 79.26%，评级为 B+。从四个等级分布情况来看，上海、金华、南京、泰州、杭州、宁波、嘉兴、苏州、镇江、常州、南通、温州、湖州、舟山、马鞍山、盐城、宣城等 17 个城市等级为优秀；无锡、芜湖、合肥、铜陵、绍兴、扬州等 6 个城市等级为良好；台州和滁州等级为合格；池州和安庆等级为不合格。（见图 2-2-2）27 个城市中优良率超过 85%。基础项得分率最高的是上海和金华，都拿到满分。

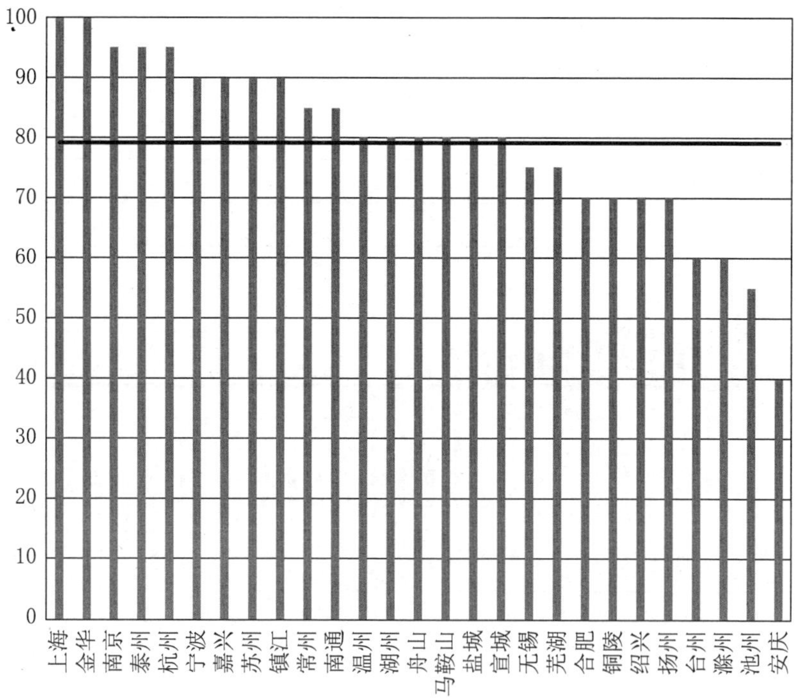

图 2-2-2　各城市“依法治市”基础项得分情况

第四，在“依法治市”基础性工作中，存在明显短板。绝大多数城市都能召开年度依法治市委员会工作会议，并制定年度工作计划；大多数城市都能按照要求公布地方立法计划、开展依法治市督察工作。但是，在依法治区

（县）工作协调推进上，大多数城市表现较差。（见图 2-2-3）

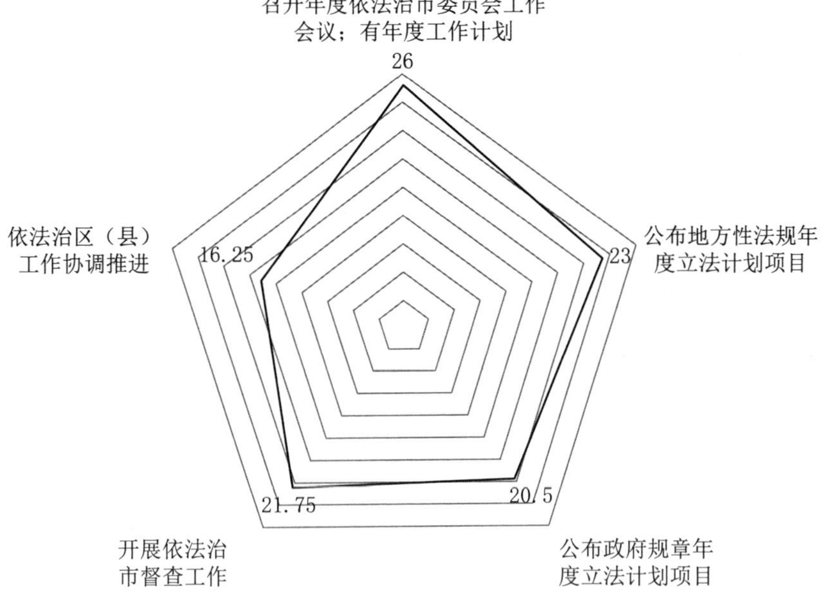

图 2-2-3 “依法治市”各基础分项总分

第五，“依法治市”专项工作完成度很差。超过 85% 的城市得分率等级为不合格。经换算，项目平均得分率仅为 36.73%，级别为 D。从四个等级分布情况来，温州、嘉兴、常州 3 个城市等级为优秀；镇江等级为及格；剩余 23 个城市等级均为不合格。其中，项目得分率最高的城市是温州，得分率评级达到 A+。而扬州在该部分所有项目中未获得分数。（见图 2-2-4）

第六，“依法治市”专项工作的完成情况差于基础工作。从指数测评结果来看，“依法治市”三项专项工作完成度均难以让人满意。其中，依法治市委员会四个协调小组运行情况参差不齐，也印证了“依法治市”基础项中依法治区（县）工作协调推进得分率较低的原因。此外，重大立法项目、法规规章立法计划提交市委常委会审议方面，大多数城市都没有建立长效机制。可见，党对地方立法工作的统筹协调和领导作用，尚未得到完全发挥。（见图 2-2-5）

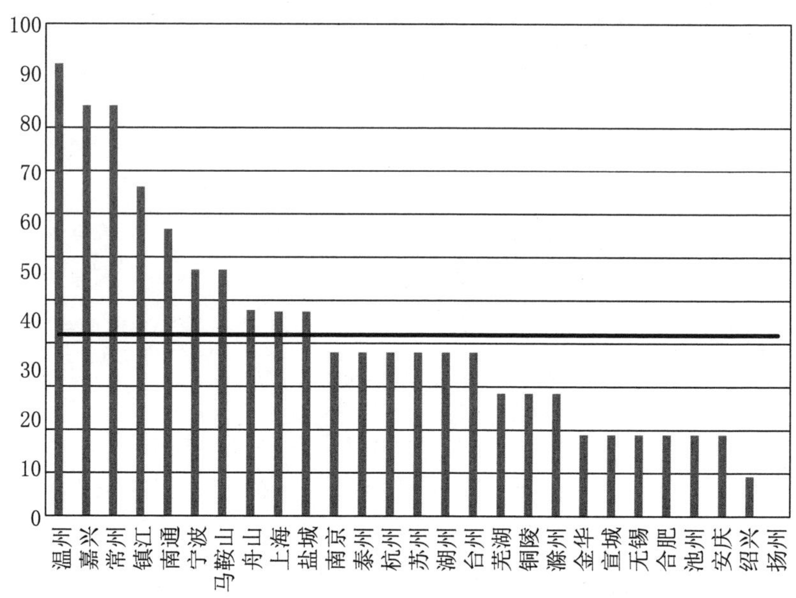

图 2-2-4　各城市“依法治市”项目得分情况

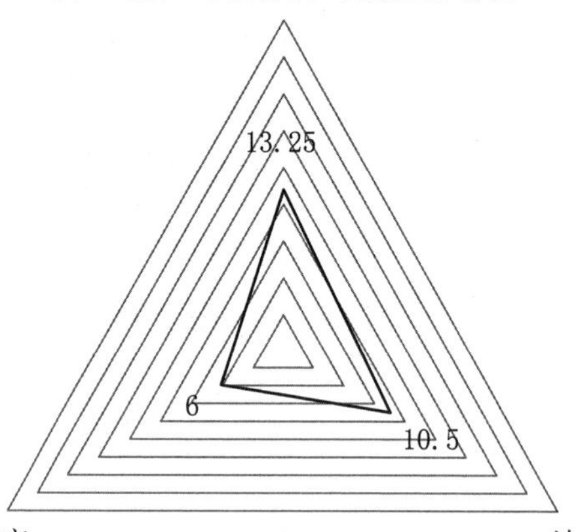

图 2-2-5　“依法治市”各项目分项总分

第七，“依法治市”加分项得分率较低，但部分城市表现良好。经换算，27 个城市在“依法治市”方面的加分项工作平均得分率仅为 14.81%，评级为 D，依法治市方面的工作创新性严重不足。温州、湖州和合肥在该部分表

现良好，创新性较强。（见图 2-2-6）

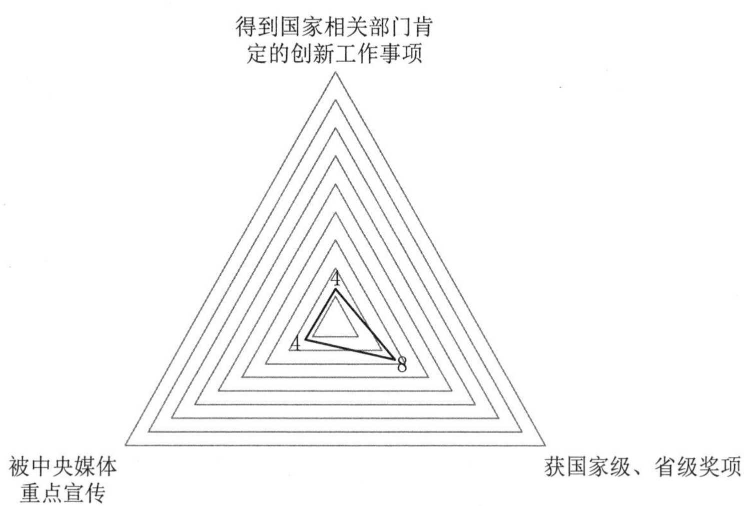

图 2-2-6　“依法治市”各加分项总分

2．亮点与不足

“依法治市”一级指标下面，共设置了 11 项二级指标。（见表 2-2-1）除加分项外，其他二级指标的完成度较高的分别是 B1、B2、B4，较低的分别是 B6、B7、B8。（见图 2-2-7）综合加分项情况，从各项二级指标的完成度以及指标之间的逻辑关系来分析，“依法治市”方面存在以下亮点与不足：

表 2-2-1　“依法治市”项下的二级指标

基础分项	B1	召开年度依法治市委员会工作会议；有年度工作计划
	B2	公布地方性法规年度立法计划项目
	B3	公布政府规章年度立法计划项目
	B4	开展依法治市督查工作
	B5	依法治区（县）工作协调推进
项目分项	B6	依法治市委员会四个协调小组（立法、执法、司法、守法普法）开展工作情况
	B7	法规规章计划由依法治市委员会或市委审议
	B8	重大立法项目提交市委常委会审议情况

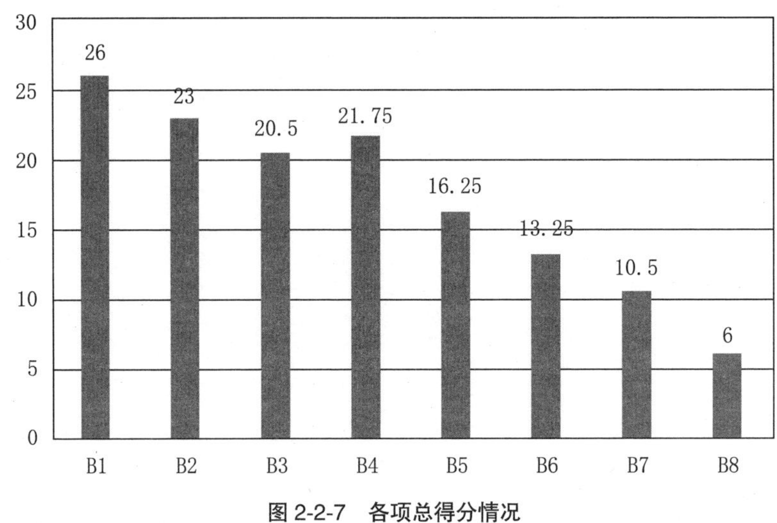

图 2-2-7 各项总得分情况

第一，依法治市委员会作用初步显现。27 个城市都已经成立依法治市委员会，坚持党对全面依法治市工作的集中统一领导，并定期召开工作会议，制定工作计划，积极推进重点工作。

第二，地方性法规立法计划公布情况好于政府规章立法计划。27 个城市中大部分城市都主动公开地方性法规立法计划和政府规章立法计划。但相比较而言，政府规章计划的公布情况稍差于地方性法规立法计划。

第三，依法治市督察工作稳步开展。2020 年，中央依法治国办对全国 8 个省区市启动实地督察，重点聚焦党政主要负责人履行法治建设第一责任人职责及法治政府建设情况。其中，就包括上海市和江苏省。因此，总体来看，绝大多数城市都开展了相应的依法治市督察工作。

第四，依法治市委员会各协调小组工作力度不够，也不平衡。27 个城市都按照中央规定，在市委全面依法治市委员会下成立了立法、执法、司法、守法普法四个协调小组，但是，实践中各个协调小组工作开展情况差异性很大，有的协调小组积极筹划部署，全力落实委员会确定的各项工作任务，有的协调小组基本没有发挥任何作用，不少协调小组全年未开展过活动，召开过会议。

第五，党对立法工作领导的方法与途径摸索尚显不足。绝大部分城市对立法计划和重大立法项目提交党委审议，没有明确的制度要求，缺乏统一规范。例如，在哪个环节报党委审议，哪些立法项目属于重大立法项目需要报党委审议，党委审议结果对立法进程的影响，都没有明确的规定。

3. 小结

第一，依法治市工作职责不够清晰，影响依法治市工作实效。2018 年 3 月，中共中央印发《深化党和国家机构改革方案》，决定成立中央全面依法治国委员会，负责全面依法治国顶层设计、总体布局、统筹协调、整体推进、督促落实，作为党中央决策议事协调机构。之后，各地纷纷组建市委全面依法治市委员会，作为市委议事协调机构。其主要任务是贯彻落实党中央有关全面依法治国的决策部署，统筹协调全面依法治市工作，坚持依法治国、依法执政、依法行政共同推进，坚持法治国家、法治政府、法治社会一体建设，研究全面依法治市重大事项、重大问题，统筹推进科学立法、严格执法、公正司法、全民守法、协调推进中国特色社会主义法治体系和社会主义法治国家建设等。但是，这些工作在依法治市委员会成立前，都已经有具体的负责部门，而且均建立了相应的工作机制。在依法治市委员会及四个协调小组体制下开展立法、执法、司法、普法等协调工作，与原有相关工作具有较高的重叠性。因此，怎么突出依法治市委员会及四个协调小组的统筹协调作用，创新长效工作机制，是进一步发挥依法治市委员会作用的关键。

第二，党领导立法的工作体制机制有待加强。党领导立法工作，是党的执政权通过立法权运行而得以实现的途径。加强党对立法工作的领导，是立法工作的政治原则，也是做好立法工作的根本保证。《立法法》将坚持中国共产党的领导作为立法应当遵循的基本原则，但是法律中缺乏对党领导立法的具体制度规定。这就影响了党在立法活动中发挥总揽全局、协调各方的领导核心作用。为了使党的主张通过法定程序成为地方立法的内容，为党的长期执政提供规范化、常规化的法治保障，有必要鼓励各地通过党内法规的形式，建立健全党领导立法的工作体制和机制。

（二）科学立法

1. 总体情况

第一，科学立法整体水平一般。经换算，27 个城市在“科学立法”方面，平均得分率为 71.84%，评级为 B–。（见图 2-2-8）在 9 项一级指标中，得分率排在第 6。上海市 2020 年度累计立法数量最高，达 49 件；得分最低的马鞍山市，仅 2 件。

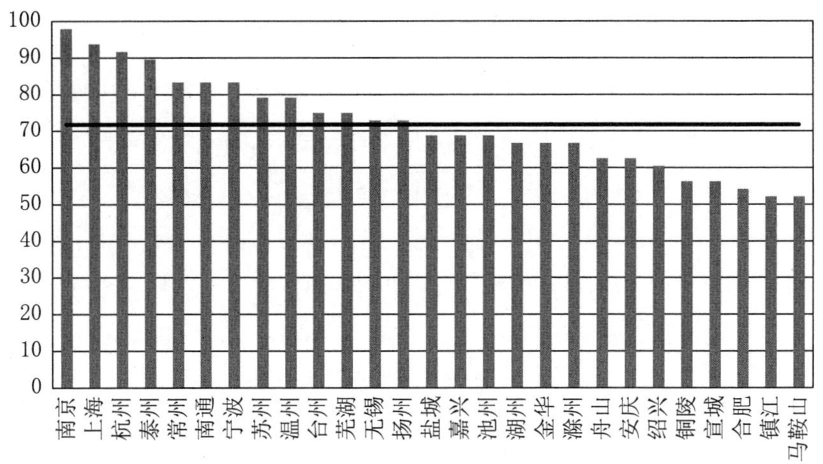

图 2-2-8　各城市科学立法得分情况

第二，不同城市在科学立法方面差距较大，个别城市表现优异。从四个等级分布情况来看，南京、上海、杭州、泰州、常州、南通、宁波 7 个城市的“科学立法”等级为优秀；苏州、温州、台州、芜湖、无锡、扬州 6 个城市等级为良好；盐城、嘉兴、池州、湖州、金华、滁州、舟山、安庆、绍兴 9 个城市等级为合格；铜陵、宣城、合肥、镇江、马鞍山 5 个城市等级为不合格。在 27 个城市中，南京、上海、杭州“科学立法”水平优异，评级均为 A+。

第三，“科学立法”基础工作完成度较好，优良率较高。27 个城市在“科学立法”方面的基础分项平均得分率为 75.37%，级别为 B。从四个等级分布情况来看，上海、南京、常州、苏州、温州、无锡、盐城、安庆、滁州、杭州、合肥、南通、宁波、台州等 14 个城市的“科学立法”基础分项得分等级为优秀；泰州、扬州、马鞍山、铜陵 4 个城市等级为良好；池州、嘉兴、绍兴、镇江、金华、芜湖、舟山 7 个城市等级为合格；宣城、湖州两个城市等级为不合格。（见图 2-2-9）27 个城市中优良率达 2/3。“科学立法”

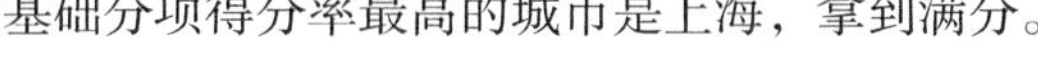
基础分项得分率最高的城市是上海，拿到满分。

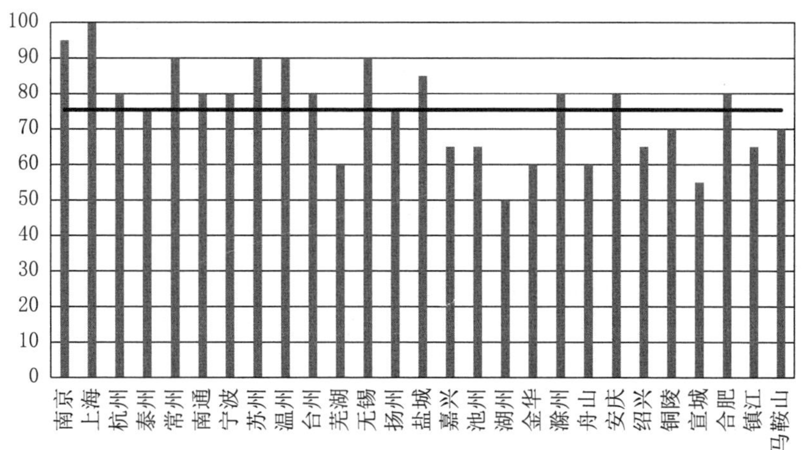

图 2-2-9　各城市基础项得分情况

第四，在“科学立法”基础性工作中，存在明显短板。绝大多数城市建立了立法（法规、规章）公开征求公众意见机制。但是，部分城市在立法后评估方面，尚未形成长效机制；在立法和规范性文件的备案审查方面，存在备而不查的问题。（见图 2-2-10）

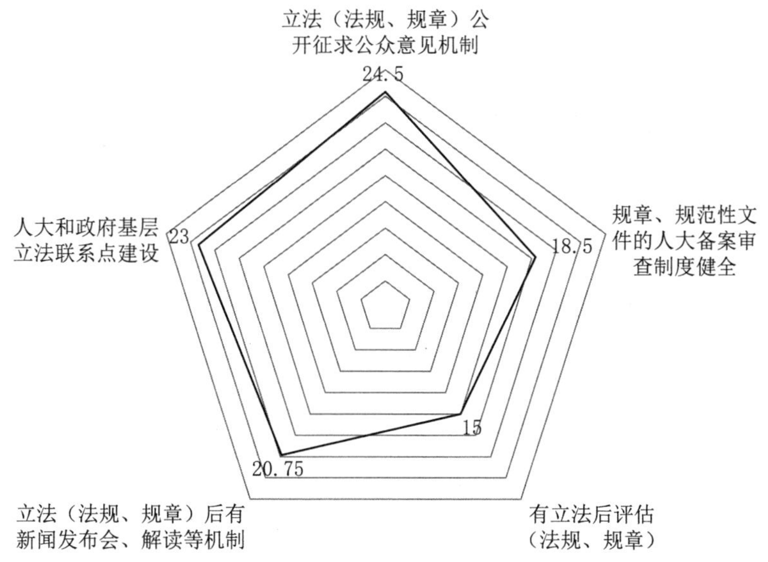

图 2-2-10　“科学立法”各基础分项总分

第五，“科学立法”专项工作完成度较高，优良率较高。经换算，27 个城市在“科学立法”的专项工作平均得分率为 83.33%，级别为 A–。从四个等级分布情况来看，南京、杭州、台州、常州、南通、苏州、台州、扬州、金华、滁州、舟山、宣城、镇江、盐城、嘉兴等 15 个城市的“科学立法”专项工作得分等级为优秀；上海、无锡、铜陵 3 个城市等级为良好；宁波、温州、芜湖、池州、湖州、绍兴 6 个城市等级为合格；马鞍山、安庆、合肥 3 个城市等级为不合格。（见图 2-2-11）27 个城市中优良率占 2/3。值得肯定的是，接近半数的城市项目得分为满分。

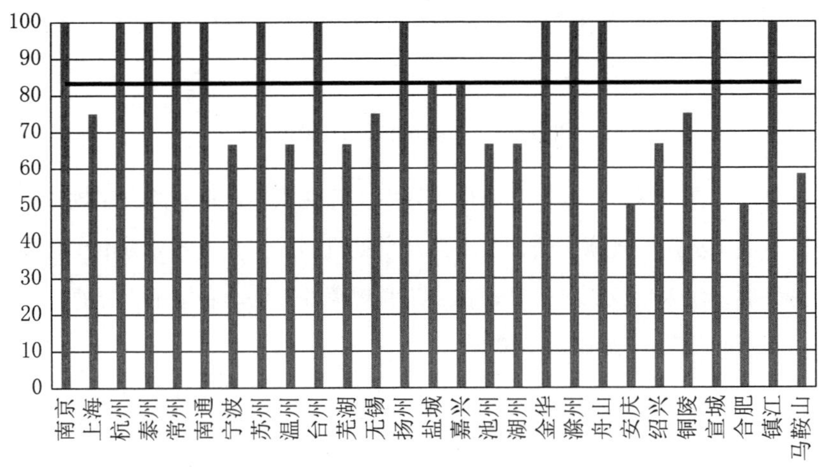

图 2-2-11　各城市项目项得分情况

第六，“科学立法”专项工作的完成情况要好于基础性工作。从指数测评结果来看，“科学立法”方面三项专项工作完成度均较高，特别是公开征集立法项目和论证制度接近满分，这是“科学立法”工作中的亮点。此外，年度立法计划完成情况也都较好。（见图 2-2-12）

第七，“科学立法”加分项得分率较低，但部分城市表现优异。经换算，27 个城市在“科学立法”方面的加分项上平均得分率仅为 58.80%，评级为 D。从各项二级指标来看，除“立法过程中有征求公众意见的反馈机制”一项得分较高以外，绝大部分城市没有计划外的立法项目，在立法中也缺乏创新性制度安排。值得肯定的是，上海、杭州的地方立法创新性较强。2020

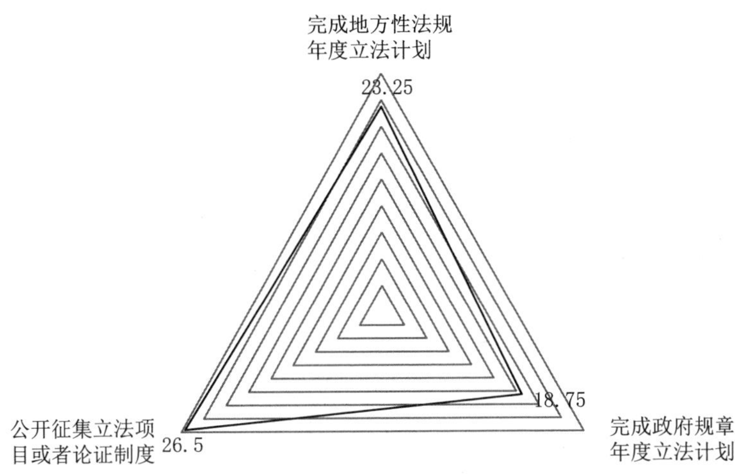

图 2-2-12 “科学立法”各项目分项总分

年，上海制定了 4 部全国首创性立法，如疫情防控地方性法规、会展业条例等；杭州则在全国率先制定了城市大脑赋能城市治理促进条例，推动治理手段、治理模式和治理理念创新，推进城市治理体系和治理能力现代化。（见图 2-2-13）

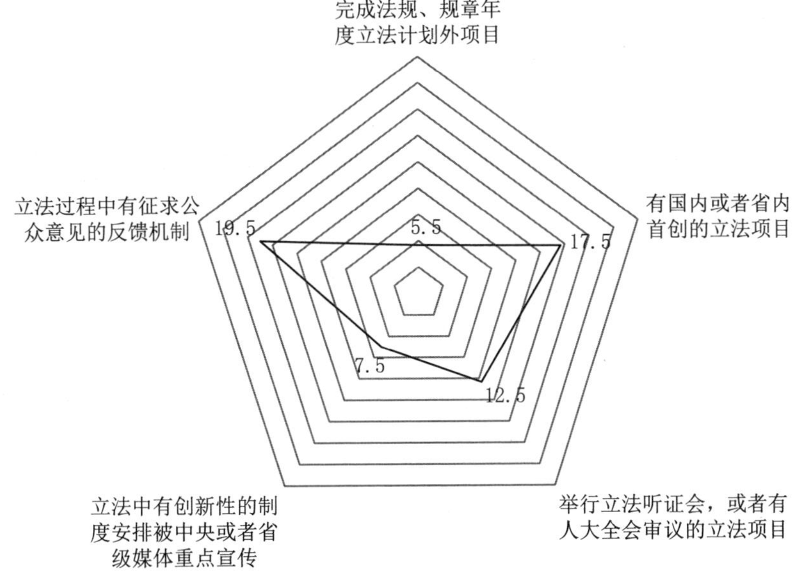

图 2-2-13 “科学立法”各加分项总分

2. 亮点与不足

“科学立法”一级指标下，共设置了 8 项二级指标。（见表 2-2-2）除加分项外，其他二级指标完成度较高的分别是 B19、B12、B17，较低的分别是 B14、B13、B18。（见图 2-2-14）综合加分项情况，从各项二级指标的完成度以及指标之间的逻辑关系来分析，“科学立法”方面存在以下亮点与不足：

表 2-2-2 “科学立法”项下的二级指标

基础分项	B12	立法（法规、规章）有公开征求公众意见机制
	B13	规章、规范性文件的人大备案审查制度健全
	B14	有立法后评估（法规、规章）
	B15	立法（法规、规章）后有新闻发布会、解读等机制
	B16	人大和政府基层立法联系点建设
项目分项	B17	完成地方性法规年度立法计划
	B18	完成政府规章年度立法计划
	B19	公开征集立法项目或者论证制度

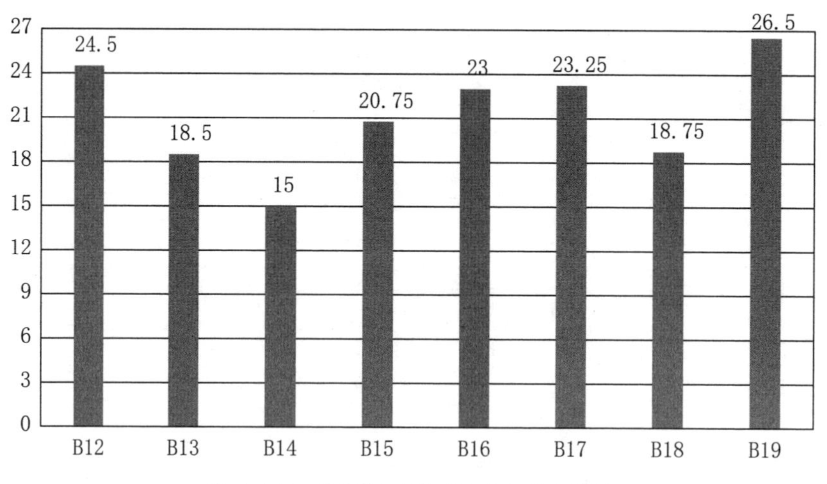

图 2-2-14 “科学立法”各项加总得分情况

第一，地方立法公众参与机制较为完善。从测评结果来看，与民主立法相关的测评指标完成度都较高，例如，立法项目征求意见制度、立法草案征求意见制度、公众意见反馈制度、基层立法联系点制度等。

第二，地方人大立法规范性强于地方政府立法。从立法计划完成情况来看，地方性法规立法计划完成情况要好于政府规章立法计划。在立法草案公开征求公众意见、基层立法联系点的指标测评中，扣分原因也大多是政府立法机制存在缺陷。

第三，立法后评估制度实施情况不理想。在“科学立法”基础性和专项性工作中，立法后评估实施情况最差，仅10个城市拿到了满分，而多达6个城市零分。

第四，规章、规范性文件的人大备案审查制度实效性不强。27个城市的地方人大均已建立政府规章和行政规范性文件的备案审查制度，但是，一些地方存在“备而不查、查而不纠”的问题。因此，规章、规范性文件的人大备案审查制度在一些城市流于形式，并未发挥实际效果。

3．小结

第一，国家对立法参与有明确的要求，确保地方立法公众参与度较好。“从群众中来，到群众中去”的群众路线是我党的根本工作路线，也是一直以来开展立法的重要指导思想。早在2001年，《规章制定程序条例》就对政府规章制定中的公众参与提出了法定要求。党的十八大以来，以习近平同志为核心的党中央高度重视公众参与立法工作，把公众参与立法作为践行立法民主和立法公开，保障立法质量和法律认同度的重要举措，并对拓展人民有序参与立法途径，健全法律法规规章草案公开征求意见和公众意见采纳情况反馈机制等提出明确要求。因此，各地基本建立了地方立法公众参与机制，并有序推进各项工作。

第二，省辖市立法需求不足，使得直辖市上海的地方立法实践远远超过其他城市。从行政隶属关系分析，除上海外，其他城市都隶属于省级行政区划，而省人大和省政府都有地方立法权。因此，在省级层面已经制定地方立法的情况下，省内各设区的市就同一内容进行立法的必要性不强。此外，设区的市只能在城乡建设与管理、环境保护、历史文化保护等三个领域内开展地方立法，也进一步限制了其立法的空间。因此，27个城市中，上海每年的立法数量遥遥领先于其他城市。

第三，新获得立法权的设区的市立法经验不足，导致不同城市之间科学立法水平差异较大。自 2015 年《立法法》修订后，所有设区的市在城乡建设与管理、环境保护、历史文化保护等领域都获得了一定的立法权。但由于刚刚获得立法授权，缺乏立法工作经验积累，与早已获得立法权的省府所在地城市、计划单列市和较大的市相比，在立法数量和质量上都存在明显差距。

第四，缺乏刚性制度要求和实际需求，导致立法后评估制度并未得到普遍实施。首先，立法后评估并未作为法定制度予以规定。27 个城市中，仅苏州市制定了《苏州市规章立法后评估办法》，将立法后评估作为一项法定制度予以规范和推进。此外，仅安徽省、舟山市、南京市和上海市分别以规范性文件的形式，规定了立法后评估机制。就目前各地推进的立法后评估机制来看，更多是政府规章立法后评估，而对地方性法规提出立法后评估要求的城市更少。其次，部分设区的市尚无开展立法后评估的实际需求，因为 2015 年后，一些设区的市才获得地方立法权，这些城市的地方立法都比较新，没有开展立法后评估的实际需求。

第五，事后审查纠错难度大，信息不够透明，导致规章、规范性文件的备案审查制度情况不明。鉴于备案审查制度属于事后备案，即在规章、规范性文件生效后，报同级人大常委会备案。一旦审查中发现问题，市人大常委会如果启动纠错程序，将会使生效的政府规章或者行政规范性文件面临失效的问题。因此，实践中，该项制度尚未得到严格执行；即便有些地方人大执行了，也较少对外宣传，造成从社会公众媒体能获得的这方面信息很少，也没有在人大每年的工作报告中具体反映出来，从而造成此项工作的信息不对等，一定程度上也影响了对此项重要立法相关制度的测评准确性。

（三）严格执法

1．总体情况

第一，严格执法整体情况不容乐观。27 个城市在“严格执法”方面，平均得分率为 67.28%，评级为 C+。（见图 2-2-15）在 9 项一级指标中排名第 8，不合格率约为 30%。

第二，各城市在严格执法方面差距较大，大部分城市表现一般。从四个等级分布情况来看，苏州、宁波、嘉兴、上海、金华 5 个城市的“严格执

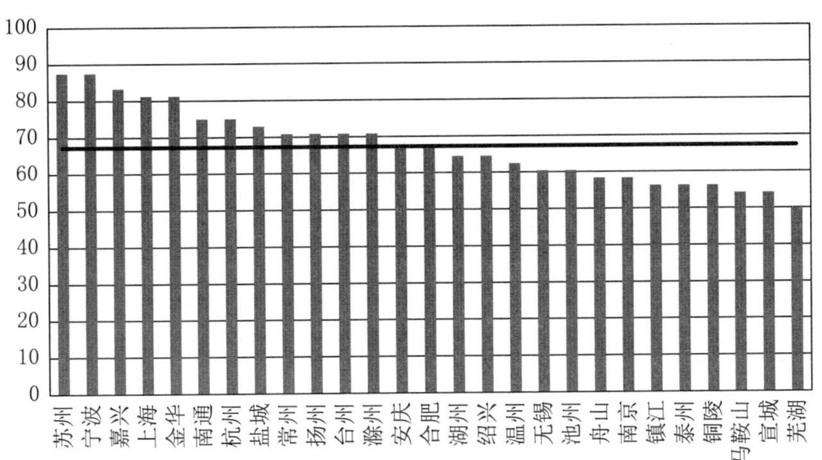

图 2-2-15　各城市“严格执法”得分情况

法”得分等级为优秀；南通、杭州、盐城、常州、扬州、台州、滁州 7 个城市等级为良好，其中 4 个城市评级仅为 B-；安庆、合肥、湖州、绍兴、温州、无锡、池州 7 个城市等级为及格；舟山、南京、镇江、泰州、铜陵、马鞍山、宣城、芜湖 8 个城市等级为不合格，不合格率将近 30%。

第三，“严格执法”中基础性工作完成度优异。“严格执法”基础项得分率为 95.74%，级别为 A+。从四个等级分布情况来看，27 个城市级别均为优秀。（见图 2-2-16）其中，苏州、嘉兴、南通、杭州、常州、泰州、滁州、

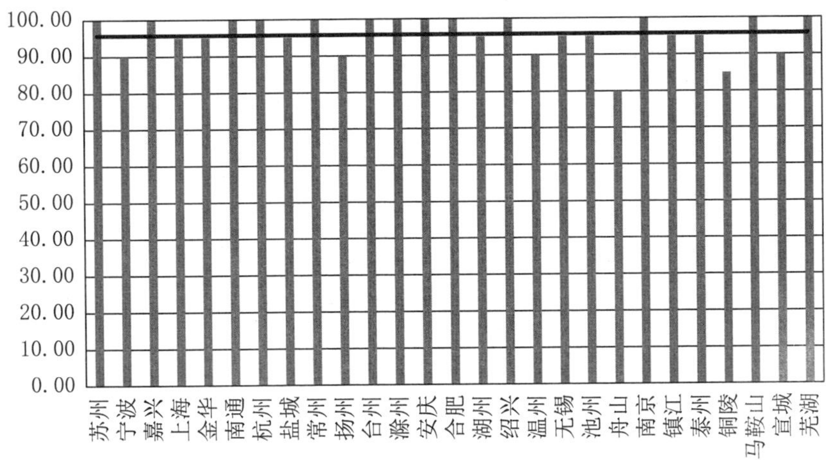

图 2-2-16　各城市基础项得分情况

安庆、合肥、绍兴、南京、马鞍山、芜湖等 13 个城市表现尤为突出，在“严格执法”基础工作测评中拿到满分。

第四，就“严格执法”五项基础性工作而言，各项制度大致完善。“严格执法”基础项中的二级指标，包括行政执法三项制度、综合执法体制改革、行政裁量基准制度、法治政府建设报告制度和行政执法人员培训制度等，大多是国家近几年重点推进的工作，因此，大多数城市完成度都较好。相比较而言，部分设区的市在行政裁量基准制度方面还存在欠缺。（见图 2-2-17）

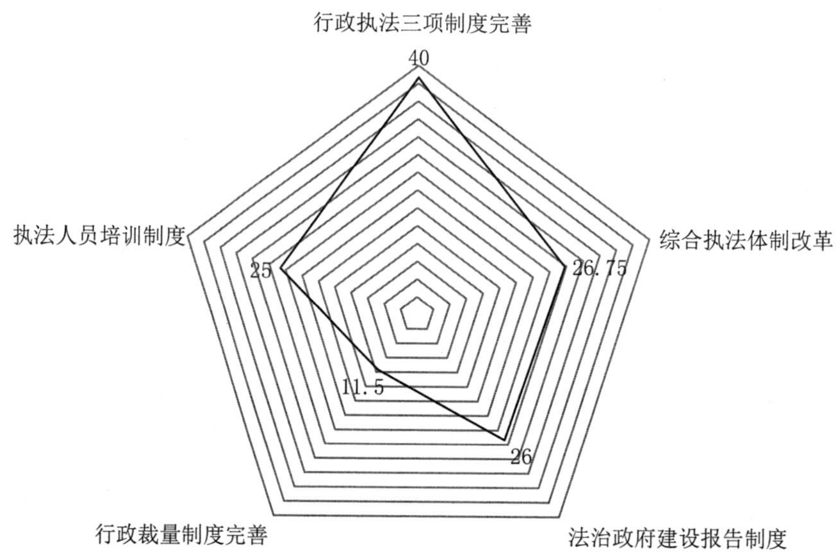

图 2-2-17 “严格执法”各基础项总分

注：其中，“行政执法三项制度完善”一项总分为 40.5 分，如折合成 1 分，得分为 26.67；“行政裁量制度完善”一项总分为 13.5，如折合成 1 分，得分为 23 分

第五，“严格执法”专项性工作完成度比较优异。指数测评结果显示，27 个城市“严格执法”的项目分项平均得分率为 93.52%，级别为 A+。（见图 2-2-18）从四个等级分布情况来看，除宁波、舟山和芜湖评级为及格外，其余 24 个城市评级均为优秀，其中，苏州、嘉兴、上海等 19 个城市项目得分为满分。

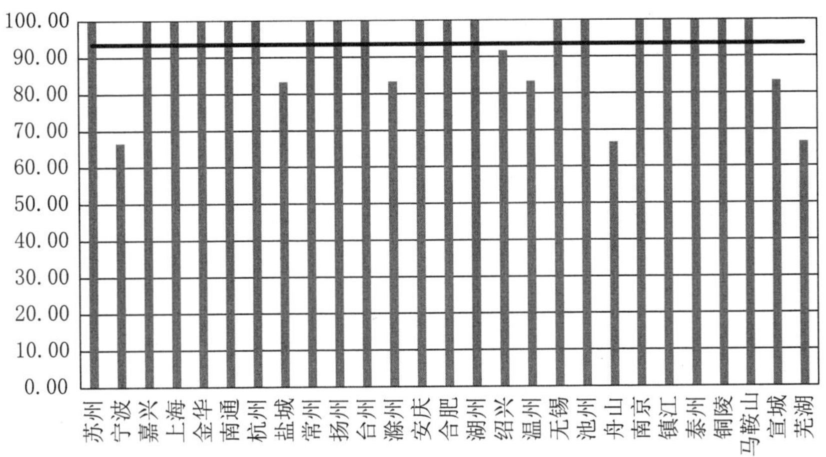

图 2-2-18　各城市项目项得分情况

第六，在“严格执法”三个项目分项中，各项目完成度都较好，且比较均衡。（见图 2-2-19）

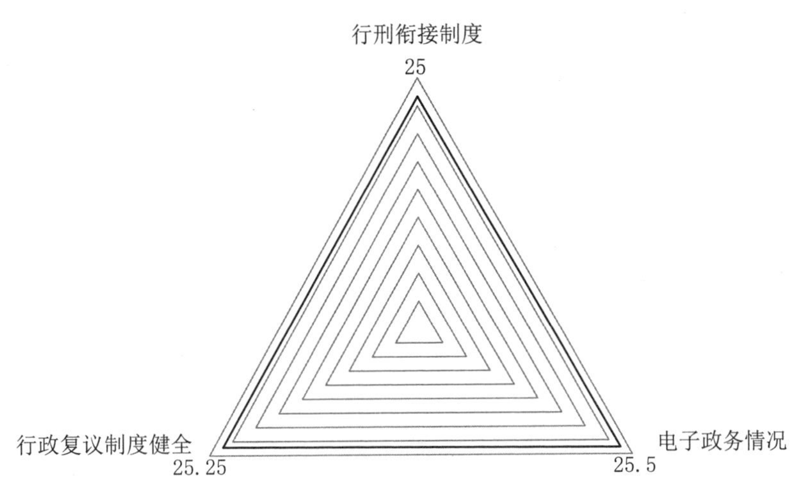

图 2-2-19　严格执法各项目项总分

第七，过半城市在“严格执法”项目上存在减分情况。在“严格执法”项目下设定的三个减分项，分别为“行政行为被复议纠错率高于全国平均水平”“行政诉讼败诉率高于全国平均水平”以及“不作为、乱作为（包括选择性执法）案件被曝光”。其中，南京、无锡、苏州、南通、镇江、泰州、温州、绍兴、合肥、芜湖、马鞍山、铜陵、滁州、池州、宣城等 15 个城市行政行为被复议纠错率均高于全国平均水平，上海、马鞍山两个城市存在着不作为、乱作为现象。值得肯定的是，27 个城市行政诉讼败诉率均低于全国平均水平。

2．亮点与不足

“严格执法”在基础分项与项目分项上，共设置了 8 项二级指标。（如表 2-2-3）从二级指标的完成度来看，较高的分别是 B27、B26、B28，较低的分别是 B29、B30、B31。（如图 2-2-20）综合加分项情况，从各项二级指标的完成度以及指标之间的逻辑关系来分析，“严格执法”方面存在以下亮点与不足：

表 2-2-3　严格执法项下的二级指标

基础分项	B26	行政执法三项制度完善
	B27	综合执法体制改革
	B28	法治政府建设报告制度
	B29	行政裁量制度完善
	B30	执法人员培训制度
项目分项	B31	有行刑衔接等严格执法制度
	B32	电子政务情况
	B33	行政复议制度健全

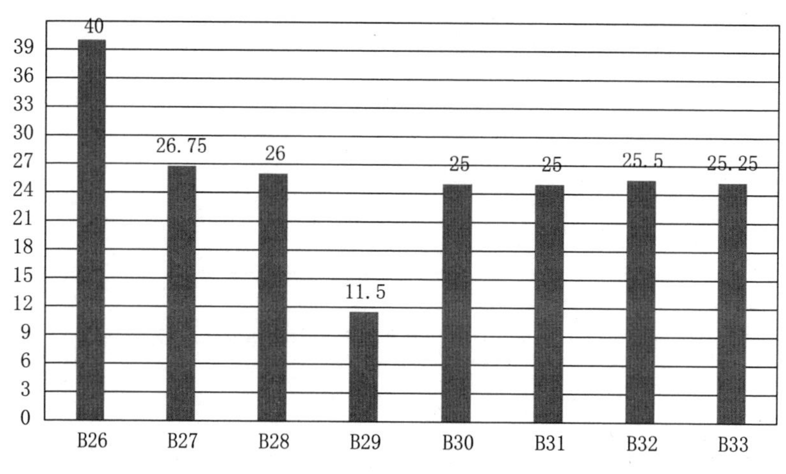

图 2-2-20　“严格执法”各项加总得分情况

注：B26 的总分为 1.5 分，如折合成 1 分，得分为 26.67；B29 的总分为 0.5 分，如折合成 1 分，得分为 23 分

第一，综合执法体制改革进展较快。近年来，综合执法体制改革一直是加强和规范行政执法工作的重点。特别是2019年颁布《关于推进基层整合审批服务执法力量的实施意见》后，各地都在推进行政执法权限和力量向基层延伸和下沉，强化基层综合执法工作。因此，综合执法体制改革工作的得分都比较高。

第二，行政执法基本制度日趋完善。近年来，国家对行政执法规范化建设不断提出新的要求，例如，行政裁量基准制度、行政执法公示制度、执法全过程记录制度、重大执法决定法制审核制度等，这些制度聚焦行政执法的源头、过程和结果三个关键环节，对促进严格规范公正文明执法具有基础性、整体性、突破性作用，对推进国家治理体系和治理能力现代化具有重要意义。从测评情况来看，27个城市在“严格执法”基础项和项目项得分都较高，不乏满分。可见，各地行政执法基本制度建设日趋完善。

第三，行政执法实效尚不能令人满意。“严格执法”方面的总体得分率较低，主要在于加分项得分率偏低，而减分项又普遍扣分严重。而这两部分二级指标主要评价的是行政执法活动的实效以及违法执法被纠错、曝光的情况。这说明从形式上看，各地如火如荼地推进各项行政执法基本制度建设，有明显进步，但是制度尚未很好地发挥出规范行政执法活动的功效，或者说不少行政执法活动仍然游走在制度之外，随意性执法现象仍然存在，不作为、乱作为、缓作为现象并未得到彻底根治。

3．小结

第一，行政执法规范化建设方面的制度已较为全面、细密。近年来，国家不断推进政府职能转变、行政执法体制改革、完善行政执法程序，并健全行政执法人员管理制度，加强行政执法保障，各方面制度建设日趋完善。为了落实国家要求，各地也不断建立健全相应的实施细则，指导、规范各行业的行政执法活动。

第二，行政执法不作为、乱作为、缓作为现象仍然较为严重。与如火如荼的行政执法制度建设相比，行政执法的公众满意度始终难以上升。在实践中，法律法规规章并没有得到严格实施，不少违法行为并未得到及时查处和制裁，选择性执法、执法推诿卸责的问题仍然较为普遍。

（四）公正司法

1. 总体情况

第一，公正司法整体水平较好。27 个城市在“公正司法”方面，平均得分率为 81.87%，评级为 A–。（如图 2-2-21）在 9 项一级指标中，得分率排在第 4。

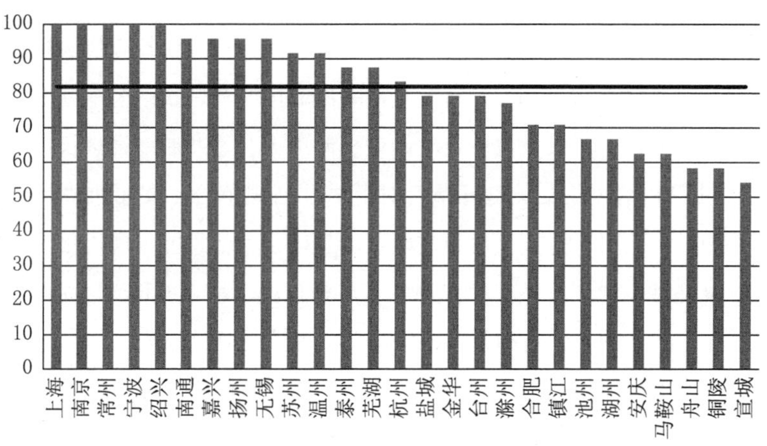

图 2-2-21 各城市“公正司法”得分情况

第二，不同城市在“公正司法”方面差距较大，部分城市表现优异。从法治指数四个等级分布情况来看，上海、南京、常州、宁波、绍兴、南通、嘉兴、扬州、无锡、苏州、温州、泰州、芜湖、杭州等 14 个城市的等级为优秀；盐城、金华、台州、滁州、合肥、镇江等 6 个城市的等级为良好；池州、湖州、安庆、马鞍山等 4 个城市的等级为及格；舟山、铜陵、宣城等 3 个城市的等级为不及格。在 27 个城市中，上海、南京、常州、宁波、绍兴等 5 个城市在“公正司法”方面表现突出，得分率均为 100%；宣城得分率最低，为 54.17%。

第三，“公正司法”的基础工作完成度很好，优良率达百分之百。27 个城市在“公正司法”方面的基础分项平均得分率为 86.85%，评级为 A。从四个等级分布情况来看，上海、南京、常州、宁波、绍兴、南通、无锡、温州、芜湖、合肥、湖州、嘉兴、扬州、镇江、滁州、苏州、杭州、池州、安庆、马鞍山等 20 个城市的等级均为优秀；泰州、盐城、金华、台州、舟山、铜陵、宣城等 7 个城市的等级为良好。（见图 2-2-22）没有一个城市“公正

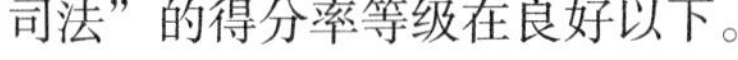
司法”的得分率等级在良好以下。

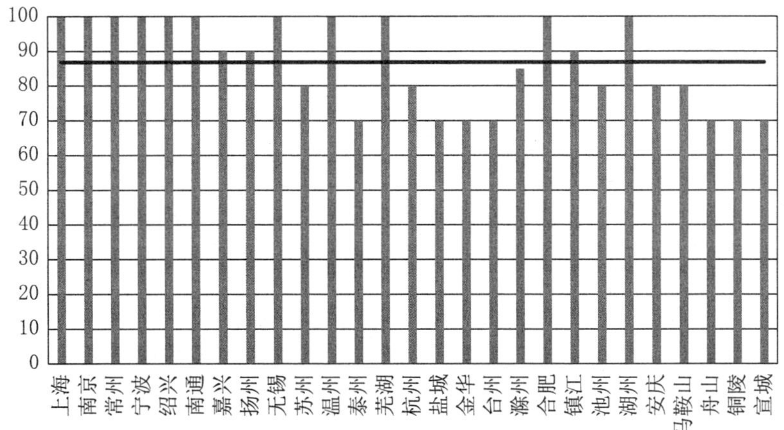

图 2-2-22　各城市“公正司法”基础分项得分情况

第四，在“公正司法”基础性工作中，存在明显短板。绝大多数城市诉调对接机制基本完善，司法建议书制度也得到普遍实施。但是，部分城市尚未开展跨行政区域管辖试点工作，司法责任制工作推进情况也不够理想。（见图 2-2-23）

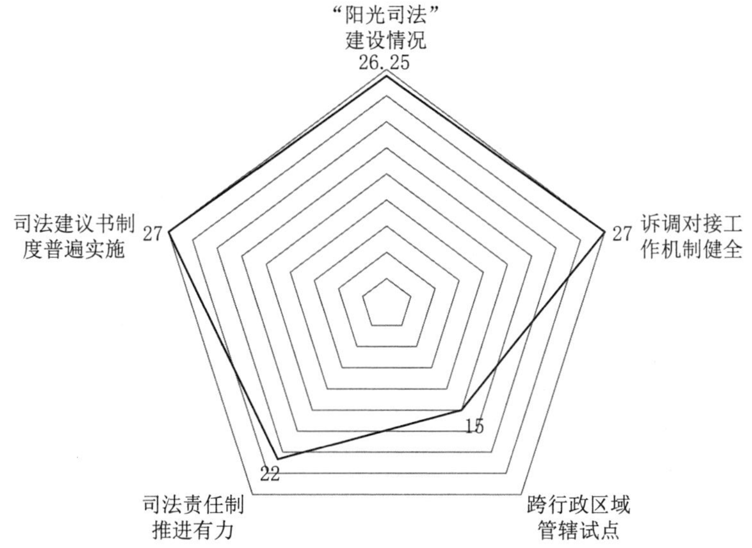

图 2-2-23　“公正司法”各基础分项总分

第五，“公正司法”专项工作完成度非常高，优秀率达百分之百。经换算，27 个城市在“公正司法”方面的专项工作平均得分率为 97.53%，级别为 A+。从四个等级分布情况来看，上海、南京、常州、宁波、绍兴、嘉兴、扬州、苏州、温州、泰州、杭州、盐城、金华、台州、滁州、合肥、镇江、池州、湖州、安庆、马鞍山、舟山、宣城等 23 个城市的等级为 A+，南通、无锡、芜湖、铜陵等 4 个城市的等级为 A–。（见图 2-2-24）27 个城市均为优秀，且绝大部分城市得分为满分。

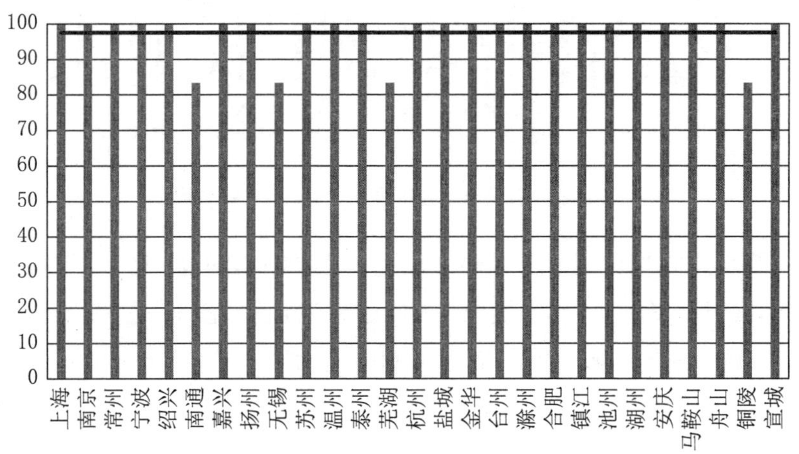

图 2-2-24 各城市项目项得分情况

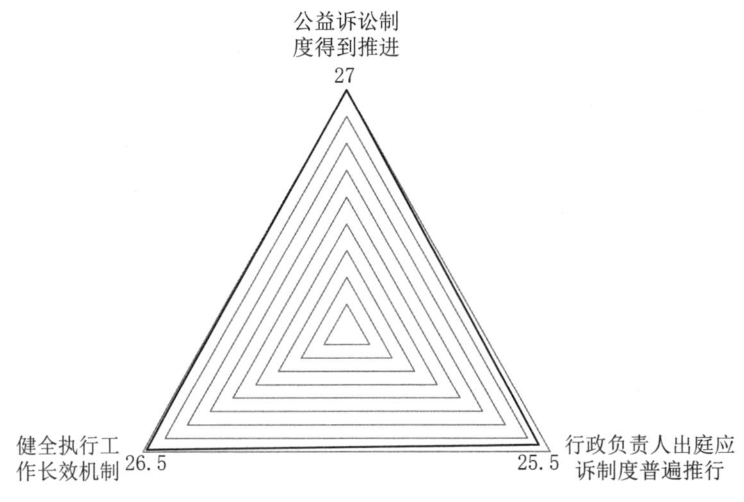

图 2-2-25 “公正司法”各项目分项总分

第六，“公正司法”专项工作的完成情况好于基础性工作。从指数测评结果来看，三项专项工作完成度均较高，特别是公益诉讼制度推进为满分，健全执行工作长效机制和行政负责人出庭应诉制度得分接近满分。（见图 2-2-25）

2. 亮点与不足

“公正司法”在基础分项与项目分项上，共设置了 8 项二级指标。（见表 2-2-4）从二级指标的完成度来看，较高的分别是 B41、B44、B45，较低的分别是 B42、B43。（见图 2-2-26）综合加分项情况，从各项二级指标的完成度以及指标之间的逻辑关系来分析，“公正司法”方面存在以下亮点与不足：

表 2-2-4　“公正司法”项下的二级指标

基础分项	B40	“阳光司法”建设情况
	B41	诉调对接等公正审判机制健全
	B42	跨行政区域管辖试点
	B43	司法责任制推进有力
	B44	抗诉、检察建议等检察监督有力
项目分项	B45	公益诉讼制度得到推进
	B46	行政负责人出庭应诉制度普遍推行
	B47	健全司法执行工作长效机制

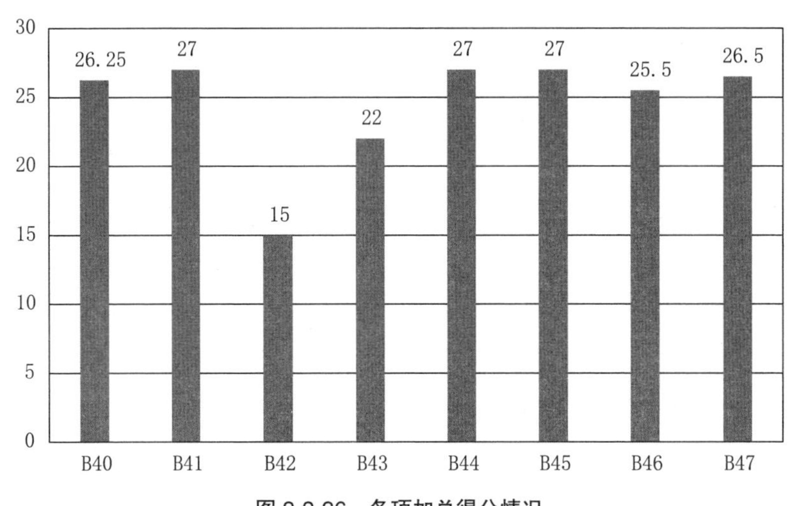

图 2-2-26　各项加总得分情况

第一，“诉调对接”工作机制普遍建立。27个城市人民法院都按照最高人民法院“三大四化”（大平台、大服务、大辐射；系统化、信息化、标准化、社会化）部署要求，加快推进诉讼服务中心提档升级，人民法院诉讼服务工作取得全方位、突破性、跨越式发展。从测评结果来看，各地诉讼服务中心的解纷职能得到发挥，多元化纠纷解决平台已经搭建成功。这样既可以借助社会力量缓解法院案件压力，合理配置司法资源，又可以促进当事人参与和协商，更加平和、便利、经济、快速、合理地解决纠纷。

第二，司法建议书制度普遍实施。27个城市人民法院、人民检察院在狠抓执法办案第一要务的同时，依法履行司法建议职责，积极促进有关单位科学决策、完善管理、消除隐患、改进工作、规范行为，不断提高科学管理水平，预防和减少社会矛盾纠纷。苏州等部分城市的人民法院司法建议书都在法院网站公开、可查，有效确保司法建议监督作用的发挥。

第三，公益诉讼制度得到有效推进。党的十八届四中全会提出“探索建立检察机关提起公益诉讼制度”。2017年，修订后民事诉讼法和行政诉讼法正式赋予检察机关提起公益诉讼职权。2020年，27个城市的人民检察院均积极实践公益诉讼，公益诉讼检察从无到有、由弱变强，为维护国家和社会公共利益作出了积极贡献。

第四，部分地区尚未开展跨行政区域管辖改革试点。《行政诉讼法》首次确立了行政案件中的跨行政区域管辖，最突出的价值和意义便是对司法公正与司法独立的实现。但是，27个城市中部分地区尚未开展相关试点工作。

3．小结

第一，司法改革稳步推进。当今中国正在积极推进司法改革，它包括制度、程序和体制的改革以及建立现代司法制度，其最终目的是为了实现司法公正，并通过司法公正维护和促进社会公正。本项二级指标取得了相当高的分数，但并不代表长三角核心区的27个城市，公正司法已经基本实现。从具体评价指标内容来看，较高的测评得分率，只能说明各项司法改革措施推进较快，公正高效化解矛盾解决纠纷的能力不断提高。

第二，司法公开度仍需完善。根据《人民法院组织法》《人民检察院组织法》的规定，人民法院、人民检察院应当向同级人民代表大会及其常务委员会负责报告工作，27 个城市也基本都向社会公开了年度工作报告。但是，指数测评中发现，各地的两院工作报告在反映公正司法的关键数据上，公开度不够。各地都从总结成绩的角度，确立统计口径，造成每年的统计口径不同、不同区域的统计口径不同，这样的做法有损两院工作报告的客观性、权威性与可比性。

（五）全民普法守法

1．总体情况

第一，全民普法守法整体水平一般。27 个城市在“全民普法守法”方面，平均得分率为 71.37%，评级为 B–。（见图 2-2-27）在 9 项一级指标中，得分率排在第7。

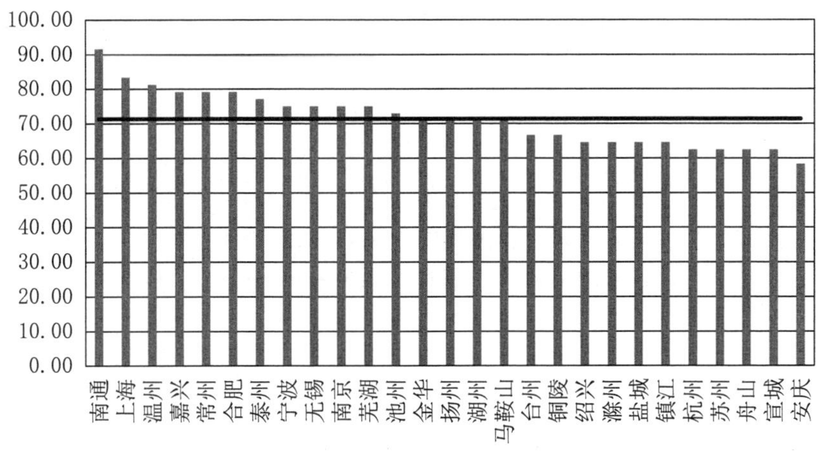

图 2-2-27　各城市“全民普法立法”的得分率情况

第二，绝大多数城市在全民普法执法方面差距不大。27 个城市中，南通、上海、温州等 3 个城市的“全民普法守法”得分率达到优秀；而嘉兴、常州、合肥、泰州、宁波、无锡、南京、芜湖、池州、金华、扬州、湖州、马鞍山等 13 个城市的得分率均集中在良好等级；得分率属于合格等级的有台州、铜陵、绍兴、滁州、盐城、镇江、杭州、苏州、舟山、宣城等 10 个城市；仅安庆没有达到合格线。有 23 个城市的“全民普法守法”得分率集中在 60%—80% 区间。

第三，“全民普法守法”基础工作完成度很高，优秀率达 100%。经换算，27 个城市在“全民普法守法”方面的基础分项平均得分率为 98.15%，级别为 A+。除安庆以外的 26 个城市在“全民普法守法”基础工作上都达到 A+，可见在这一项上大部分城市的表现都相当优秀。其中，上海、南京、无锡、常州、南通、镇江、盐城、泰州、杭州、湖州、嘉兴、绍兴、金华、舟山、台州、合肥、芜湖、马鞍山、铜陵、滁州、池州、宣城在“全民普法守法”基础分项上的得分率均拿到了 100%。（见图 2-2-28）

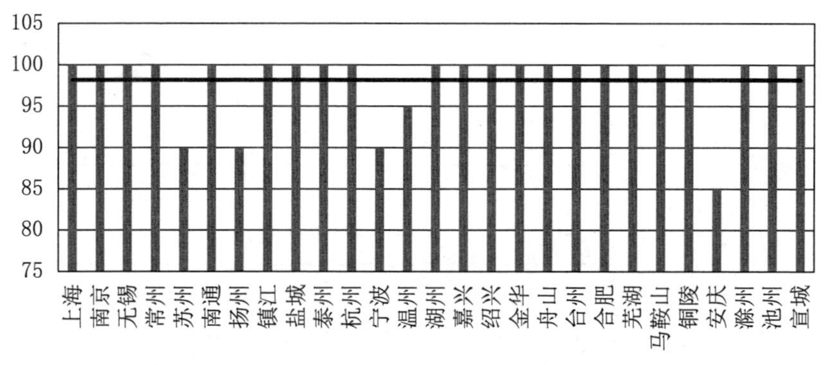

图 2-2-28　各城市“全民普法守法”基础分项得分率情况

第四，“全民普法守法”基础性工作没有明显短板。所有城市在宪法宣传周、普法阵地建设方面均取得满分。在贯彻落实“谁执法谁普法”制度中，几乎所有城市都公布了普法清单。相比之下，领导干部学法制度实施情况稍差，个别城市并没有建立长效机制。（见图 2-2-29）

第五，“全民普法守法”专项工作完成度很高，优秀率达 100%。27 个城市“全民普法守法”专项工作的平均得分率为 94.76%，达到 A+。说明 27 个城市在“全民普法守法”专项工作上的总体表现都很好。其中上海、南京、无锡、常州、苏州、南通、杭州、宁波、温州、湖州、嘉兴、金华、台州、合肥、芜湖、马鞍山、铜陵等 17 个城市获得满分；镇江、盐城、泰州、安庆、滁州、池州等 6 个城市的得分率为 91.7%，也达到 A+。舟山和宣城的得分率为 83.3%，属于 A−。绍兴的得分率为 B 级，扬州为 C 级。（见图 2-2-30）

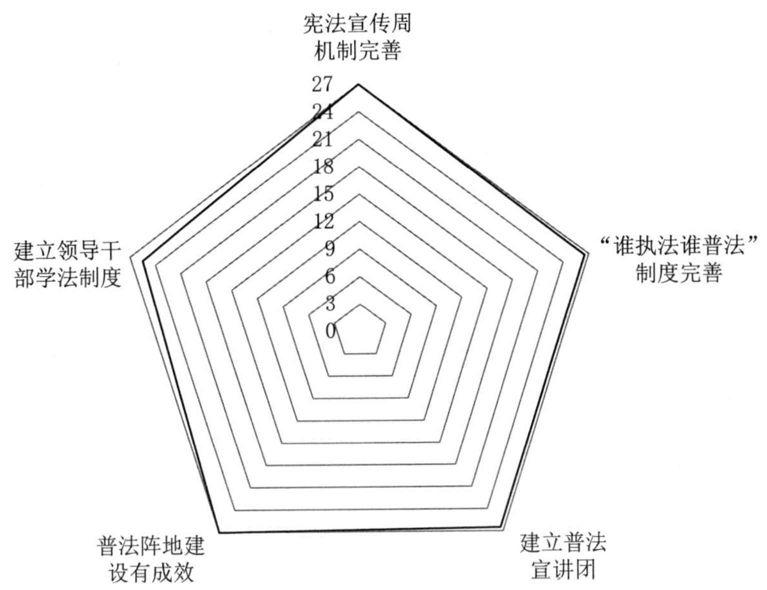

图 2-2-29 “全民普法守法”的各基础分项总分

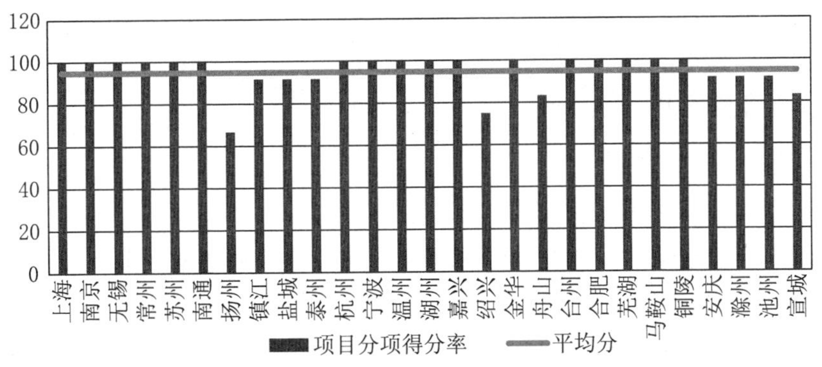

图 2-2-30 各城市“全民普法守法”专项工作得分率情况

第六，“全民普法守法”专项工作的完成情况较好。从指数测评结果中不难发现，在“普法进社区”“普法进中小学”这两方面，工作开展很好，均只有一个城市没能拿到满分。相比之下，“宪法宣誓仪式得到执行”尚有不足，该项成为“全民普法守法”专项工作中的相对弱项。（见图 2-2-31）

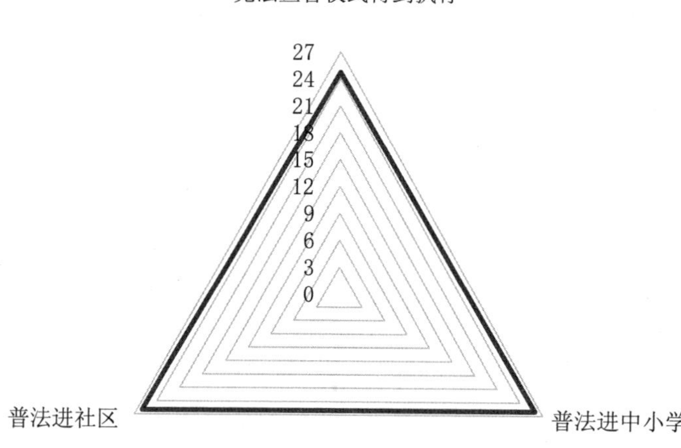

图 2-2-31 “全民普法守法”专项工作的得分情况

第七，“全民普法守法”加分项得分率很低，但部分城市表现优异。27 个城市在“全民普法守法”的加分项上的平均得分率仅为 27.31%，评级为 D。值得肯定的是，上海在普法形式上，先后推出“律师直播带法”“融普法”等普法活动，有效提升了普法实效。此外，南通市的法治文化建设“一融四聚”模式、崇德少年法学苑、“一核四基”法治乡村建设路径等亮点经验也在全国得到推广。

2．亮点与不足

“全民普法守法”在基础分项与项目分项上，共设置了 8 项二级指标。（见表 2-2-5）从二级指标的完成度来看，较高的分别是 B53、B56、B59 和 B60，较低的分别是 B57、B58。（见图 2-2-32）综合加分项情况，从各项二级指标的完成度以及指标之间的逻辑关系来分析，公正司法方面存在以下亮点与不足：

第一，“宪法宣传周”成为每年法宣工作重点。“宪法宣传周”是中央宣传部、司法部、全国普法办公室联合部署开展的重要普法宣传活动。27 个城市均以“宪法宣传周”为契机，在全社会加强宪法的宣传教育，营造信仰宪法、守护宪法的氛围，从而全面推进依法治国的进程。

第二，普法阵地建设进展迅速。面对新形势下广大人民群众对多元化、宽领域、家门口的法治化需求，27 个城市均着力整合资源，大力推进基层

表 2-2-5 “全民普法守法”项下的二级指标

基础分项	B53	宪法宣传周机制完善
	B54	“谁执法谁普法”制度完善
	B55	建立普法宣讲团
	B56	普法阵地建设有成效
	B57	建立领导干部学法制度
项目分项	B58	宪法宣誓仪式得到执行
	B59	普法进中小学
	B60	普法进社区

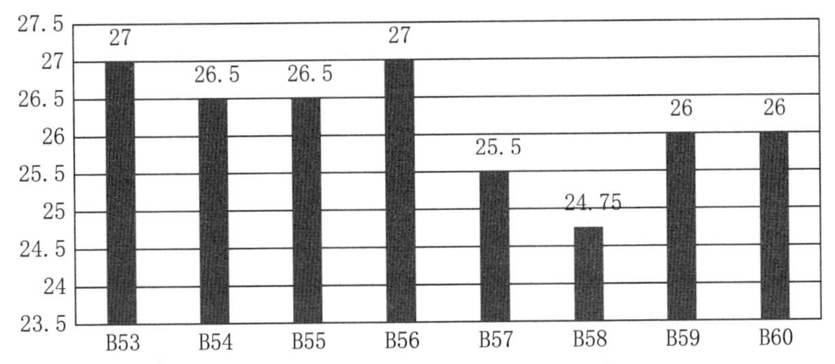

图 2-2-32 “全民普法守法”各项加总得分情况

普法阵地建设。从夯实载体、拓宽渠道、注重需求等多方面着手，不断扩大普法工作的聚合力、感染力和影响力，形成全方位、立体化的普法宣传教育网络。

第三，“法律六进”主题活动成为基层普法主要方式。根据《中央宣传部、司法部关于在公民中开展法治宣传教育的第七个五年规划（2016—2020年）》提出“深化法律进机关、进乡村、进社区、进学校、进企业、进单位的‘法律六进’主题活动”的要求，27 个城市均针对不同受众心理，创新普法方式方法，建立普法长效机制。

第四，领导干部普法有待加强。此次指数测评结果显示，“全民普法守法”扣分项均集中在与领导干部普法有关的指标上，可见领导干部普法是普法工作中的短板。

3．小结

第一，普法内容与形式日益丰富，有助于建设新时代社会主义法治文化。为深入开展法治宣传教育，提高全民的法律意识，营造全体公民尊法学法守法用法的良好氛围，各地均以丰富多彩的形式开展着普法宣传教育活动。通过坚持不懈的努力、持之以恒的积累，为法治建设夯实了重要基础，提供强大精神动力和价值支撑。

第二，普法实效有待强化，需要用有责任的普法提升守法自觉。中共中央办公厅、国务院办公厅印发《关于实行国家机关“谁执法谁普法”普法责任制的意见》，把普法和立法、执法和司法的实践统筹起来考虑，要求法官、检察官、行政执法人员、律师等结合社会热点以案释法。这对于提升全民法治素养、厚植社会法治文化，具有很强的现实意义。新时期，普法工作不只是以通俗的语言向公民解读法律的内涵，更需要在法治实践全过程和社会保持良性互动。越是群众关心的热点难点问题，越应该成为普法的最佳时机。

第三，领导干部应当成为普法重中之重。习近平总书记指出，领导干部这个群体人数虽然不多，但“作为具体行使党的执政权和国家立法权、行政权、司法权的人，很大程度上决定着全面推进依法治国的方向、道路、进度。党领导立法、保证执法、支持司法、带头守法，也主要通过各级领导干部的具体行动和工作来体现、来实现”。各级领导干部在推进依法治国进程中发挥了重要作用。但同时，在现实生活中，有些领导干部法治意识比较淡薄，有法不依、违法不究、知法犯法等依然存在。对此，必须抓住领导干部这个“关键少数”，把尊法学法守法用法情况作为考核领导班子和领导干部的重要内容。

（六）阳光政府

1．总体情况

第一，“阳光政府”整体工作水平优异，且不同城市差距不大。27个城市在“阳光政府”方面，平均得分率为93.8%，评级为A+。（见图2-2-33）在9项一级指标中，得分率居于首位。其中，上海、南京、盐城和嘉兴等4个城市获得满分；得分率最低的城市，也达到85%。

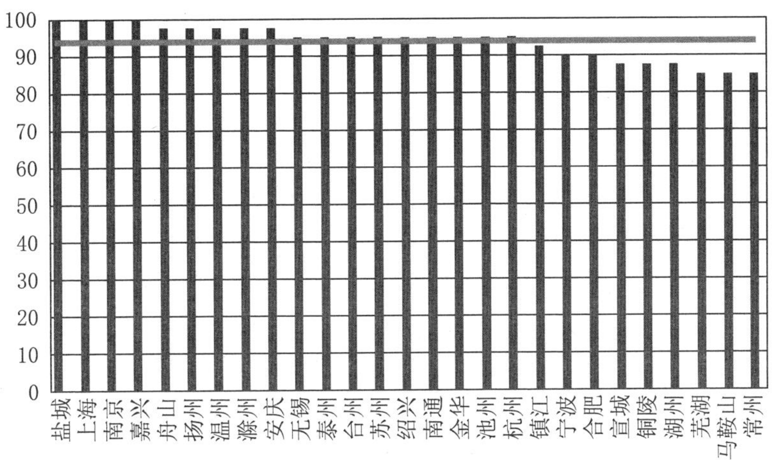

图 2-2-33　各城市“阳光政府”得分情况

第二，“阳光政府”基础性工作完成度较好，优良率较高。27 个城市在“阳光政府”方面的基础分项平均得分率为 93.52%，评级为 A+，27 个城市“阳光政府”得分率的等级都为优秀。（见图 2-2-34）

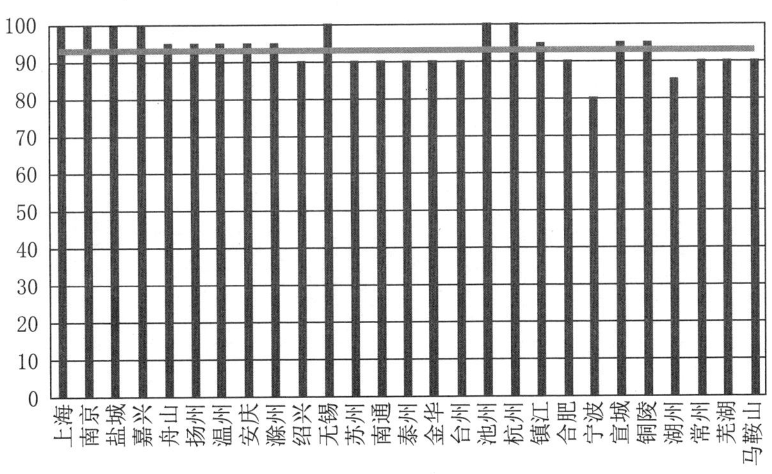

图 2-2-34　各城市“阳光政府”基础分项得分情况

第三，在“阳光政府”基础性工作中，存在一定短板。27 个城市在信息主动公开制度健全等 3 项二级指标上取得了满分，在健全政府新闻发布会制度这一项上也接近满分。但在依申请公开方面，还有进一步提高的空间。（见

图 2-2-35）

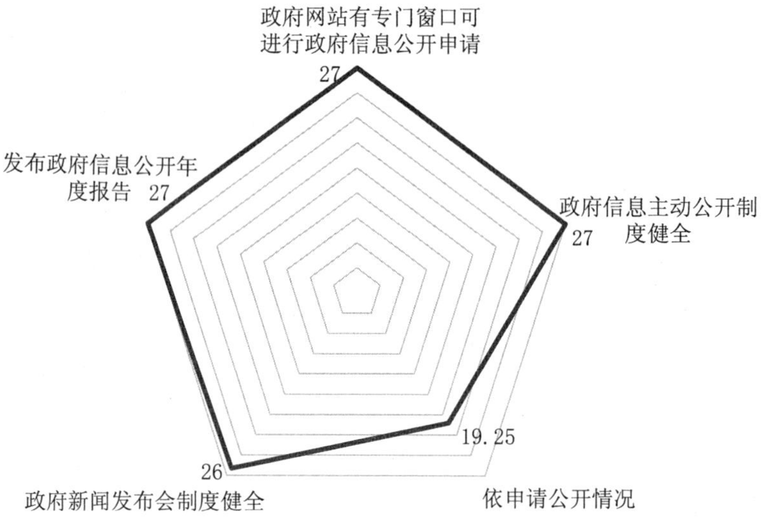

图 2-2-35 “阳光政府”各基础分项总分

第四，不同城市在“阳光政府”专项工作完成度上，存在一定差异性。“阳光政府”专项工作平均得分率为 94.44%，评级为 A+。从四个等级分布情况来看，除宣城、铜陵、芜湖三个城市得分率的等级为及格外，剩余 24 个城市的等级均为优秀。（见图 2-2-36）

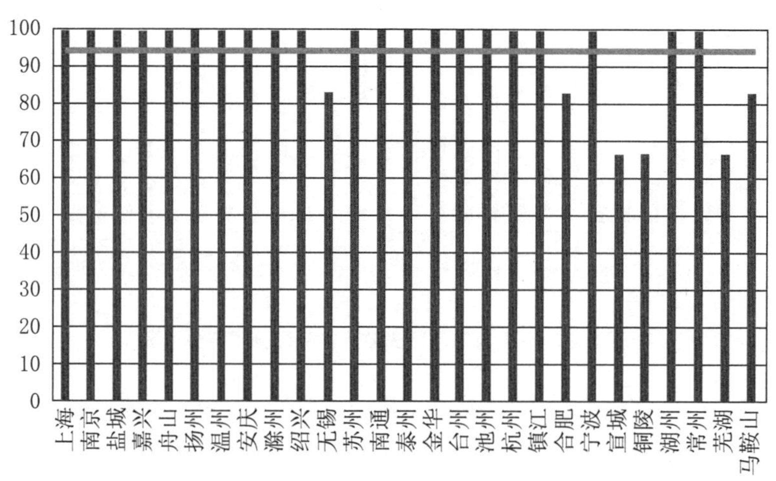

图 2-2-36 各城市“阳光政府”项目分项得分情况

第五，“阳光政府”专项工作的完成情况均较好。从测评结果来看，“阳光政府”三项专项工作完成度都比较高，但重大行政决策事项公开的表现比其他两方面略逊，有待进一步提升。（见图 2-2-37）

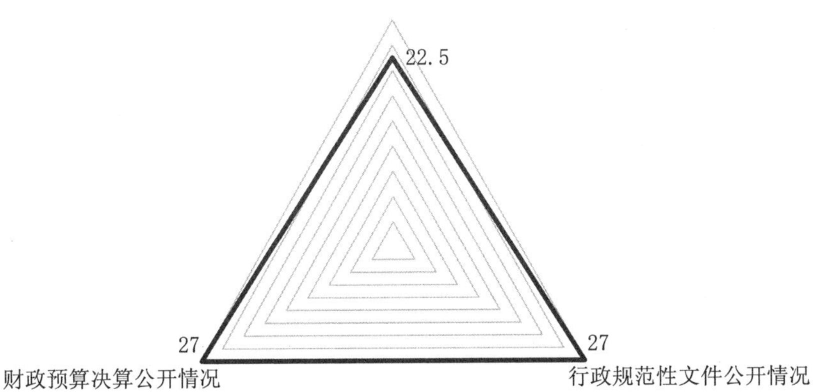

图 2-2-37　“阳光政府”各项目分项总分

第六，“阳光政府”加分项得分率普遍较好。经换算，27 个城市在“阳光政府”方面的加分项工作平均得分率为 93.52%，评级为 A+。其中，绝大多数城市都开展了规范性文件或者政策解读，并且在重大行政决策公众参与、专家论证、风险评估、合法性审查、集体讨论决定机制这一项上都能拿到较高的分数。

2．亮点与不足

“阳光政府”在基础分项与项目分项上，共设置了 8 项二级指标。（见表 2-2-6）从二级指标的完成度来看，大多数指标都达到了满分，而扣分的只有 B66、B67 和 B69 这 3 项二级指标。（见图 2-2-38）综合加分项情况，从各项二级指标的完成度以及指标之间的逻辑关系来分析，阳光政府方面存在以下亮点与不足：

第一，政府信息公开基础制度健全。2007 年，《政府信息公开条例》颁布。这是中国法治史的一个里程碑，对于落实宪法赋予公民的言论自由和保障公民对行政权力运作的知情权具有划时代的意义。《条例》明确规定的制度，27 个城市均贯彻落实到位，夯实了阳光政府建设的基础。

表 2-2-6 “阳光政府”项下的二级指标

基础分项	B64	政府网站有专门窗口可进行政府信息公开申请
	B65	政府信息主动公开制度健全
	B66	依申请公开情况
	B67	政府新闻发布会制度健全
	B68	发布政府信息公开年度报告
项目分项	B69	重大行政决策事项公开情况
	B70	行政规范性文件目录制度健全
	B71	规范性文件的政府备案审查与清理制度健全

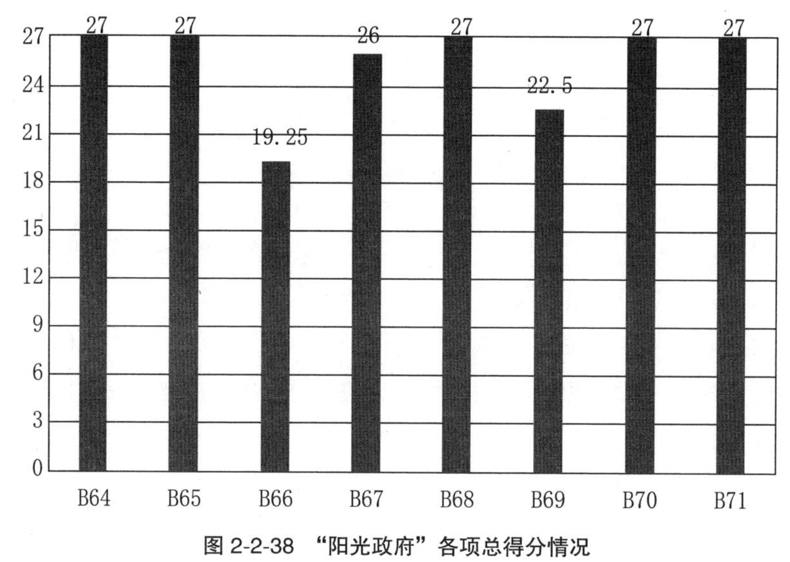

图 2-2-38 “阳光政府”各项总得分情况

第二，政府信息依申请公开率偏低。从指数测评结果来看，部分城市的政府信息依申请公开率偏低。

第三，重大行政决策公开工作有待进一步推进。2019 年，《重大行政决策程序暂行条例》颁布实施，对重大行政决策的公开与参与，提出了更为具体的要求。例如，要求决策机关结合职责权限和本地实际，确定决策事项目录、标准，并向社会公布。但是，《暂行条例》实施已经近两年，仍然有不少城市未能按照要求向社会公布决策事项目录。

3．小结

第一，政府信息主动公开范围应当进一步扩大。主动公开得越多，申请的就越少；公开得越详细，要求公开的就越少。要从根本上解决依申请公开所面临的困境，亟须行政机关转变观念。“以公开为常态，不公开为例外”应该成为行政机关的基本认识。

第二，政府信息公开的深度应当进一步提升。在对行政规范性文件公开情况以及财政预算决算公开情况进行测评时发现，大多数城市所公开的信息存在内容不全等问题。如果严格按照公开内容的完整性进行测评，阳光政府的测评分数将明显下降。

（七）社会治理

1．总体情况

第一，“社会治理”整体工作水平良好，且不同城市差距不大。27 个城市在“社会治理”方面，平均得分率为 85.83%，评级为 A 级。（见图 2-2-39）在 9 项一级指标中，“社会治理”得分率排在第 3。除铜陵、镇江、温州、湖州、宣城、池州等 6 个城市“社会治理”等级为良好以外，其他 21 个城市等级均为优秀。其中，杭州和嘉兴获得满分。

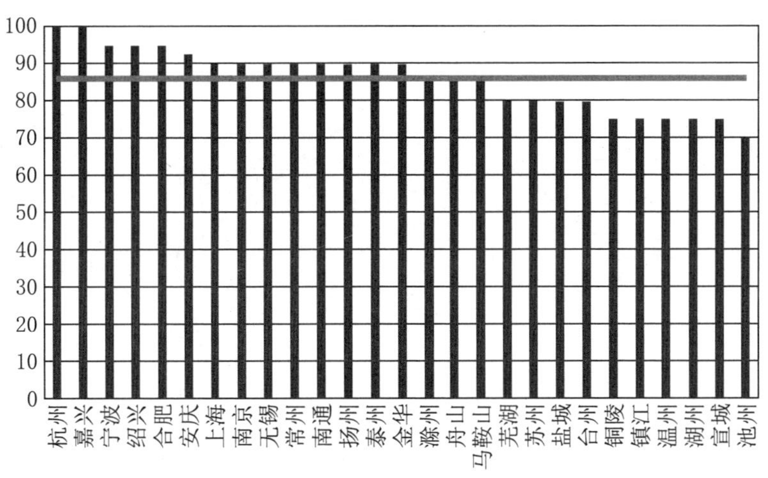

图 2-2-39　各城市“社会治理”得分情况

第二，“社会治理”基础性工作表现优异。27 个城市在“社会治理”方面的基础分项平均得分率为98.52%，级别为A+。27个城市“社会治理”基础性工作得分率评级均为优秀，多达23个城市获得满分。（见图2-2-40）

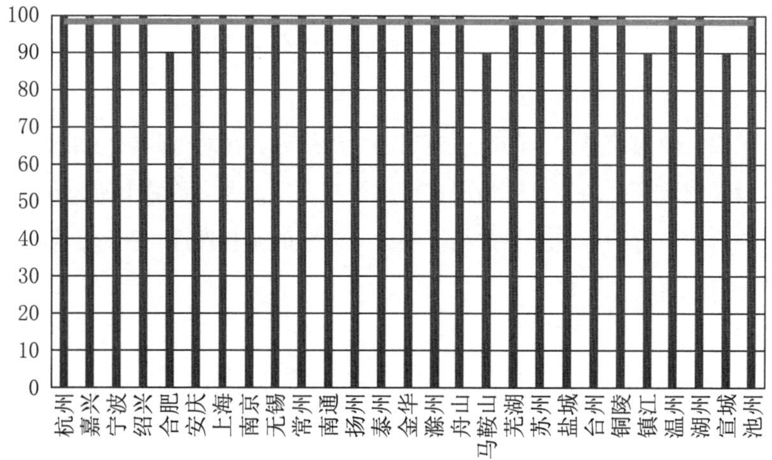

图2-2-40 各城市“社会治理”基础分项得分情况

第三，“社会治理”基础性工作完成度均很高。27个城市在基层人民调解和完善信访制度这两项都取得满分，在大调解工作、平安建设以及网格化管理这3项二级指标上也接近满分。（见图2-2-41）

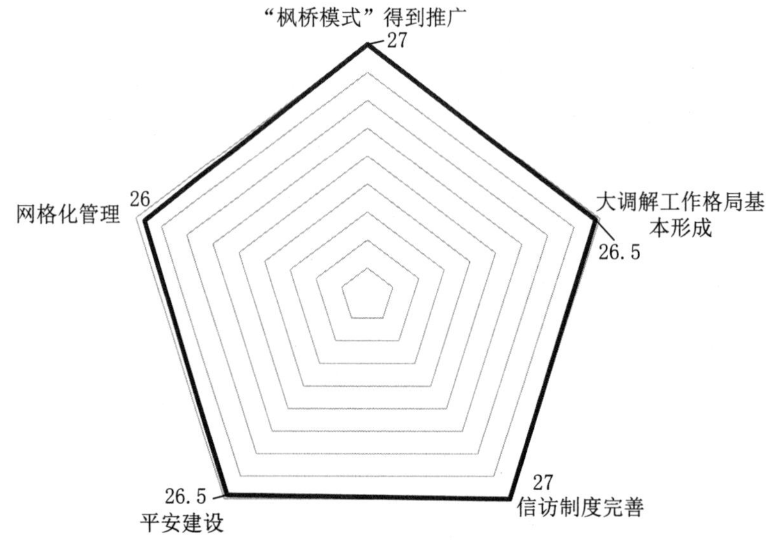

图2-2-41 “社会治理”各基础分项总分

第四，“社会治理”专项工作表现普遍优秀。27 个城市的“社会治理”项目分项平均得分率为 95.37%，级别为 A+。27 个城市“社会治理”项目分项得分率评级均为优秀，有 19 个城市获得满分。（见图 2-2-42）

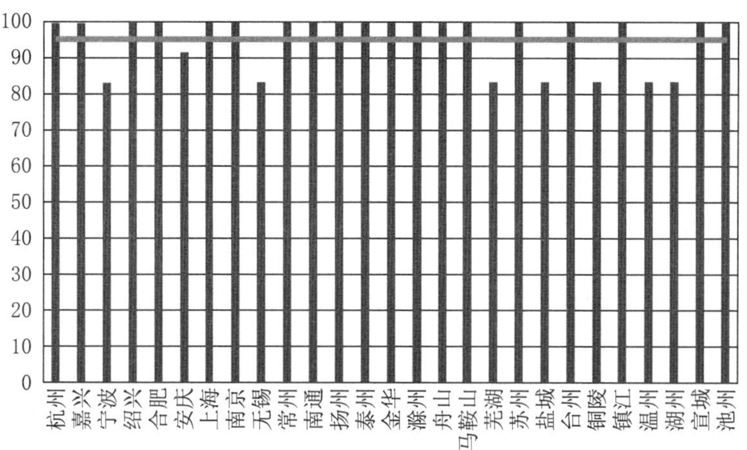

图 2-2-42　各城市“社会治理”项目得分情况

第五，“社会治理”专项工作完成度也很高。从指数测评结果来看，“社会治理”三项专项工作完成度都比较高，不少城市在基层协商自治、行业性专业性调解组织建设以及司法所建设这 3 项二级指标上，都拿到了满分。（见图 2-2-43）

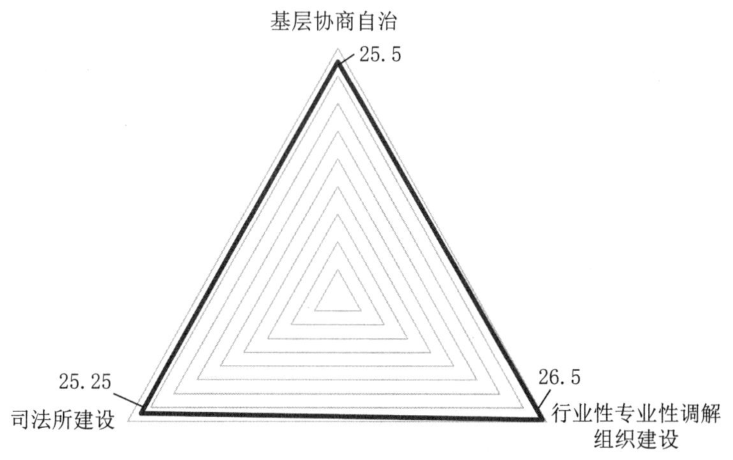

图 2-2-43　“社会治理”各项目分项得分

第六，“社会治理”加分项得分率较低，但部分城市表现良好。27 个城市在“社会治理”方面的加分项工作平均得分率为 47.22%，评级为 D 级。主要原因在于社会治理方面的创新性不足。

2. 亮点与不足

“社会治理”在基础分项与项目分项上，共设置了 8 项二级指标。（见表 2-2-7）从二级指标的完成度来看，各项指标均很高。（见图 2-2-44）综合加分项情况，从各项二级指标的完成度以及指标之间的逻辑关系来分析，“社会治理”方面存在以下亮点与不足：

表 2-2-7 “社会治理”项下的二级指标

基础分项	B77	“枫桥模式”得到推广
	B78	大调解工作格局基本形成
	B79	信访制度完善
	B80	平安建设
	B81	网格化管理
项目分项	B82	基层协商自治
	B83	行业性专业性调解组织建设
	B84	司法所建设

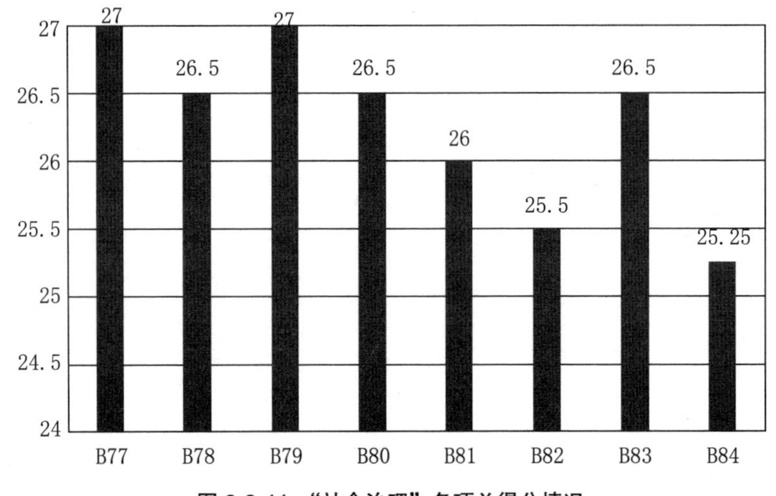

图 2-2-44 “社会治理”各项总得分情况

第一，大调解制度不断完善，且实践丰富。在我国，调解制度有深厚的文化传统、广泛的群众基础。27 个城市在不断学习推广“枫桥经验”的同时，行业性专业性调解组织也不断发展，普遍成立了物业、交通事故、劳动争议等多个行业性专业性人民调解组织。此外，各地都在探索加强部门间沟通协作，逐步完善人民调解、行政调解、行业性专业性调解、司法调解优势互补、有机衔接、协调联动的大调解工作格局。

第二，基层民主协商自治案例较为丰富。在指数测评中，长三角一体化发展中心区的大多数城市都有基层民主协商自治的典型案例，通过培育自治组织，带动居民村民自治共治，引导居民村民有序表达利益诉求，养成协商意识、掌握协商方法、提高协商能力，协商解决涉及城乡公共利益的重大事项、关乎切身利益的实际问题和矛盾纠纷。

第三，“网格化管理”不断升级。新时期，各地积极完善以基层党委领导、政府负责、社会协调、公众参与、法治保障的社会治理网格体系，明确基层各级网格的职责，及时发现、处置网格内的各类问题隐患，力求实现“一网多能”。

3．小结

第一，基层自治能力有待进一步强化。当前，长三角一体化发展中心区的社会结构已经发生巨大变化，基层治理的对象和范围也发生深刻变化，社区已经成为新时代基层治理的主要场域。虽然，各地都在积极推进基层自治，但是总体来看，基层自治意愿不强、水平不高、能力不足的问题仍然较为突出。

第二，司法所亟待转型发展。乡镇街道司法所的传统职能在于为基层提供及时普惠的公共法律服务，实现公共法律服务全覆盖。但是，随着基层法治建设的任务加重，司法所需要进一步专业化发展，主动承担基层党委、政府的法律顾问工作，这一转型才刚刚开始，大部分司法所还没有完成转型，处于构建和探索过程中。

（八）营商环境

1．总体情况

第一，“营商环境”方面整体水平较高。27 个城市在“营商环境”方面，平均得分率为 86.2%，评级为 A 级。（见图 2-2-45）在 9 项一级指标中，得分率排在第 2。27 个城市指数测评等级的优秀率达到了 81.48%。其中，无锡、泰州和合肥 3 个城市获得满分。

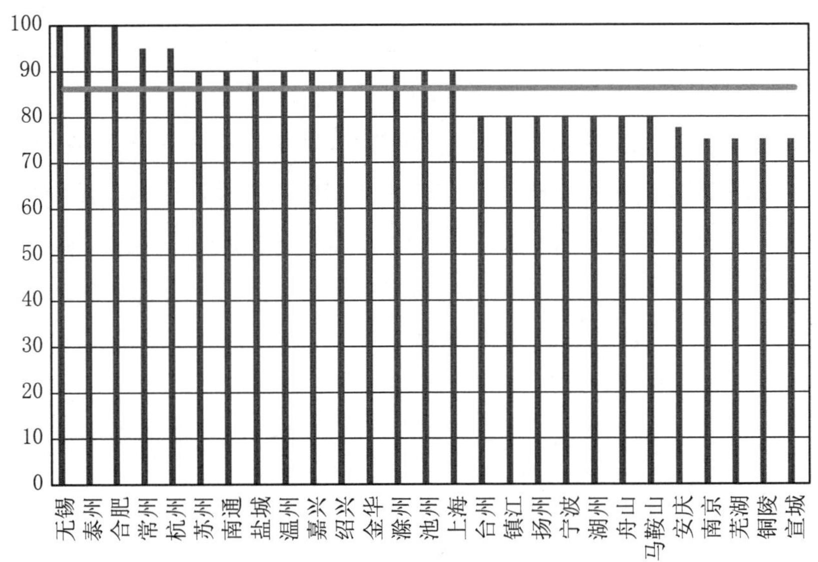

图 2-2-45　各城市“营商环境”得分情况

第二，安徽省部分城市“营商环境”指数明显落后于其他地区。在 27 个城市“营商环境”得分率都获得优良等级的情况下，得分率在 80% 以下的城市已经相对落后。而这 5 个获得良好测评等级的城市中，安徽省占了 4 个。

第三，“营商环境”基础工作完成度很好，优良率高。27 个城市在“营商环境”方面的基础分项平均得分率为 91.3%，级别为 A+。从四个等级分布情况来看，除宁波的等级为及格外，其余 26 个城市的等级均为优秀。（见图 2-2-46）

第四，在“营商环境”基础性工作中，存在相对薄弱环节。27 个城市在“放管服”改革、优化营商环境政策、知识产权保护统筹协调机制和扶持中小企业措施等 4 项“营商环境”二级指标上，都有接近满分的表现。相比之下，行业协会作用发挥这一项较为薄弱。（见图 2-2-47）

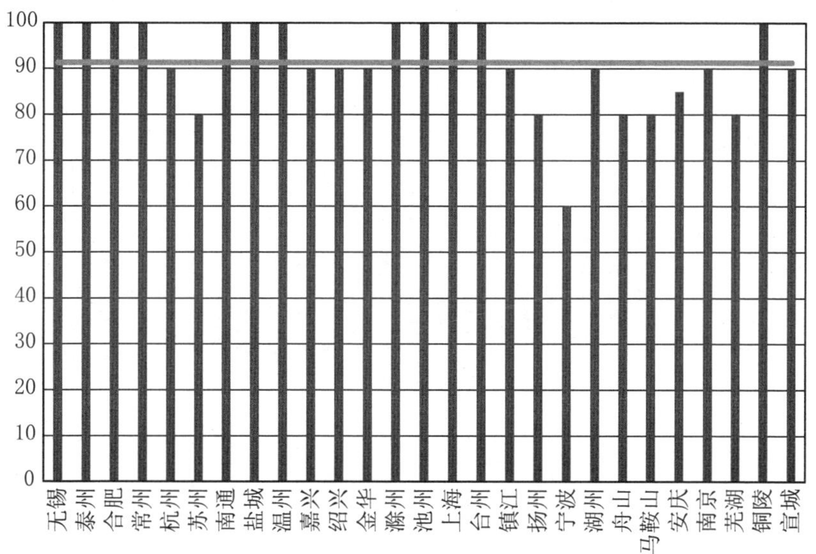

图 2-2-46　各城市“营商环境”基础分项得分情况

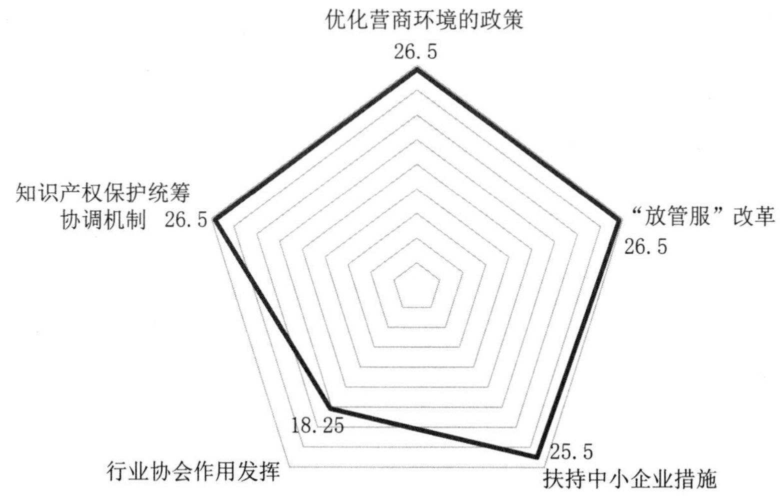

图 2-2-47　“营商环境”基础分项得分

第五，“营商环境”专项工作完成度较高。27 个城市“营商环境”项目分项平均得分率为 97.53%，级别为 A+。27 个城市的“营商环境”专项工作等级均为优秀，多达 23 个城市获得满分。（见图 2-2-48）

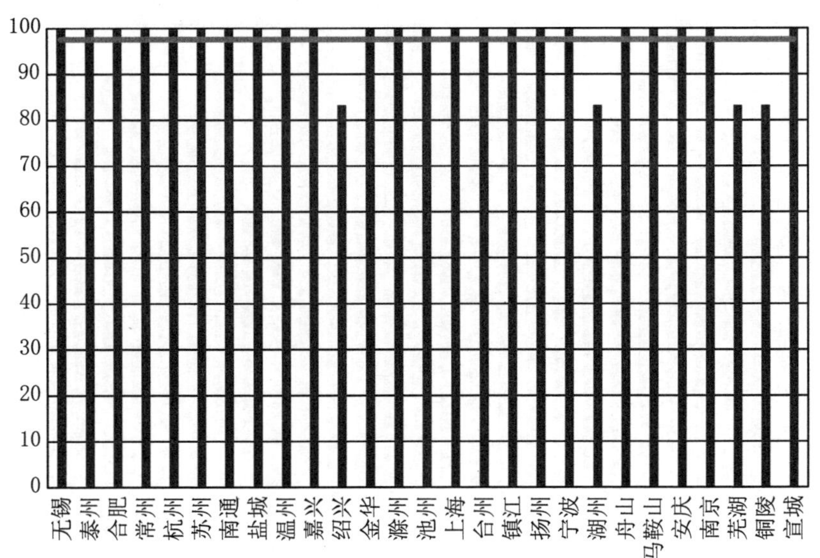

图 2-2-48 各城市“营商环境”项目分项得分情况

第六，“营商环境”专项工作的完成情况总体比基础性工作更好。从指数测评结果来看，“营商环境”3 项专项工作完成度都比较高，每一项都非常接近满分。（见图 2-2-49）

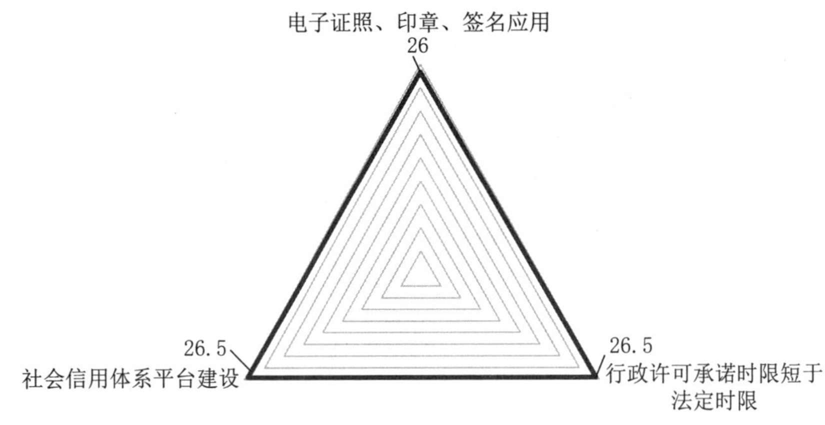

图 2-2-49 “营商环境”项目分项得分

2. 亮点与不足

“营商环境”在基础分项与项目分项上，共设置 8 项二级指标。（见表

2-2-8）从二级指标的完成度来看，各项指标完成度均很好，相对较低的是B93。（见图 2-2-50）综合加分项情况，从各项二级指标的完成度以及指标之间的逻辑关系来分析，“营商环境”方面具有以下亮点与不足：

表 2-2-8　营商环境项下的二级指标

基础分项	B90	优化营商环境的政策
	B91	“放管服”改革
	B92	扶持中小企业措施
	B93	行业协会作用发挥
	B94	知识产权保护统筹协调机制
项目分项	B95	电子证照、印章、签名应用
	B96	行政许可承诺时限短于法定时限
	B97	社会信用体系平台建设

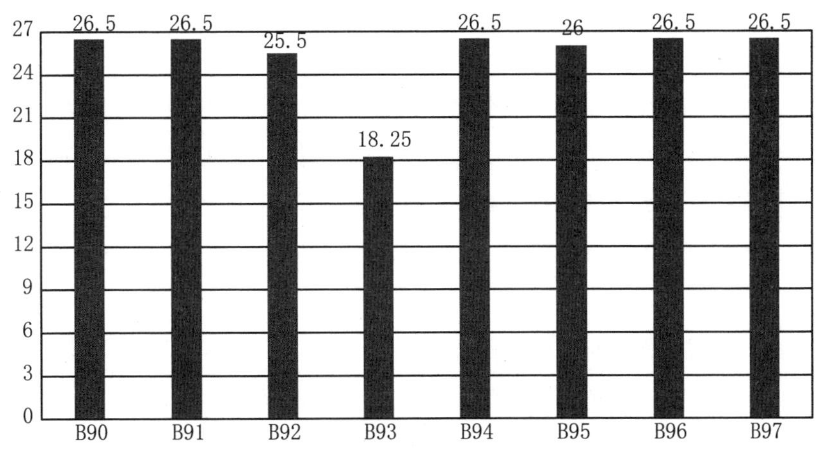

图 2-2-50　“营商环境”各项总得分情况

第一，在新冠疫情防控的背景下，优化营商环境政策密集出台。在 2020 年新冠疫情防控常态化的背景下，27 个城市均出台支持企业平稳发展的政策措施、积极破解企业运营难点堵点、全力支持复工复产和创业就业的多措并举，共同发力，助力新冠疫情防控和经济社会发展。

第二，“放管服”改革成效显著。2015 年，国务院召开全国推进简政放权放管结合职能转变工作电视电话会议，首次提出“放管服”改革的概念。

长三角地区始终是全国“放管服”改革的试验田。27个城市全面推进“证照分离”改革，着力解决“准入不准营”问题。强化部门联动，压缩企业开办时间。严格落实外商投资企业负面清单管理制度，提高外商投资服务水平，破除市场准入隐性壁垒。

第三，行业协会尚未成为优化营商环境的重要建设主体。越是高水平的营商环境，越是需要行业协会商会高水平的参与。部分城市通过制度安排支持行业协会等参与市场监督的改革试验，并整合行业协会等各方力量建立多元共治机制。但是，总体来看，行业协会在优化营商环境中的参与度不高，影响力不足。

3．小结

第一，通过地方立法为优化营商环境提供制度保障。2020年1月1日，《优化营商环境条例》实施。之后，上海、江苏和安徽分别通过制定优化营商环境地方性法规，进一步从地方立法的层面确保优化营商环境各项制度的贯彻落实。此外，上海、浙江、江苏和安徽均制定了促进中小企业发展的地方性法规，保障中小企业公平参与市场竞争，维护中小企业合法权益，支持中小企业创业创新。这些地方立法凸显了长三角地区持续深化简政放权、放管结合、优化服务的改革勇气和决心，体现了对保障各类市场主体平等、有序发展的高度重视。这也是营商环境该项指标获得较高评级的主要原因。

第二，需要提升行业协会商会的服务能力。优化营商环境是系统工程，政府在当好营商环境建设先行官的同时，行业协会商会也应积极参与。行业协会商会是市场经济体系中的重要参与者之一，在社会治理、资源配置、行业规范、降低交易成本、构建商业文化和企业家精神等方面，有着重要作用。但是，我国行业协会商会发展水平较低，与构建“法治化、国际化、便利化”营商环境的要求还存在一些差距和短板。有必要进一步加强对行业协会商会的服务指导。围绕营商环境建设，明确行业协会商会的地位作用和职责任务，鼓励行业协会商会有针对性地开展行业服务和自律管理，有效改善行业发展生态。

（九）法律服务

1．总体情况

第一，“法律服务”工作整体情况较好。27 个城市在“法律服务”方面，平均得分率为 77.69%，级别为 B+。（见图 2-2-51）在 9 项一级指标中排名第 5，27 个城市均达及格线以上。

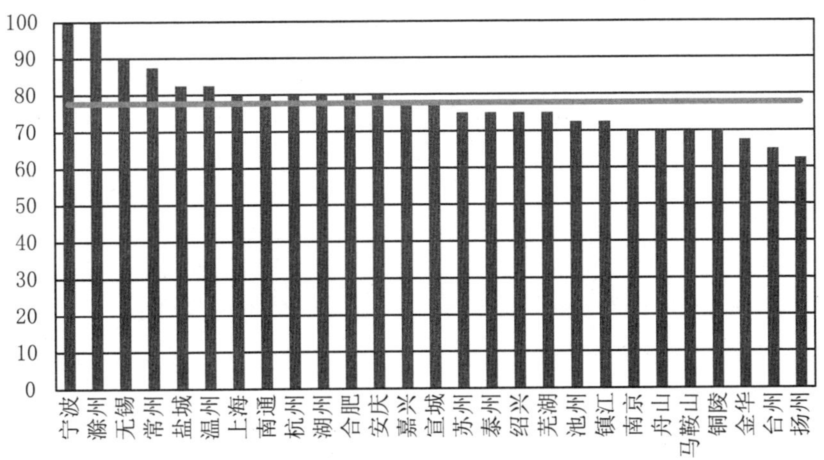

图 2-2-51　各城市“法律服务”得分情况

第二，大多数城市在“法律服务”方面差距不大，个别城市表现突出。从四个等级分布情况来看，宁波、滁州、无锡、常州、盐城、温州、上海、南通、杭州、湖州、合肥和安庆等 12 个城市的“法律服务”测评等级为优秀；嘉兴、宣城、苏州、泰州、绍兴、芜湖、池州、镇江、南京、舟山、马鞍山和铜陵等 12 个城市测评等级为良好；金华、台州和扬州等 3 个城市测评等级为及格。八成以上城市的得分率均在 70%—90%，差距不大。宁波、滁州和无锡表现优异，评级为 A+，且宁波、滁州在此项获得满分。

第三，“法律服务”基础性工作完成度较高。27 个城市“法律服务”基础分项平均得分率为 93.15%，级别为 A+。从四个等级分布情况来看，27 个城市“法律服务”等级均为优秀。（见图 2-2-52）其中，宁波、滁州、无锡、盐城、南通、杭州、湖州、合肥、安庆、宣城和泰州等 11 个城市在“法律服务”基础性工作测评中拿到了满分。

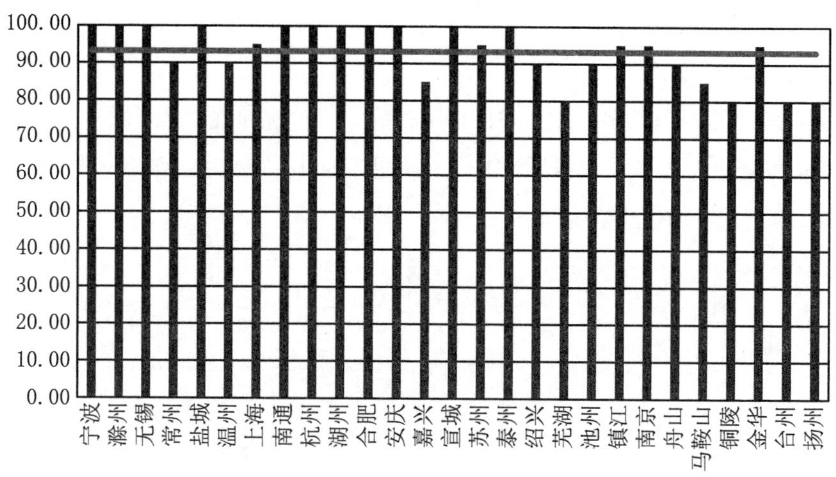

图 2-2-52　各城市“法律服务”基础分项得分情况

第四，在“法律服务”五项基础性工作中，没有明显短板。“公共法律服务三大平台融合发展”“公共法律服务社会化”这 2 项二级指标完成度接近百分百。但是，个别城市在“公共法律服务四级网络建设”“公共法律服务便捷度”“公共法律服务均衡化”方面仍需加强。（见图 2-2-53）

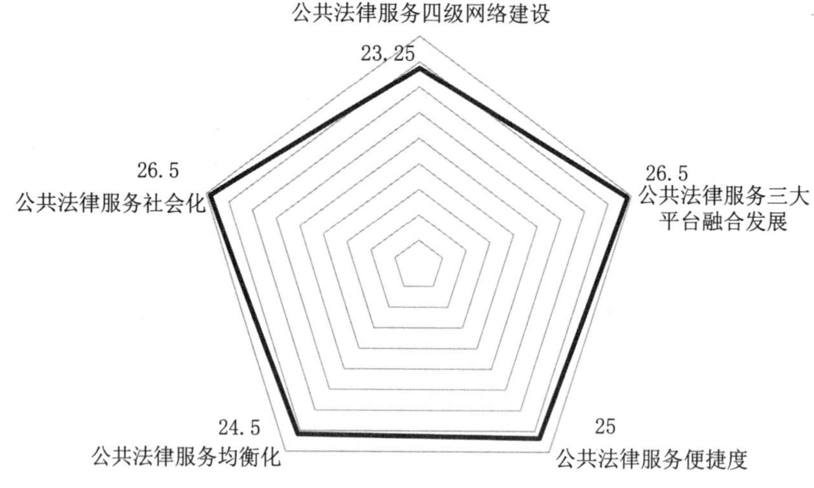

图 2-2-53　“法律服务”各基础分项得分

第五，“法律服务”专项工作完成度不如基础性工作。27 个城市“法律服务”项目分项平均得分率为 86.42%，级别为 A。（见图 2-2-54）从四个等级分布情况来看，优良率较高，宁波、滁州、无锡、南通、杭州、湖州、合肥、嘉兴、绍兴、铜陵、温州、宣城、苏州、池州、马鞍山、泰州、芜湖和台州等 18 个城市“法律服务”项目分项等级为优秀；常州、盐城、上海、南京和扬州等 5 个城市测评等级为良好；安庆、舟山和金华等 3 个城市测评等级为及格；仅镇江为不及格。

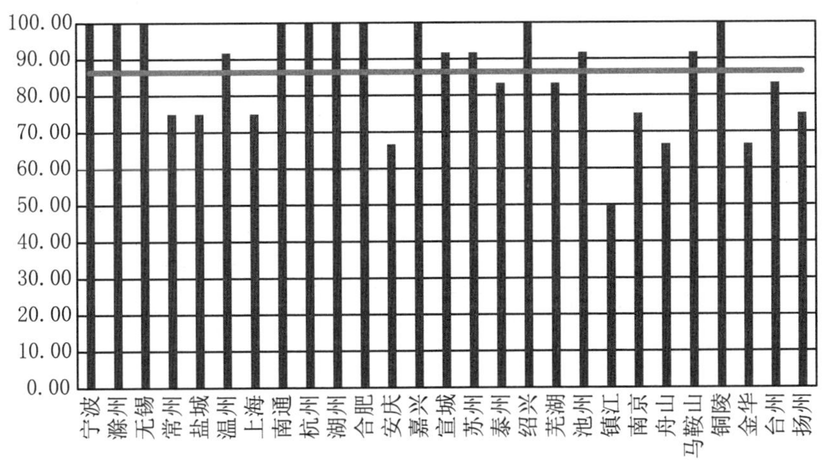

图 2-2-54　各城市“法律服务”项目分项得分情况

第六，“法律服务”三项专项工作完成度也都较高。（见图 2-2-55）其中，

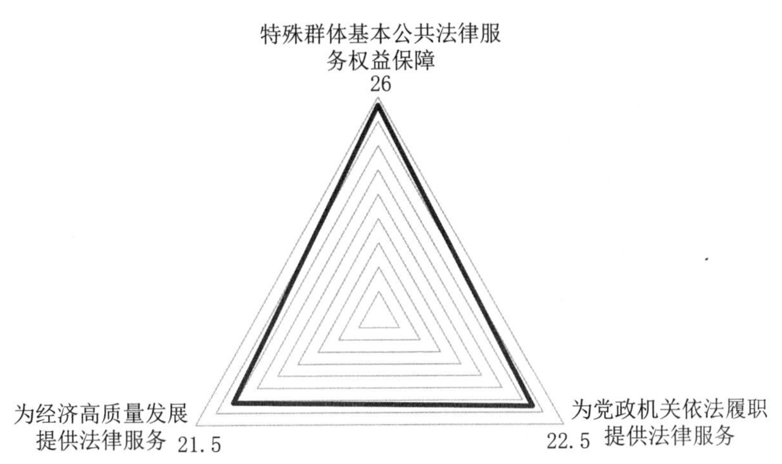

图 2-2-55　“法律服务”各项目分项得分

“特殊群体基本公共法律服务权益保障”完成更好，接近满分；相较而言，“为党政机关依法履职提供法律服务”和“为经济高质量发展提供法律服务”仍需加强。

2．亮点与不足

“法律服务”在基础分项与项目分项上，共设置了8项二级指标。（见表2-2-9）从二级指标的完成度来看，较高的分别是B103、B106、B107，较低的分别是B109、B108、B102。（见图2-2-56）综合加分项情况，从各项二级指标的完成度以及指标之间的逻辑关系来分析，法律服务方面存在以下亮点与不足：

表2-2-9　法律服务项下的二级指标

基础分项	B102	公共法律服务四级网络建设
	B103	律师服务工作
	B104	仲裁制度健全
	B105	司法鉴定工作
	B106	公证工作服务大局
项目分项	B107	法律援助制度健全
	B108	法律顾问制度健全
	B109	法律服务进村居

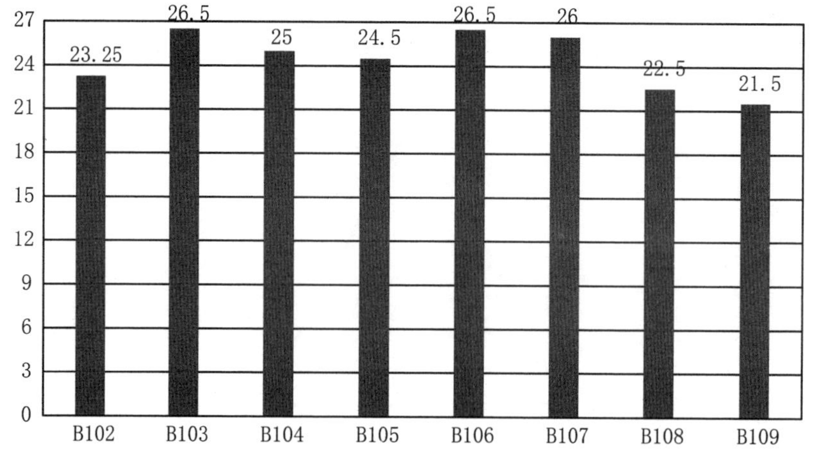

图2-2-56　各项加总得分情况

第一，公共法律服务三大平台基本实现融合发展。绝大多数城市均已实现公共法律服务实体平台、12348热线、12348法网融合发展。三省一市的“12348”热线平台均由省级统筹。

第二，公共法律服务社会化程度较高。各地均大力推进公共法律服务队伍专业化建设。稳步增加律师、公证员、法律援助人员、仲裁员数量，积极发展专职人民调解员队伍，增加有专业背景的人民调解员数量。培养壮大擅长办理维护特殊群体合法权益及化解相关社会矛盾的专业公益法律服务机构和公益律师队伍。鼓励、引导社会力量参与公共法律服务，实现公共法律服务提供主体多元化。

第三，特殊群体基本公共法律服务权益得到切实保障。各地均将低收入群体、残疾人、农民工、老年人、青少年、单亲困难母亲等特殊群体和军人军属、退役军人及其他优抚对象作为公共法律服务的重点对象。部分城市逐步放宽经济困难标准，使法律援助覆盖人群逐步拓展至低收入群体。

第四，公共法律服务在促进经济高质量发展方面有待进一步发挥作用。部分城市在营造法治化营商环境中，积极支持律师参与制度改革。在实施创新驱动发展战略中，也鼓励律师、公证员做好商标、专利、版权等知识产权法律服务工作。但是，律师在参与重大工程、重大项目中的作用还有待进一步发挥，有必要加强法律风险评估，把律师专业意见作为特定市场经济活动的必备法律文书。

3．小结

第一，法律资源分布不均衡，阻碍公共法律服务均衡化发展。法律资源的不均衡与当前经济发展不均衡局面相关。在经济发达城市，随着城镇化不断推进，人们之间的社会关系更加凸显出经济性，客观上催生了社会对法律发展的需求，因此法律资源基本集中在这些地区。而在经济相对滞后地区、乡村地区，法律资源较缺乏，导致公共服务供给出现不均等问题。

第二，线上公共法律服务平台知晓度过低，制约“互联网＋”公共法律服务的发展。互联网是推动法律服务供给侧改革的有力引擎，不仅加强了法律服务供给对群众需求变化的适应性，而且确保人民群众可以获得普惠、及时的法律服务。但是，12348热线以及各种线上小程序的公众知晓度过低，导致线上公共法律服务效用发挥有限。

三、27 个城市法治指数基本分析

（一）上海市

1．基本评估

上海市作为全国最大的经济中心城市、城市化程度最高的城市以及长三角一体化发展中心区唯一一个直辖市，在 27 个城市中，上海的行政级别、国民生产总值、人均可支配收入、人口密度、城镇化率等 5 项指标均最高。在拥有长三角一体化发展中心区最佳的资源禀赋、发展基础的情况下，2020 年度上海城市法治指数总分为 86.5 分，测评等级为优秀，评级为 A 级。从总分来看，上海名列 27 个城市之首，并且高于平均线 11.39 分。

2．法治建设九大领域分项情况

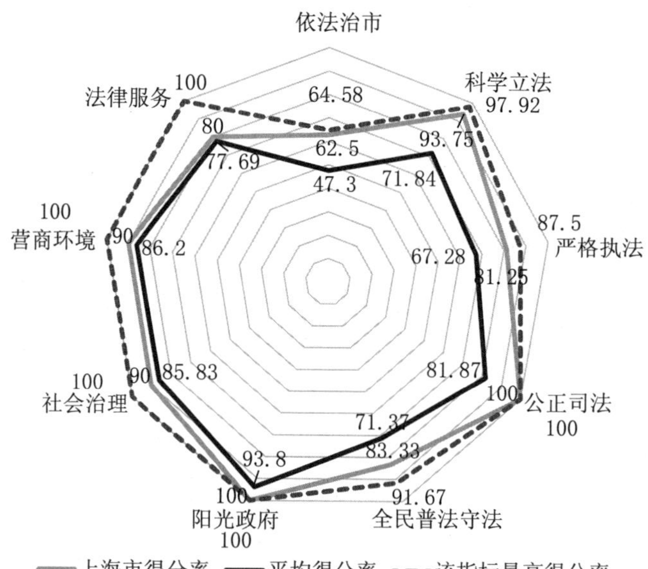

图 2-3-1　上海市法治指数得分率与平均得分率和最高得分率比较

如图 2-3-1，在本次测评的 9 项一级指标中，上海在各个方面的得分率均高于平均水平，并且“公正司法”和“阳光政府”这 2 项指标都获得了该指标的最高得分率。“科学立法”“严格执法”“全面普法守法”和“依法治市”

这4项指标也以较大优势超过平均得分率。但是，“社会治理”“营商环境”和“法律服务”这3项指标，优势并不明显。

（二）南通市

1. 基本评估

南通市在此次法治指数测评中总得分为81.75分，测评等级为优秀，评级为A-，高于本次统计的长三角27个城市平均水平（75.11分）6.64分。

从城市行政级别来看，南通市属于江苏省设区的市，此次测评中，江苏省设区的市共有8个，南通市总分排位第1。

从国民生产总值来看，在长三角一体化发展中心区属于经济一般地区，在本次测评中共有10个同类型城市，南通市总分排名居首。

从人均可支配收入来看，在长三角一体化发展中心区属于一般地区，在本次测评中共有9个同类型城市，南通市总分排名第1。

从人口密度来看，在长三角一体化发展中心区属于较高密度地区，在本次测评中共有7个同类型城市，南通市总分排名第2。

从城镇化程度来看，在长三角一体化发展中心区属于一般城镇化地区，此次测评中共有11个同类型城市，南通市总分排名第2。

2. 法治建设九大领域分项情况

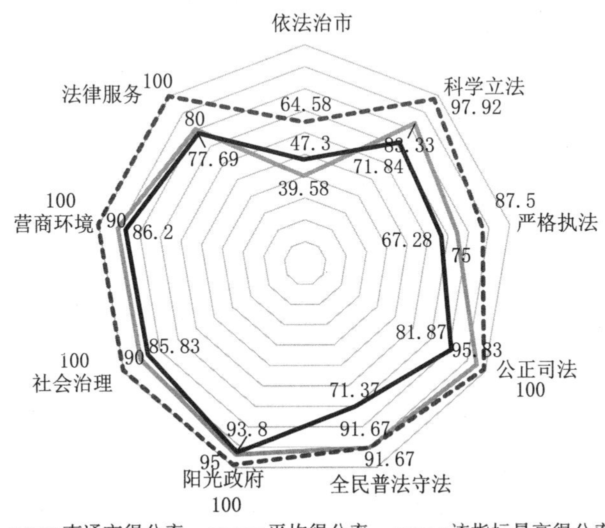

图 2-3-2　南通市法治指数得分率与平均得分率和最高得分率比较

如图2-3-2，在本次测评的9项一级指标中，除“依法治市”这一指标外，南通在各个方面的得分率均高于平均水平，并且“全民普法守法”这一项获得了该指标的最高得分率。“科学立法”“严格执法”“公正司法”这3项指标也以相对较大的优势超过平均得分率。但是，“法律服务”“营商环境”“社会治理”和“阳光政府”这4项指标优势并不明显。

（三）常州市

1. 基本评估

常州市在此次法治指数测评中总得分为81.25分，测评等级为优秀，评级为A-，高于本次统计的长三角27个城市平均水平（75.11分）6.14分。

从城市行政级别来看，属于江苏省设区的市，此次测评中，江苏省设区的市共有8个，常州市总分排名第2。

从国民生产总值来看，在长三角一体化发展中心区属于经济一般地区，在本次测评中共有10个同类型城市，常州市总分排名第3。

从人均可支配收入来看，在长三角一体化发展中心区属于较富裕地区，在本次测评中共有11个同类型城市，常州市总分排名第3。

从人口密度来看，在长三角一体化发展中心区属于较高密度地区，在本次测评中共有7个同类型城市从，常州市总分排名第3。

从城镇化程度来看，在长三角一体化发展中心区属于较高城镇化，此次测评中共有8个同类型城市，常州市总分排名第2。

2. 法治建设九大领域分项情况

如图2-3-3，在本次测评的9项一级指标中，除“依法治市”和“阳光政府”这两项指标外，常州市在各个方面的得分率均高于平均水平，并且“公正司法”这一项获得了该指标的最高得分率。“营商环境”“法律服务”“科学立法”和“全民普法守法”这4项指标也以相对较大的优势超过平均得分率。但是，“社会治理”和“严格执法”这2项指标优势略小。

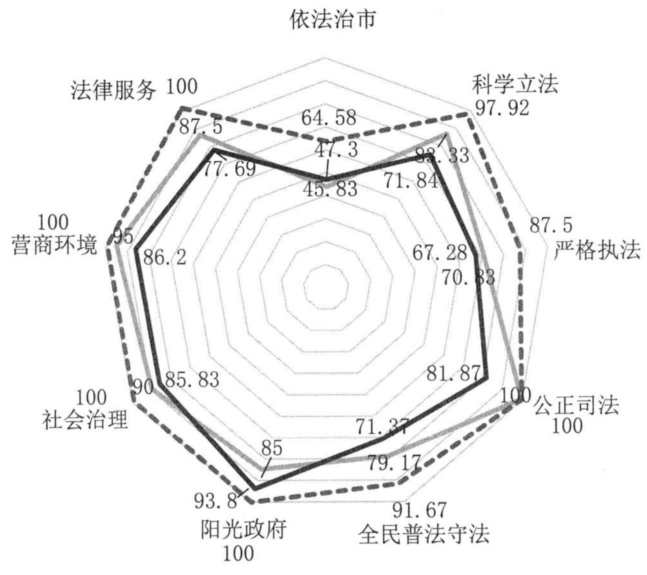

图 2-3-3　常州市法治指数得分率与平均得分率和最高得分率比较

（四）无锡市

1. 基本评估

无锡市在此次法治指数测评中总得分为 80.25 分，测评等级为优秀，评级为 A-，高于本次统计的长三角 27 个城市平均水平（75.11 分）5.14 分。

从城市行政级别来看，属于江苏省设区的市，此次测评中，江苏省设区的市共有 8 个，无锡市总分排名第 3。

从国民生产总值来看，在长三角一体化发展中心区属于经济较发达地区，在本次测评中共有 3 个同类型城市，无锡市总分排名第 2。

从人均可支配收入来看，在长三角一体化发展中心区属于富裕地区，在本次测评中共有 3 个同类型城市，无锡市总分排名第 4。

从人口密度来看，在长三角一体化发展中心区属于高密度地区，在本次测评中共有 4 个同类型城市，无锡市总分排名第 2。

从城镇化程度来看，在长三角一体化发展中心区属于较高城镇化地区，此次测评中共有 8 个同类型城市，无锡市总分排名第 3。

2．法治建设九大领域分项情况

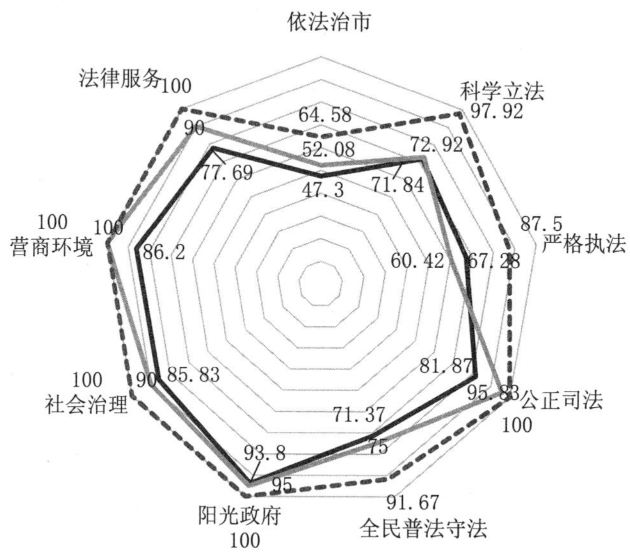

图 2-3-4　无锡市法治指数得分率与平均得分率和最高得分率比较

如图 2-3-4，在本次测评的 9 项一级指标中，除“严格执法”这一项指标外，无锡市在各个方面的得分率均高于平均水平，并且“营商环境”这一项获得该指标的最高得分。“公正司法”和“法律服务”这 2 项指标也以相对较大的优势超过平均得分率。但是，“依法治市”“科学立法”“全民普法守法”“阳光政府”和“社会治理”这 5 项指标优势不太明显。

（五）南京市

1．基本评估

南京市在此次法治指数测评中总得分为 80 分，测评等级为优秀，评级为 A–，高于本次统计的长三角 27 个城市平均水平（75.11 分）4.89 分。

从城市行政级别来看，属于副省级市，在此次测评中的 3 个副省级市中，南京市总分排名最末。

从国民生产总值来看，在长三角一体化发展中心区属于经济较发达地区，在本次测评中共有 3 个同类型城市，南京市总分排名第 2。

从人均可支配收入来看，在长三角一体化发展中心区属于富裕地区，在本次测评中共有 3 个同类型城市，南京市总分排名第 2。

从人口密度来看，在长三角一体化发展中心区属于高密度地区，在本次测评中共有 4 个同类型城市，南京市总分排名第 3。

从城镇化程度来看，在长三角一体化发展中心区属于高城镇化地区，在本次测评中共有 2 个同类型城市，南京市是同等级城市中总分略低的那个。

2．法治建设九大领域分项情况

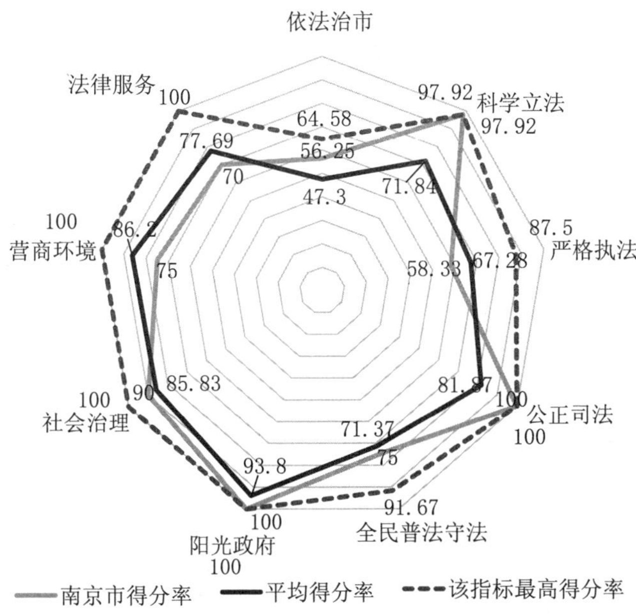

图 2-3-5　南京市法治指数得分率与平均得分率和最高得分率比较

如图 2-3-5，在本次测评的 9 项一级指标中，南京市在“营商环境”“法律服务”和“严格执法”这 3 项指标中的得分均低于平均水平。在其他部分，“阳光政府”“公正司法”和“科学立法”这 3 项指标获得最高得分率，“依法治市”这项指标也以相对较大的优势超过平均得分率，但是，“社会治理”“全民普法守法”这 2 项指标优势较弱。

（六）泰州市

1．基本评估

泰州市在此次法治指数测评中总得分为 80 分，测评等级为优秀，评级为 A–，高于本次统计的长三角 27 个城市平均水平（75.11 分）4.89 分。

从城市行政级别来看，属于江苏省设区的市，此次测评中，江苏省设区的市共有 8 个，泰州市总分排名第 4。

从国民生产总值来看，在长三角一体化发展中心区属于经济一般地区，在本次测评中共有 10 个同类型城市，泰州市法治指数总分排名第 4。

从人均可支配收入来看，在长三角一体化发展中心区属于一般地区，在本次测评中共有 9 个同类型城市，泰州市总分排名第 2。

从人口密度来看，在长三角一体化发展中心区属于较高密度地区，在本次测评中共有 7 个同类型城市，泰州市总分排名第 4。

从城镇化程度来看，在长三角一体化发展中心区属于一般城镇化地区，此次测评中共有 11 个同类型城市，泰州市总分排名第 3。

2．法治建设九大领域分项情况

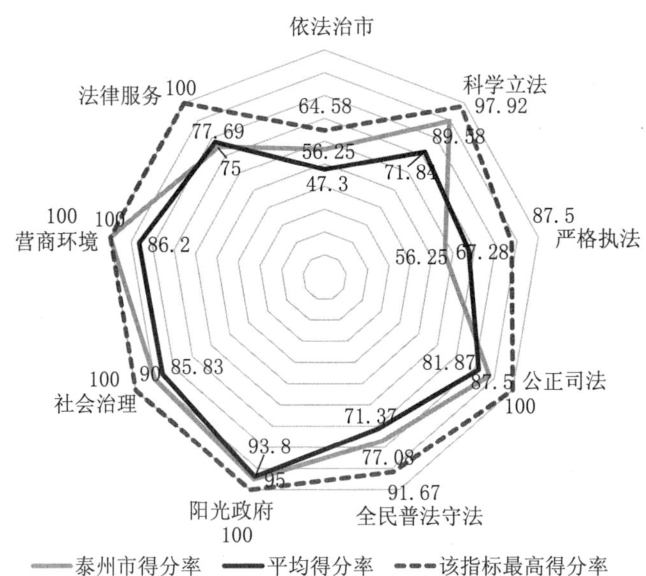

图 2-3-6　泰州市法治指数得分率与平均得分率和最高得分率比较

如图 2-3-6，在本次测评的 9 项一级指标中，除“法律服务”和“严格执法”这 2 项指标外，泰州市在各个方面的得分率均高于平均水平，并且“营商环境”这项还获得该指标的最高得分率。“科学立法”和“依法治市”这 2 项指标也以相对较大的优势超过平均得分率。但是，“公正司法”“全民普法守法”“阳光政府”和“社会治理”这 4 项指标优势不太明显。

（七）苏州市

1．基本评估

苏州市在此次法治指数测评中总得分为 77.5 分，测评等级为良好，评级为 B+，高于本次统计的长三角 27 个城市平均水平（75.11 分）2.39 分。

从城市行政级别来看，属于江苏省设区的市，此次测评中，江苏省设区的市共有 8 个，苏州市总分排名第 5。

从国民生产总值来看，在长三角一体化发展中心区属于经济发达地区，在本次测评中共有 3 个同类型城市，苏州市总分排在最末。

从人均可支配收入来看，在长三角一体化发展中心区属于富裕地区，在本次测评中共有 3 个同类型城市，苏州市总分排名最末。

从人口密度来看，在长三角核一体化发展中心区属于高密度地区，在本次测评中共有 4 个同类型城市，苏州市总分排名居于末位。

从城镇化程度来看，在长三角一体化发展中心区属于较高城镇化地区，此次测评中共有 8 个同类型城市，苏州市总分排名第 5。

2．法治建设九大领域分项情况

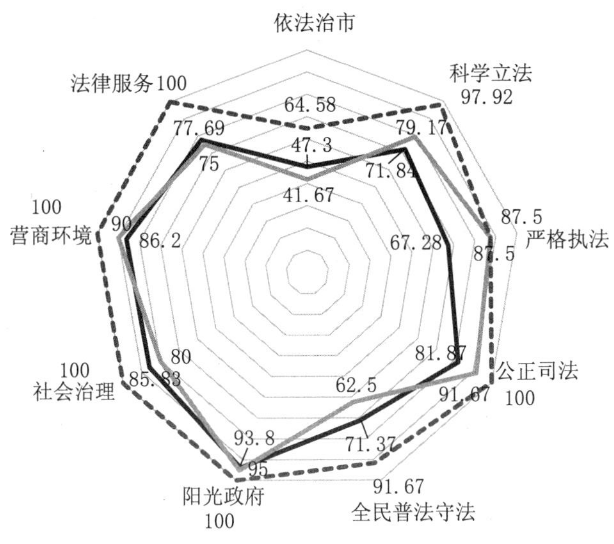

图 2-3-7　苏州市法治指数得分率与平均得分率和最高得分率比较

如图 2-3-7，在本次测评的 9 项一级指标中，苏州市的“法律服务”“依法治市”“全民普法守法”和“社会治理”这 4 项指标得分率均低于平均水平。其在“严格执法”这项指标上获得了最高得分，并且“科学立法”和“公正司法”这 2 项指标也以相对较大的优势超过平均得分率，然而，“营商环境”和“阳光政府”这 2 项指标得分率超出平均得分率不多，优势不明显。

（八）盐城市

1. 基本评估

盐城市在此次法治指数测评中总得分为 74.25 分，测评等级为良好，评级为 B，低于本次统计的长三角 27 个城市平均水平（75.11 分）0.86 分。

从城市行政级别来看，属于江苏省设区的市，此次测评中，江苏省设区的市共有 8 个，盐城市总分排名第 6。

从国民生产总值来看，在长三角一体化发展中心区属于经济一般地区，在本次测评中共有 10 个同类型城市，盐城市总分排名第 7。

从人均可支配收入来看，在长三角一体化发展中心区属于一般地区，在本次测评中共有 9 个同类型城市，盐城市总分排名第 4。

从人口密度来看，在长三角一体化发展中心区属于一般密度地区，在本次测评中共有 12 个同类型城市，盐城市总分排名第 5。

从城镇化程度来看，在长三角一体化发展中心区属于一般城镇化地区，本次测评中共有 11 个同类型城市，盐城市在同等级城市中总分排名第 6。

2. 法治建设九大领域分项情况

如图 2-3-8，在本次测评的 9 项一级指标中，除“严格执法”“阳光政府”“营商环境”和“法律服务”这 4 项指标外，盐城市其他指标的得分率均低于平均水平。同时，盐城市在“阳光政府”这一指标获得满分，但在各个高于平均水平的指标中，盐城的得分率超出平均得分率不多，不具备明显优势。

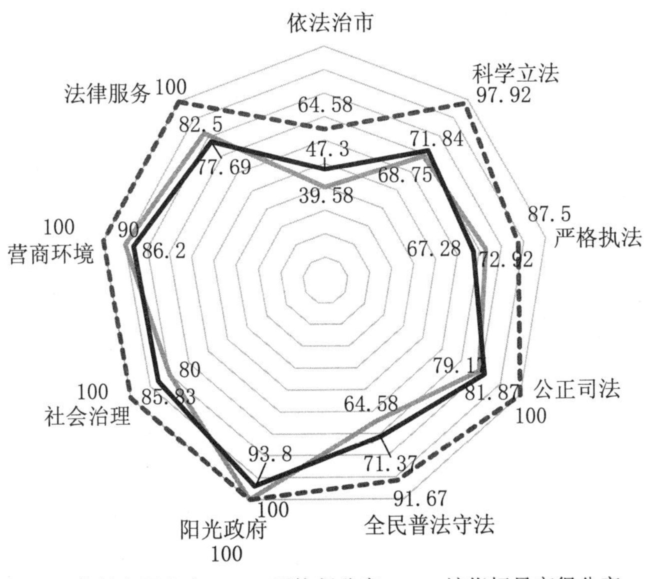

图 2-3-8　盐城市法治指数得分率与平均得分率和最高得分率比较

（九）扬州市

1. 基本评估

扬州市在此次法治指数测评中总得分为 74.25 分（与盐城得分相同），测评等级为良好，评级为 B，低于本次统计的长三角 27 个城市平均水平（75.11 分）0.86 分。

从城市行政级别来看，属于江苏省内设区的市，此次测评中，江苏省内设区的市共有 8 个，扬州市总分排名第 6（与盐城并列，下同）。

从国民生产总值来看，在长三角一体化发展中心区属于经济一般地区，在本次测评中共有 10 个同类型城市，扬州市总分排名第 7。

从人均可支配收入来看，在长三角一体化发展中心区属于一般地区，在本次测评中共有 9 个同类型城市，扬州市总分排名第 4。

从人口密度来看，在长三角一体化发展中心区属于一般密度地区，在本次测评中共有 12 个同类型城市，扬州市总分排名第 5。

从城镇化程度来看，在长三角一体化发展中心区属于一般城镇化地区，本次测评中共有 11 个同类型城市，扬州市总分排名第 6。

2. 法治建设九大领域分项情况

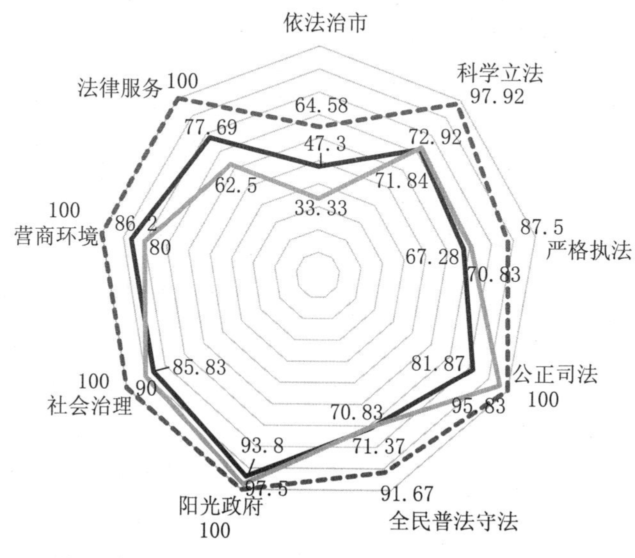

图 2-3-9 扬州市法治指数得分率与平均得分率和最高得分率比较

如图 2-3-9，在本次测评的 9 项一级指标中，除“科学立法”“严格执法”“公正司法”“阳光政府”和“社会治理”这 5 项指标外，扬州市其他指标的得分率均低于平均水平。其中，“依法治市”和“法律服务”2 项得分率低于平均得分率较多，都超过了 10%。在各个高于平均水平的指标中，“公正司法”这一项以相对较大的优势超过了平均得分率，而其余的“科学立法”“严格执法”“阳光政府”和“社会治理”等 4 项指标得分率超出平均得分率不多，优势不明显。

（十）镇江市

1. 基本评估

镇江市在此次法治指数测评中总得分为 66.25 分，测评等级为及格，评级为 C 级，低于本次统计的长三角 27 个城市平均水平（75.11 分）8.86 分。

从城市行政级别来看，属于江苏省设区的市，此次测评中，江苏省设区的市共有 8 个，镇江市总分排名最末位。

从国民生产总值来看，在长三角一体化发展中心区属于经济较落后地区，在本次测评中共有 11 个同类型城市，镇江市总分排名第 7。

从人均可支配收入来看，在长三角一体化发展中心区属于较富裕地区，在本次测评中共有 11 个同类型城市，镇江市总分排名第 10。

从人口密度来看，在长三角一体化发展中心区属于较高密度地区，在本次测评中共有 7 个同类型城市，镇江市总分排名末位。

从城镇化程度来看，在长三角一体化发展中心区属于较高城镇化地区，在本次测评中共有 8 个同类型城市，镇江市总分排名最末。

2．法治建设九大领域分项情况

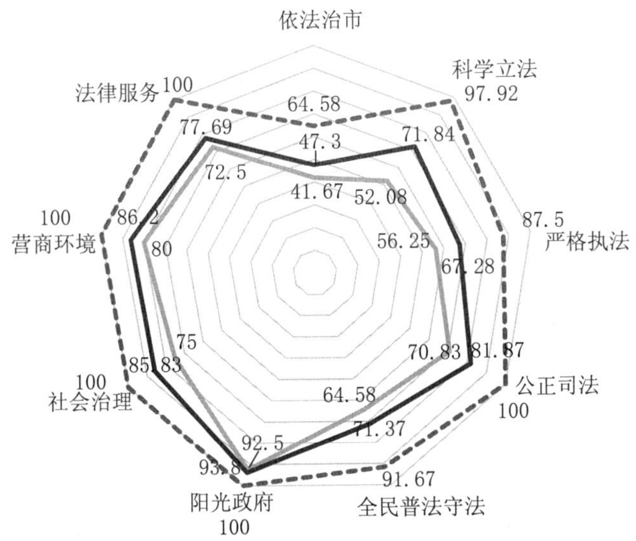

图 2-3-10　镇江市法治指数得分率与平均得分率和最高得分率比较

如图 2-3-10，在本次测评的 9 项一级指标中，镇江市所有指标的得分率均低于平均水平。其中，“科学立法”“严格执法”“公正司法”和“社会治理”4 项指标的得分率低于平均得分率较多，都超过了 10%。剩余 5 项指标与平均水平差距相对较小。

（十一）宁波市

1．基本评估

宁波市在此次法治指数测评中总得分为 85.5 分，测评等级为优秀，评级为A级，高于本次统计的长三角27个城市平均水平（75.11分）10.39分。

从城市行政级别来看，属于副省级市，在此次测评中的3个副省级市中，宁波市总分排名第1。

从国民生产总值来看，在长三角一体化发展中心区属于经济较发达地区，在本次测评中共有3个同类型城市，宁波市总分排名第1。

从人均可支配收入来看，在长三角一体化发展中心区属于较富裕地区，在本次测评中共有11个同类型城市，宁波市总分排名第1。

从人口密度来看，在长三角一体化发展中心区属于一般密度地区，在本次测评中共有12个同类型城市，宁波市总分排名居首。

从城镇化程度来看，在长三角一体化发展中心区属于较高城镇化地区，在本次测评中共有8个同类型城市，宁波市总分排名第1。

2．法治建设九大领域分项情况

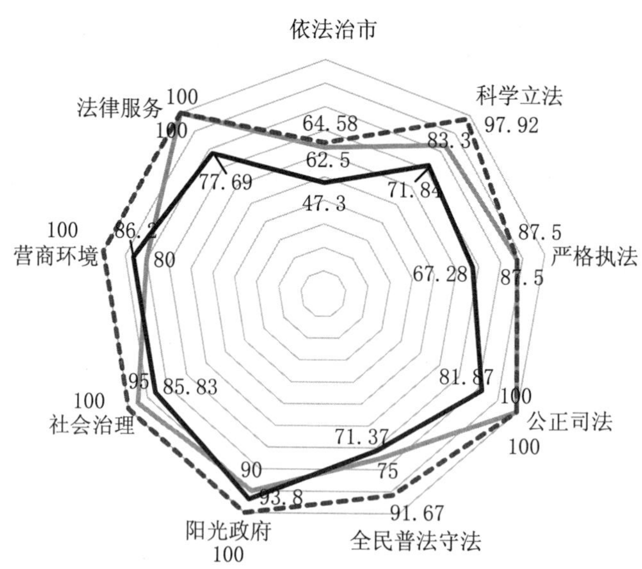

图2-3-11　宁波市法治指数得分率与平均得分率和最高得分率比较

如图2-3-11，在本次测评的9项一级指标中，宁波市在“营商环境”和“阳光政府”这两项指标中的得分低于平均水平。在其他部分，“严格执法”“法律服务”和“公正司法”这3项指标获得最高得分率，并且，“依法治市”“科学立法”和“社会治理”这3项指标也以相对较大的优势超过平均得分率，但是，“全民普法守法”这一项指标仅高于平均得分率3.63%，优势不明显。

（十二）嘉兴市

1．基本评估

嘉兴市在此次法治指数测评中总得分为83分，测评等级为优秀，评级为A–，高于本次统计的长三角27个城市平均水平（75.11分）7.89分。

从城市行政级别来看，属于浙江省设区的市，此次测评中，浙江省设区的市共有7个，嘉兴市总分排名第1。

从国民生产总值来看，在长三角一体化发展中心区属于经济一般地区，在本次测评中共有10个同类型城市，嘉兴市总分排名第1。

从人均可支配收入来看，在长三角一体化发展中心区属于较富裕地区，在本次测评中共有11个同类型城市，嘉兴市总分排名第2。

从人口密度来看，在长三角一体化发展中心区属于较高密度地区，在本次测评中共有7个同类型城市，嘉兴市总分排名居首。

从城镇化程度来看，在长三角一体化发展中心区属于一般城镇化地区，在本次测评中共有11个同类型城市，嘉兴市总分排名第1。

2．法治建设九大领域分项情况

如图2-3-12，在本次测评的9项一级指标中，嘉兴市在“科学立法”和“法律服务”这2项指标中的得分低于平均水平。在其他部分，“阳光政府”和“社会治理”这2项指标获得满分，并且，“依法治市”“严格执法”和“公正司法”这3项指标也以相对较大的优势超过平均得分率，但是，“全民普法守法”和“营商环境”这2项指标高出平均得分率不多，不具备明显优势。

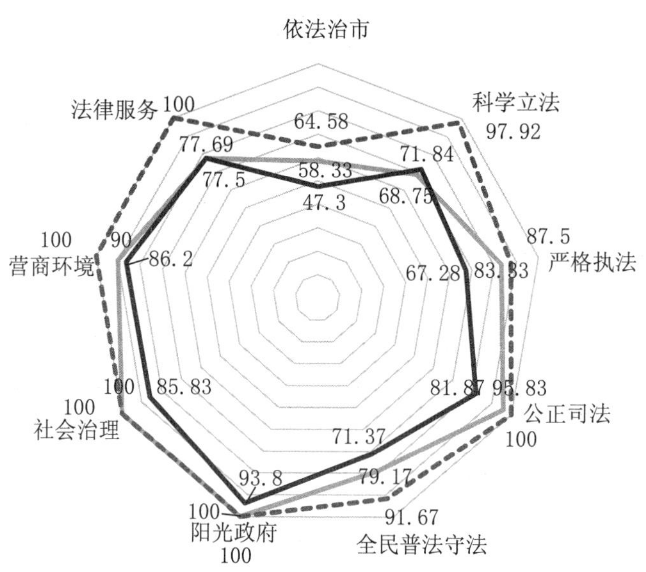

图 2-3-12　嘉兴市法治指数得分率与平均得分率和最高得分率比较

（十三）杭州市

1. 基本评估

杭州市在此次法治指数测评中总得分为 80.25 分，测评等级为优秀，评级为 A-，高于本次统计的长三角 27 个城市平均水平（75.11 分）5.14 分。

从城市行政级别来看，属于副省级市，在此次测评中的 3 个副省级市中，杭州市总分排名第 2。

从国民生产总值来看，在长三角一体化发展中心区属于经济发达地区，在本次测评中共有 3 个同类型城市，杭州市总分排名第 2。

从人均可支配收入来看，在长三角一体化发展中心区属于较富裕地区，在本次测评中共有 11 个同类型城市，杭州市总分排名第 4。

从人口密度来看，在长三角一体化发展中心区属于一般密度地区，在本次测评中共有 12 个同类型城市，杭州市总分排名第 2。

从城镇化程度来看，在长三角一体化发展中心区属于较高城镇化地区，在本次测评中共有 8 个同类型城市，杭州市总分排名第 3。

2．法治建设九大领域分项情况

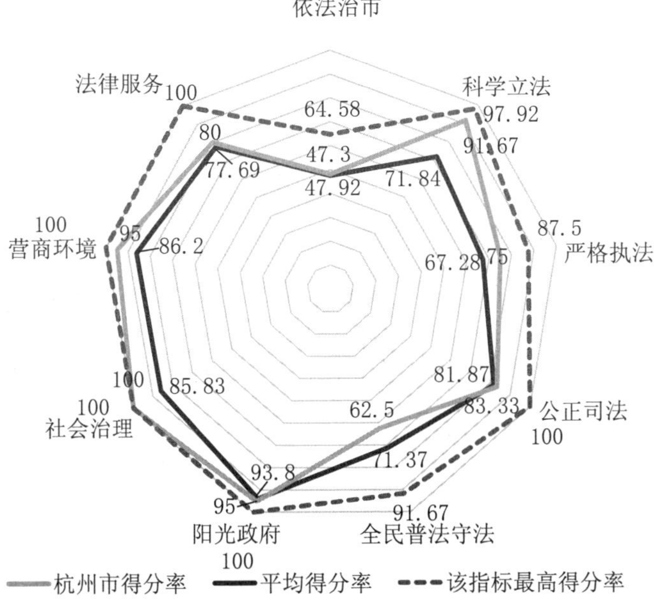

图 2-3-13　杭州市法治指数得分率与平均得分率和最高得分率比较

如图 2-3-13，在本次测评的 9 项一级指标中，除“全民普法守法”这一指标外，杭州市在所有指标中的得分率均高于平均水平。其中，“社会治理”这一项指标获得满分，并且，“科学立法”和“营商环境”这 2 项指标也以相对较大的优势超过平均得分率，但是，“法律服务”“依法治市”“严格执法”“公正司法”和“阳光政府”这 5 项指标的得分率优势并不明显。

（十四）温州市

1．基本评估

温州市在此次法治指数测评中总得分为 80 分，测评等级为优秀，评级为 A–，高于本次统计的长三角 27 个城市平均水平（75.11 分）4.89 分。

从城市行政级别来看，属于浙江省内设区的市，此次测评中，浙江省内设区的市共有 7 个，温州市总分排名第 2。

从国民生产总值来看，在长三角一体化发展中心区属于经济一般地区，在本次测评中共有 10 个同类型城市，温州市总分排名第 4。

从人均可支配收入来看，在长三角一体化发展中心区属于较富裕地区，在本次测评中共有 11 个同类型城市，温州市总分排名第 4。

从人口密度来看，在长三角一体化发展中心区属于较高密度地区，在本次测评中共有 7 个同类型城市，温州市总分排名第 4。

从城镇化程度来看，在长三角一体化发展中心区属于较高城镇化地区，在本次测评中共有 8 个同类型城市，温州市总分排名第 4。

2．法治建设九大领域分项情况

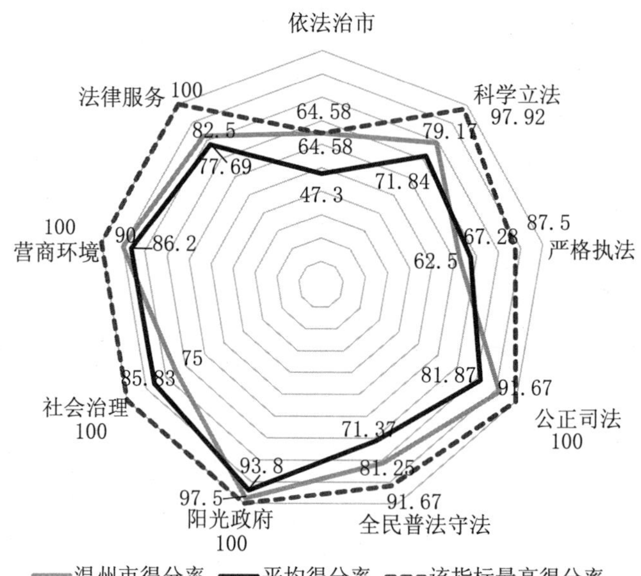

图 2-3-14　温州市法治指数得分率与平均得分率和最高得分率比较

如图 2-3-14，在本次测评的 9 项一级指标中，温州市在“严格执法”和“社会治理”这 2 项指标中的得分率均低于平均水平。但是，“依法治市”这一指标获得最高分，并且，“全民普法守法”和“公正司法”这 2 项指标也以相对较大的优势超过平均得分率，然而，“法律服务”“营商环境”“阳光政府”和“科学立法”这 4 项指标的得分率优势并不明显。

（十五）金华市

1．基本评估

金华市在此次法治指数测评中总得分为 77.5 分，测评等级为良好，评级为 B+，高于本次统计的长三角 27 个城市平均水平（75.11 分）2.39 分。

从城市行政级别来看，属于浙江省设区的市，此次测评中，浙江省设区的市共有 7 个，金华市总分排名第 3。

从国民生产总值来看，在长三角一体化发展中心区属于经济较落后地区，在本次测评中共有 11 个同类型城市，金华市总分在其中排名第 1。

从人均可支配收入来看，在长三角一体化发展中心区属于较富裕地区，在本次测评中共有 11 个同类型城市，金华市总分排名第 6。

从人口密度来看，在长三角一体化发展中心区属于一般密度地区，在本次测评中共有 12 个同类型城市，金华市总分排名第 3。

从城镇化程度来看，在长三角一体化发展中心区属于一般城镇化地区，在本次测评中共有 11 个同类型城市，金华市总分排名第 4。

2．法治建设九大领域分项情况

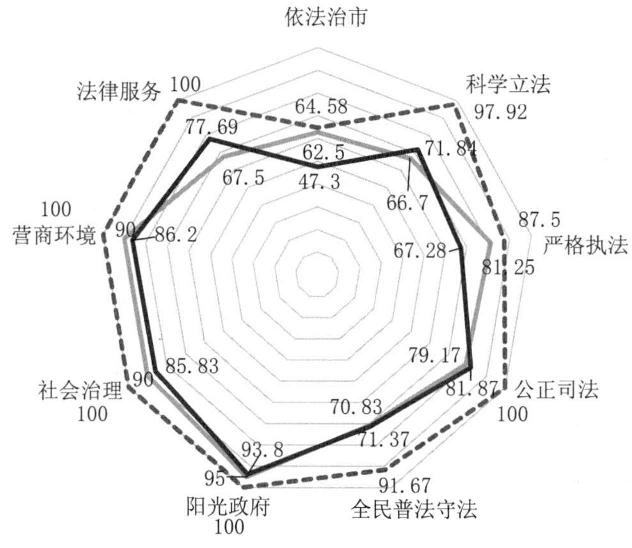

图 2-3-15　金华市法治指数得分率与平均得分率和最高得分率比较

如图 2-3-15，在本次测评的 9 项一级指标中，金华市在“科学立法”“公正司法”“全民普法守法”和“法律服务”这 4 项指标中的得分率均低于平均水平。“严格执法”和“依法治市”这两项指标以相对较明显的优势超过平均得分率，但是，“阳光政府”“社会治理”和“营商环境”这 3 项指标的得分率只是略超过平均水平，几乎没有优势。

（十六）绍兴市

1. 基本评估

绍兴市在此次法治指数测评中总得分为 74.5 分，测评等级为良好，评级为 B 级，低于本次统计的长三角 27 个城市平均水平（75.11 分）0.61 分。

从城市行政级别来看，属于浙江省设区的市，此次测评中，浙江省设区的市共有 7 个，绍兴市总分排名第 4。

从国民生产总值来看，在长三角一体化发展中心区属于经济一般地区，在本次测评中共有 10 个同类型城市，绍兴市总分排名第 6。

从人均可支配收入来看，在长三角一体化发展中心区属于较富裕地区，在本次测评中共有 11 个同类型城市，绍兴市总分排名第 7。

从人口密度来看，在长三角一体化发展中心区属于一般密度地区，在本次测评中共有 12 个同类型城市，绍兴市总分排名第 5。

从城镇化程度来看，在长三角一体化发展中心区属于一般城镇化地区，在本次测评中共有 11 个同类型城市，绍兴市总分排名第 5。

2. 法治建设九大领域分项情况

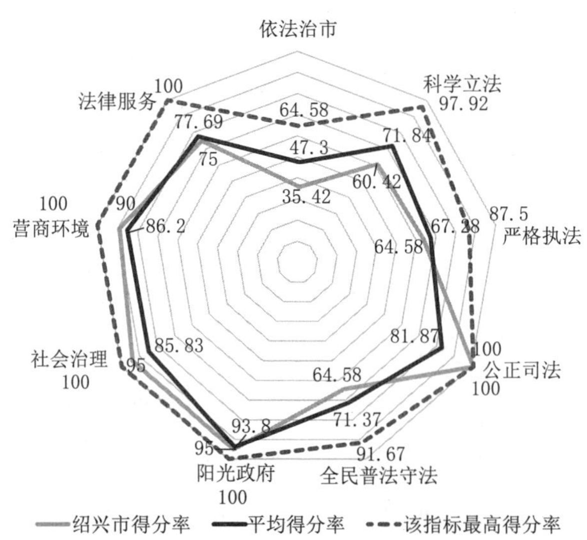

图 2-3-16 绍兴市法治指数得分率与平均得分率和最高得分率比较

如图2-3-16，在本次测评的9项一级指标中，绍兴市在“法律服务”“依法治市”“严格执法”和“全民普法守法”这4项指标中的得分率均低于平均水平，其中“依法治市”指标的得分率与平均水平相差最大，高达11.88%。但是绍兴市在“公正司法”这一项指标获得了满分，同时，“社会治理”这一项指标也以相对较明显的优势超过平均得分率，但是，“阳光政府”和“营商环境”这2项指标的得分率不具备明显优势。

（十七）湖州市

1．基本评估

湖州市在此次法治指数测评中总得分为72分，测评等级为良好，评级为B−，低于本次统计的长三角27个城市平均水平（75.11分）3.11分。

从城市行政级别来看，属于浙江省设区的市，此次测评中，浙江省设区的市共有7个，湖州市总分排名第5。

从国民生产总值来看，在长三角一体化发展中心区属于经济较落后地区，在本次测评中共有11个同类型城市，湖州市总分排名第2。

从人均可支配收入来看，在长三角一体化发展中心区属于一般地区，在本次测评中共有9个同类型城市，湖州市总分排名第5。

从人口密度来看，在长三角一体化发展中心区属于一般密度地区，在本次测评中共有12个同类型城市，湖州市总分排名第7。

从城镇化程度来看，在长三角一体化发展中心区属于一般城镇化地区，在本次测评中共有11个同类型城市，湖州市总分排名第7。

2．法治建设九大领域分项情况

如图2-3-17，在本次测评的9项一级指标中，湖州市仅在“法律服务”和“依法治市”这2项指标中的得分率高于平均水平，并且“依法治市”之一指标以相对较大的优势超过平均得分率。其余7项指标得分率均低于平均得分率，并且，“公正司法”和“社会治理”这2项指标得分率与平均水平相差较大，差距超过10%，“科学立法”“严格执法”“全民普法守法”“阳光政府”和“营商环境”这5项指标得分情况与平均水平相差较小。

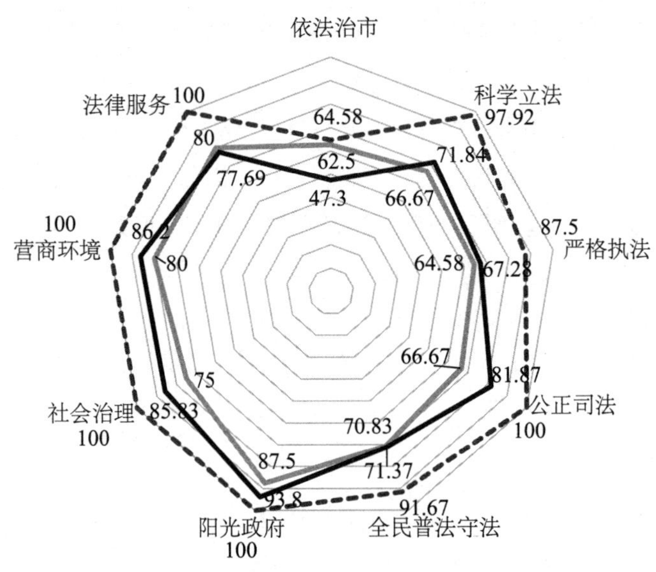

图 2-3-17　湖州市法治指数得分率与平均得分率和最高得分率比较

（十八）台州市

1. 基本评估

台州市在此次法治指数测评中总得分为 71 分，测评等级为良好，评级为 B-，低于本次统计的长三角 27 个城市平均水平（75.11 分）4.11 分。

从城市行政级别来看，属于浙江省设区的市，此次测评中，浙江省设区的市共有 7 个，台州市总分排名第 6。

从国民生产总值来看，在长三角一体化发展中心区属于经济一般地区，在本次测评中共有 10 个同类型城市区，台州市总分在其中排名第 8。

从人均可支配收入来看，在长三角一体化发展中心区属于较富裕地区，在本次测评中共有 11 分同类型城市，台州市总分排名第 8。

从人口密度来看，在长三角一体化发展中心区属于一般密度地区，在本次测评中共有 12 个同类型城市，台州市总分排名第 9。

从城镇化程度来看，在长三角一体化发展中心区属于一般城镇化地区，在本次测评中共有 11 个同类型城市，台州市总分排名第 9。

2．法治建设九大领域分项情况

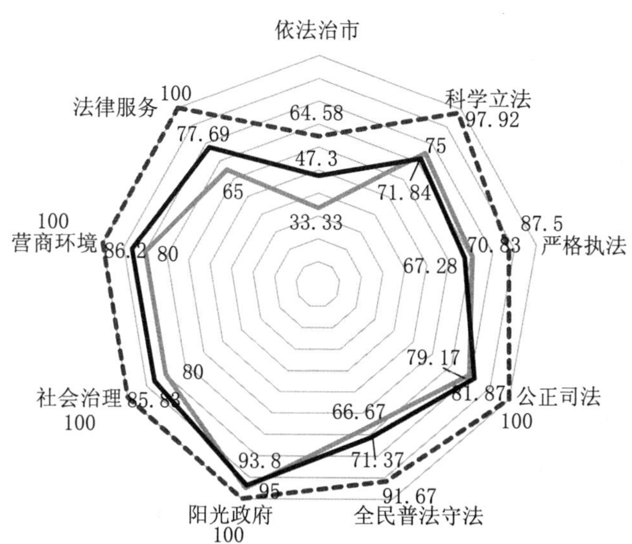

图 2-3-18　台州市法治指数得分率与平均得分率和最高得分率比较

如图 2-3-18，在本次测评的 9 项一级指标中，台州市仅在“科学立法”“严格执法”和“阳光政府”这 3 项指标中的得分率高于平均水平，其余 6 项指标得分率均低于平均得分率，并且，“依法治市”和“法律服务”这两项指标得分率与平均水平相差较大，差距超过 10%，“营商环境”“社会治理”“全民普法守法”和“公正司法”这 4 项指标得分情况与平均水平相差较小。

（十九）舟山市

1．基本评估

舟山市在此次法治指数测评中总得分 68.5 分，测评等级为及格，评级为 C+，低于本次统计的长三角 27 个城市平均水平（75.11 分）6.61 分。

从城市行政级别来看，属于浙江省内设区的市，此次测评中，浙江省内设区的市共有 7 个，舟山市总分排名末位。

从国民生产总值来看，在长三角一体化发展中心区属于经济较落后地区，在本次测评中共有 11 个同类型城市，舟山市总分排名第 5。

从人均可支配收入来看，在长三角一体化发展中心区属于较富裕地区，在本次测评中共有 11 分同类型城市，舟山市总分排名第 9。

从人口密度来看，在长三角一体化发展中心区属于较高密度地区，在本次测评中共有 7 个同类型城市，舟山市总分在其中排名第 5。

从城镇化程度来看，在长三角一体化发展中心区属于一般城镇化地区，在本次测评中共有 11 个同类型城市，舟山市总分排名第 10。

2．法治建设九大领域分项情况

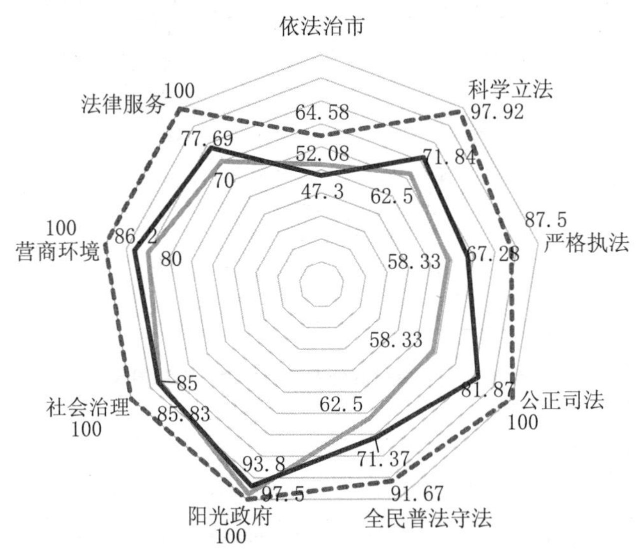

图 2-3-19　舟山市法治指数得分率与平均得分率和最高得分率比较

如图 2-3-19，在本次测评的 9 项一级指标中，舟山市仅在“依法治市”“阳光政府”和“社会治理”这 3 项指标中的得分率高于平均水平，并且都高出不多，其余 6 项指标得分率均低于平均得分率，并且，“公正司法”这一项指标得分率与平均水平相差较大，差距超过了 10%，“科学立法”“严格执法”“全民普法守法”“营商环境”和“法律服务”这 5 项指标得分情况与平均水平相差较小。

（二十）合肥市

1．基本评估

合肥市在此次法治指数测评中总得分为 76.5 分，测评等级为良好，评级为 B 级，高于本次统计的长三角 27 个城市平均水平（75.11 分）1.39 分。

从城市行政级别来看，属于安徽省设区的市，此次测评中，安徽省设区的市共有 8 个，合肥市总得分排名第 1。

从国民生产总值来看，在长三角一体化发展中心区属于经济一般地区，在本次测评中共有 10 个同类型城市，合肥市总分排名第 5。

从人均可支配收入来看，在长三角一体化发展中心区属于一般地区，在本次测评中共有 9 个同类型城市，合肥市总分排名第 3。

从人口密度来看，在长三角一体化发展中心区属于一般密度地区，在本次测评中共有 12 个同类型城市，合肥市总分排名第 4。

从城镇化程度来看，在长三角一体化发展中心区属于较高城镇化地区，在本次测评中共有 8 个同类型城市，合肥市总分排名第 6。

2．法治建设九大领域分项情况

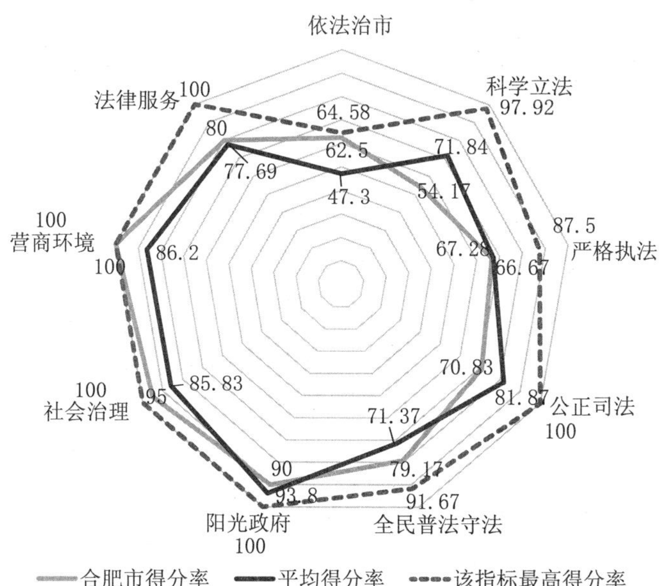

图 2-3-20　合肥市法治指数得分率与平均得分率和最高得分率比较

如图 2-3-20，在本次测评的 9 项一级指标中，合肥市的“科学立法”“严格执法”“公正司法”和“阳光政府”这 4 项指标得分率均低于平均水平。但是，其在“营商环境”这一项指标中获得满分，并且“依法治市”和“社会治理”这 2 项指标也以相对较大的优势超过平均得分率，然而，“法律服务”和“全民普法守法”这 2 项指标得分率超出平均得分率不多，优势不明显。

（二十一）滁州市

1．基本评估

滁州市在此次法治指数测评中总得分为 74.5 分，测评等级为良好，评级为 B 级，低于本次统计的长三角 27 个城市平均水平（75.11 分）0.61 分。

从城市行政级别来看，属于安徽省设区的市，此次测评中，安徽省设区的市共有 8 个，滁州市总得分排名第 2。

从国民生产总值来看，在长三角一体化发展中心区属于经济较落后地区，在本次测评中共有 11 个同类型城市，滁州市总分排名第 2。

从人均可支配收入来看，在长三角一体化发展中心区属于欠富裕地区，在本次测评中共有 4 个同类型城市，滁州市总分排名第 1。

从人口密度来看，在长三角一体化发展中心区属于低密度地区，在本次测评中共有 4 个同类型城市，滁州市总分排名居首。

从城镇化程度来看，在长三角一体化发展中心区属于低城镇化地区，在本次测评中共有 5 个同类型城市，滁州市总分排名居首。

2．法治建设九大领域分项情况

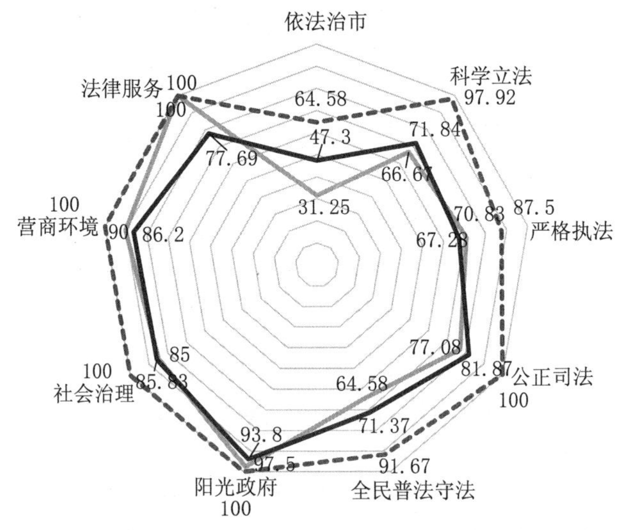

图 2-3-21　滁州市法治指数得分率与平均得分率和最高得分率比较

如图 2-3-21，在本次测评的 9 项一级指标中，滁州市的“依法治市”“科学立法”“公正司法”“全民普法守法”“社会治理”这 5 项指标得分率均低于平均水平，其中，“依法治市”指标得分率与平均水平相差较大，差距超过 10%，其余 4 项指标得分率高于平均水平。其在“法律服务”这一项指标中获得了满分，但是，“阳光政府”“营商环境”和“严格执法”这 3 项指标得分率超出平均得分率不多，不具备明显优势。

（二十二）芜湖市

1．基本评估

芜湖市在此次法治指数测评中总得分为 71.25 分，测评等级为良好，评级为 B–，低于本次统计的长三角 27 个城市平均水平（75.11 分）3.86 分。

从城市行政级别来看，属于安徽省设区的市，此次测评中，安徽省设区的市共有 8 个，芜湖市总分排名第 3。

从国民生产总值来看，在长三角一体化发展中心区属于经济较落后地区，在本次测评中共有 11 个同类型城市，芜湖市总分排名第 4。

从人均可支配收入来看，在长三角一体化发展中心区属于一般地区，在本次测评中共有 9 个同类型城市，芜湖市总分排名第 3。

从人口密度来看，在长三角一体化发展中心区属于一般密度地区，在本次测评中共有 12 个同类型城市，芜湖市总分排名第 6。

从城镇化程度来看，在长三角一体化发展中心区属于一般城镇化地区，在本次测评中共有 11 个同类型城市，芜湖市总分排名第 8。

2．法治建设九大领域分项情况

如图 2-3-22，在本次测评的 9 项一级指标中，除“科学立法”“公正司法”“全民普法守法”3 项指标外，芜湖市其余 6 项指标得分率均低于平均水平，其中，“严格执法”和“营商环境”这 2 项指标得分率与平均水平相差较大，差距超过 10%。超过平均水平的 3 项指标得分率也只是略超过平均得分率，优势不明显。

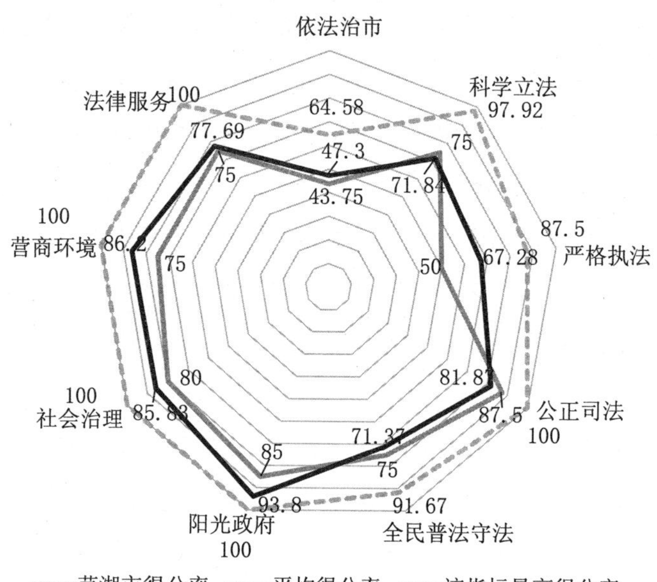

图 2-3-22　芜湖市法治指数得分率与平均得分率和最高得分率比较

（二十三）池州市

1. 基本评估

池州市在此次法治指数测评中总得分为 68.25 分，测评等级为及格，评级为 C+，低于本次统计的长三角 27 个城市平均水平（75.11 分）6.86 分。

从城市行政级别来看，属于安徽省设区的市，此次测评中，安徽省设区的市共有 8 个，池州市总分排名第 4。

从国民生产总值来看，在长三角一体化发展中心区属于经济较落后地区，在本次测评中共有 11 个同类型城市，池州市总分排名第 6。

从人均可支配收入来看，在长三角一体化发展中心区属于欠富裕地区，在本次测评中共有 4 个同类型城市，池州市总分排名第 2。

从人口密度来看，在长三角一体化发展中心区属于低密度地区，在本次测评中共有 4 个同类型城市，池州市总分排名第 2。

从城镇化程度来看，在长三角一体化发展中心区属于低城镇化地区，在本次测评中共有 5 个同类型城市，池州市总分排名第 2。

2．法治建设九大领域分项情况

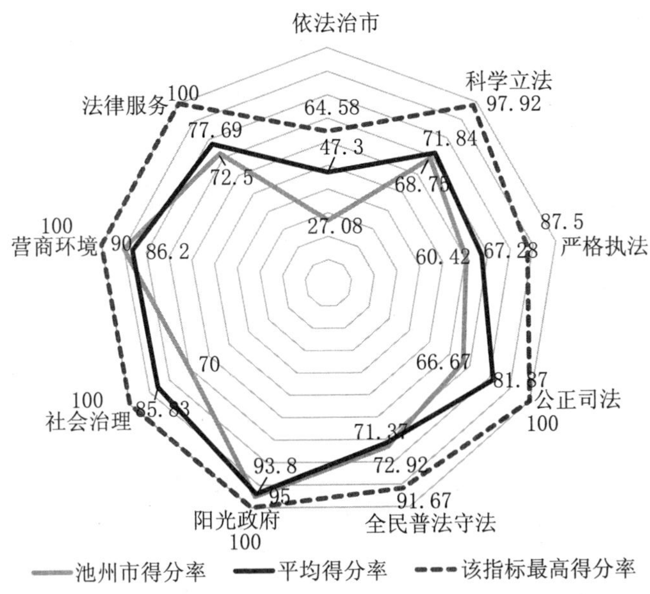

图 2-3-23　池州市法治指数得分率与平均得分率和最高得分率比较

如图 2-3-23，在本次测评的 9 项一级指标中，除“营商环境”“阳光政府”和“全民普法守法”3 项指标外，池州市其余 6 项指标得分率均低于平均水平，其中，“依法治市”“公正司法”和“社会治理”这 3 项指标得分率与平均水平相差较大，差距超过 10%；“法律服务”“科学立法”和“严格执法”3 项指标与平均水平之间的差距相对较小。高出平均水平的 3 项指标得分率也只是略超过平均得分率，优势不明显。

（二十四）安庆市

1．基本评估

安庆市在此次法治指数测评中总得分为 68.26 分（与池州得分相同），测评等级为及格，评级为 C+，低于本次统计的长三角 27 个城市平均水平（75.11 分）6.85 分。

从城市行政级别来看，属于安徽省设区的市，此次测评中，安徽省设区的市共有 8 个，安庆总分排名第 4（与池州并列，下同）。

从国民生产总值来看，在长三角一体化发展中心区属于经济较落后地区，在本次测评中共有 11 个同类型城市，安庆市总分排名第 6。

从人均可支配收入来看，在长三角一体化发展中心区属于欠富裕地区，在本次测评中共有 4 个同类型城市，安庆市总分排名第 2。

从人口密度来看，在长三角核心区属于低密度地区，在本次测评中共有 4 个同类型城市，安庆市总分排名第 2。

从城镇化程度来看，在长三角核心区属于低城镇化地区，在本次测评中共有 5 个同类型城市，安庆市总分排名第 2。

2．法治建设九大领域分项情况

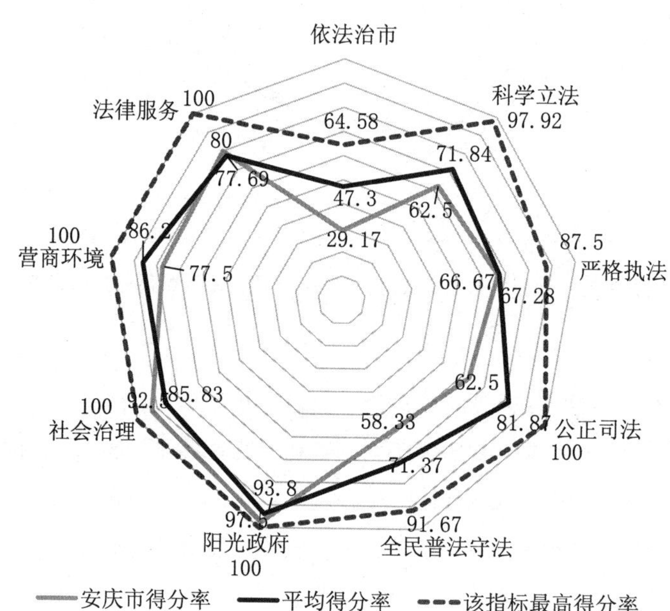

图 2-3-24　安庆市法治指数得分率与平均得分率和最高得分率比较

如图 2-3-24，在本次测评的 9 项一级指标中，除“法律服务”“阳光政府”和“社会治理”这 3 项指标外，安庆市其余 6 项指标得分率均低于平均水平，其中，“依法治市”“公正司法”和“全民普法守法”这 3 项指标得分率与平均水平相差较大，差距超过 10%；“营商环境”“严格执法”和“科学立法”这 3 项指标与平均水平之间的差距相对较小。高出平均水平的 3 项指标得分率也只是略超过平均得分率，不具备明显优势。

（二十五）铜陵市

1．基本评估

铜陵市在此次法治指数测评中总得分为 66 分，测评等级为及格，评级为 C 级，低于本次统计的长三角 27 个城市平均水平（75.11 分）9.11 分。

从城市行政级别来看，属于安徽省设区的市，此次测评中，安徽省设区的市共有 8 个，铜陵总分排名第 5。

从国民生产总值来看，在长三角一体化发展中心区属于经济较落后地区，在本次测评中共有 11 个同类型城市，铜陵市总分排名第 8。

从人均可支配收入来看，在长三角核一体化发展中心区属于欠富裕地区，在本次测评中共有 4 个同类型城市，铜陵市总分排名末位。

从人口密度来看，在长三角一体化发展中心区属于一般密度地区，在本次测评中共有 12 个同类型城市，铜陵市总分排名第 10。

从城镇化程度来看，在长三角一体化发展中心区属于低城镇化地区，在本次测评中共有 5 个同类型城市，铜陵市总分排名第 3。

2．法治建设九大领域分项情况

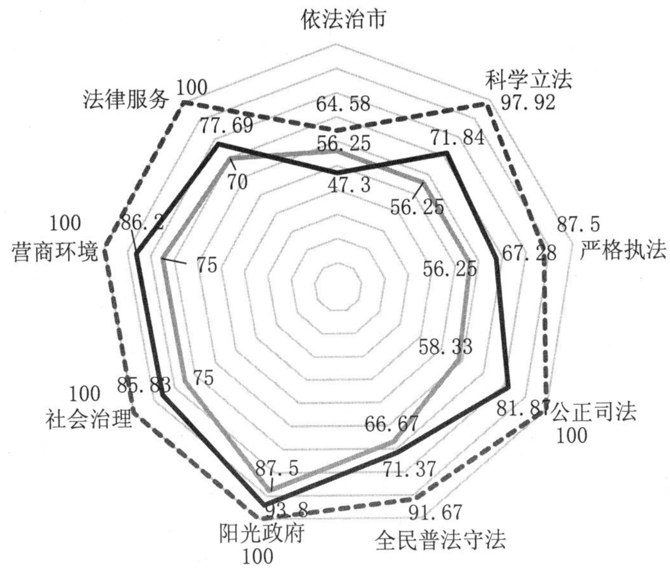

图 2-3-25　铜陵市法治指数得分率与平均得分率和最高得分率比较

如图2-3-25，在本次测评的9项一级指标中，除“依法治市”这一项指标外，铜陵市其余8项指标得分率均低于平均水平，其中，“科学立法”“严格执法”“公正司法”“社会治理”和“营商环境”5项指标得分率与平均水平相差较大，差距超过10%，“法律服务”“全民普法守法”和“阳光政府”这3项指标与平均水平之间的差距相对较小。

（二十六）马鞍山市

1. 基本评估

马鞍山市在此次法治指数测评中总得分为66分（与铜陵市相同），测评等级为及格，评级为C级，低于本次统计的长三角27个城市平均水平（75.11分）9.11分。

从城市行政级别来看，属于安徽省设区的市，此次测评中，安徽省设区的市共有8个，马鞍山市总得分排名第5（与铜陵并列）。

从国民生产总值来看，在长三角一体化发展中心区属于经济较落后地区，在本次测评中共有11个同类型城市，马鞍山市总分排名第8（与铜陵市并列）。

从人均可支配收入来看，在长三角一体化发展中心区属于一般地区，在本次测评中共有9个同类型城市，马鞍山市总分排名第4。

从人口密度来看，在长三角一体化发展中心区属于一般密度地区，在本次测评中共有12个同类型城市，马鞍山市总分排名第10（与铜陵市并列）。

从城镇化程度来看，在长三角一体化发展中心区属于一般城镇化地区，在本次测评中共有11个同类型城市，马鞍山市总分排名末位。

2. 法治建设九大领域分项情况

如图2-3-26，在本次测评的9项一级指标中，马鞍山市所有指标得分率均低于平均水平，其中，“科学立法”“严格执法”“公正司法”这3项指标得分率与平均水平相差较大，差距超过10%，剩余的“依法治市”“法律服务”“营商环境”“社会治理”“阳光政府”和“全民普法守法”这6项指标与平均水平之间的差距相对较小。

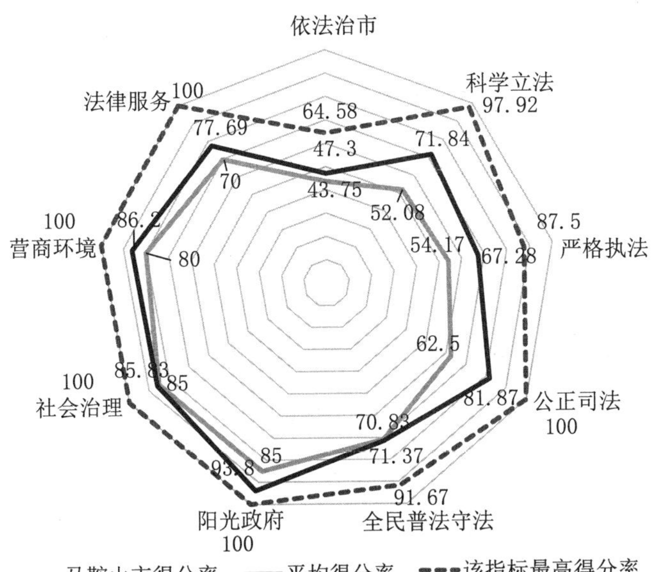

图 2-3-26 马鞍山市法治指数得分率与平均得分率和最高得分率比较

（二十七）宣城市

1. 基本评估

宣城市在此次法治指数测评中总得分为 63 分，测评等级为及格，评级为 C 级，低于本次统计的长三角 27 个城市平均水平（75.11 分）12.11 分。

从城市行政级别来看，属于设区的市，此次测评中，安徽省设区的市共有 8 个，宣城市总得分排在最后。

从国民生产总值来看，在长三角一体化发展中心区属于经济较落后地区，在本次测评中共有 11 个同类型城市，宣城市总分排名末位。

从人均可支配收入来看，在长三角一体化发展中心区属于一般地区，在本次测评中共有 9 个同类型城市，宣城市总分排名末位。

从人口密度来看，在长三角一体化发展中心区属于低密度地区，在本次测评中共有 4 个同类型城市，宣城市总分居于最末。

从城镇化程度来看，在长三角一体化发展中心区属于低城镇化地区，在本次测评中共有 5 个同类型城市，宣城市总分居于最末。

2．法治建设九大领域分项情况

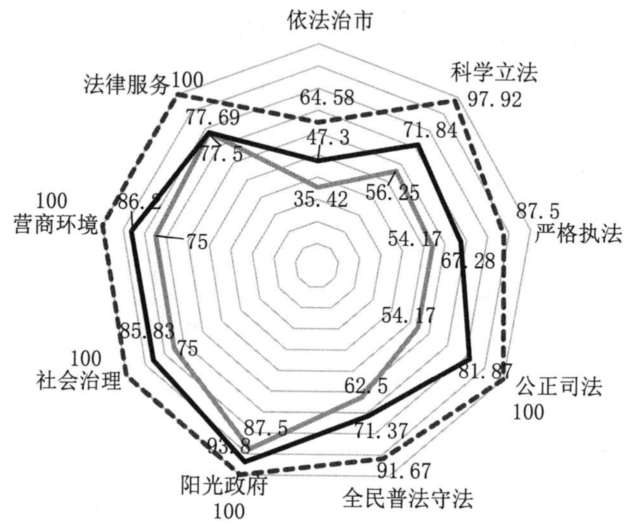

图 2-3-27　宣城市法治指数得分率与平均得分率和最高得分率比较

如图 2-3-27，在本次测评的 9 项一级指标中，宣城市所有指标得分率均低于平均水平，其中，“依法治市”“科学立法”“严格执法”“公正司法”“社会治理”和“营商环境”这 6 项指标得分率与平均水平相差较大，差距超过 10%，剩余的“法律服务”“阳光政府”和“全民普法守法”这 3 项指标与平均水平之间的差距相对较小。

第三部分
长江三角洲城市法治指数测评（2020 年度）
各城市分报告

一、上海市法治指数测评分报告

（一）测评数据

表 3-1-1　A1 依法治市分项得分表

二级指标	基础分项					项目分项			加分项			总分	27 个城市平均分
	B1	B2	B3	B4	B5	B6	B7	B8	B9	B10	B11		
分值	1	1	1	1	1	1	1	1	4			12	5.68
得分	1	1	1	1	1	0	0.5	0	1	0	1	7.5	

表 3-1-2　A2 科学立法分项得分表

二级指标	基础分项					项目分项			加分项					减分项	总分	27 个城市平均分
	B12	B13	B14	B15	B16	B17	B18	B19	B20	B21	B22	B23	B24	B25		
分值	1	1	1	1	1	1	1	1	4					2	12	8.62
得分	1	1	1	1	1	0.75	0.5	1	1	3	0	0	0	0	11.25	

表 3-1-3　A3 严格执法分项得分表

二级指标	基础分项					项目分项			加分项			减分项			总分	27 个城市平均分
	B26	B27	B28	B29	B30	B31	B32	B33	B34	B35	B36	B37	B38	B39		
分值	1.5	1	1	0.5	1	1	1	1	4			2			12	8.07
得分	1.5	0.75	1	0.5	1	1	1	1	0	3	0	0	0	−1	9.75	

表 3-1-4　A4 公正司法分项得分表

二级指标	基础分项					项目分项			加分项				减分项	总分	27 个城市平均分
	B40	B41	B42	B43	B44	B45	B46	B47	B48	B49	B50	B51	B52		
分值	1	1	1	1	1	1	1	1	4				2	12	9.82
得分	1	1	1	1	1	1	1	1	2	0	2	0	0	12	

表 3-1-5　A5 全民普法守法分项得分表

二级指标	基础分项					项目分项			加分项		减分项	总分	27 个城市平均分
	B53	B54	B55	B56	B57	B58	B59	B60	B61	B62	B63		
分值	1	1	1	1	1	1	1	1	4		2	12	8.56
得分	1	1	1	1	1	1	1	1	2	2	–2	10	

表 3-1-6　A6 阳光政府分项得分表

二级指标	基础分项					项目分项			加分项				减分项	总分	27 个城市平均分
	B64	B65	B66	B67	B68	B69	B70	B71	B72	B73	B74	B75	B76		
分值	1	1	1	1	1	1	1	1	2				2	10	9.38
得分	1	1	1	1	1	1	1	1	2	0.25（不计）	0	0.5（不计）	0	10	

表 3-1-7　A7 社会治理分项得分表

二级指标	基础分项					项目分项			加分项		减分项			总分	27 个城市平均分
	B77	B78	B79	B80	B81	B82	B83	B84	B85	B86	B87	B88	B89		
分值	1	1	1	1	1	1	1	1	2		2			10	8.58
得分	1	1	1	1	1	1	1	1	1	1	–1	0	0	9	

表 3-1-8　A8 营商环境分项得分表

二级指标	基础分项					项目分项			加分项		减分项		总分	27 个城市平均分
	B90	B91	B92	B93	B94	B95	B96	B97	B98	B99	B100	B101		
分值	1	1	1	1	1	1	1	1	2		2		10	8.62
得分	1	1	1	1	1	1	1	1	1	0	0	0	9	

表 3-1-9　A9 法律服务分项得分表

二级指标	基础分项					项目分项			加分项		减分项	总分	27 个城市平均分
	B102	B103	B104	B105	B106	B107	B108	B109	B110	B111	B112		
分值	1	1	1	1	1	1	1	1	2		2	10	7.77
得分	0.75	1	1	1	1	1	0.75	0.5	0	1	0	8	

（二）总体评价

上海市在此次长江三角洲城市法治指数测评中，总得分为86.5分，对应的等级为“A”，与27个城市的法治指数平均分（75.11分）相比，高出11.39分，为此次测评27个城市中的最高得分。总体表现为“优秀”。

（三）分项比较分析

测评结果显示，在9项一级指标中，上海市在所有一级指标中的得分均高于27个城市的平均水平。其中，“公正司法”获得满分12分，“阳光政府”获得满分10分；另外有多项一级指标高出平均分1分以上，“依法治市”得7.5分，高出平均分1.82分；“科学立法”得11.25分，高出平均分2.63分，为第二高得分；“严格执法”得9.75分，高出平均分1.68分；“全民普法守法”得10分，高出平均分1.44分，亦为第二高得分。其余一级指标中，“社会治理”得9分，高出平均分0.44分；“营商环境”得9分，高出平均分0.38分；“法律服务”得分为8分，高出平均分0.23分。通过分析上述数据也印证了，上海市在此次法治指数测评中总体水平较高，表现优秀。

（四）加分项分析

上海市在9项一级指标的加分项中均有得到加分的事项，共有得分项25项，得分23分。其中，“科学立法”“公正司法”和“全民普法守法”3项均得到满分4分；“阳光政府”“社会治理”2项亦得到满分2分，这5项得分都非常理想。此外，“严格执法”得到3分；“依法治市”得到2分；“营商环境”和“法律服务”2项各得到1分。

（1）在依法治市方面，上海市制定了全国首个疫情防控的地方性规范《关于全力做好当前新型冠状病毒感染肺炎疫情防控工作的决定》，为疫情防控提供了强有力的法律支撑。此外，上海市司法透明度在全国名列前茅，根据中国社会科学院法学研究所发布的《中国法治发展报告（2020）》，2019年度上海海事司法透明度指数排名第1，且已连续四年排名首位。

（2）在科学立法方面，上海市在公开发布的法规、规章年度立法计划外，还完成了《养老服务条例》《公共卫生应急管理条例》《铁路安全管理条例》《促进家庭农场发展条例》《专门委员会工作条例》等法规、规章（不包括2019年的遗留项目）；上海市发挥创新实力，颁布了多个全国首例的立法项目，如全国首部《会展业条例》、全国首个长江流域特定物种保护法规《中华鲟保护管理条例》、全国首个《促进家庭农场发展条例》，在《优化营商环境条例》中首创优化营商环境主体逐条逐款检查法；新华网文章报道了《上海市推进科技创新中心建设条例》的立法情况；此外，上海市在立法过程中建立了征求公众意见的反馈机制，助力科学民主立法。

（3）在严格执法方面，上海市共有黄浦区、徐汇区、浦东新区三个区获得"全国法治政府建设示范市（县、区）"的称号，另有长宁区的"深化'一照多址、一证多址'改革"、闵行区的"法治政府建设智慧监管"获得"全国法治政府建设示范项目"的称号，彰显了上海市严格执法的成效。

（4）在公正司法方面，上海宝山法院办理的"某驾校土地腾退案"入选最高人民法院"善意文明执行十大典型案例"；上海市黄浦区检察院办理的"王某某与区房管局房屋补偿安置纠纷制发检察建议案"入选最高人民检察院"2020年度十大行政检察典型案例"。此外，在司法工作中，上海市法院系统和检察院系统积极运用创新思维，上海法院智慧执行系统荣获全国"智慧法院十大创新案例"；上海市人民检察院探索邀请专门技术人员参与办案，并在全国率先出台相关实施意见，入选最高检首批检察改革典型案例。

（5）在全民普法守法方面，上海市突出普法形式创新，"融普法""融传播"被中央政法委两次专文报道；司法部点评上海"谁执法谁普法"履职评议活动中的"三大创新"可复制可推广；《中国法院报》推广了上海第一中级人民法院《欣法官》系列普法读本和普法活动。

（6）在阳光政府方面，上海市政府颁布《上海市重大行政决策目录管理办法》《上海市重大行政决策公众参与工作规则》《上海市重大行政决策咨询论证专家库管理办法》《上海市重大行政决策风险评估工作规则》《上海市重大行政决策合法性审查工作规则》贯彻落实重大行政决策公众参与、专家论证、风险评估、合法性审查机制，坚持完善公众参与、专家论证、风险评估、合法性审查、集体讨论决定程序。同时，上海市不断坚持完善政府政策解读制度，及时发布《上海市市级城市维护项目管理办法》《上海市无障碍环境建设与管理办法》等规章、规范性文件的政府官方解读，保证政策公开透明；在中国社会科学院法学研究所发布的《中国法治发展报告（2020）》中，上海市政府在“中国政府透明度”排名中位居第 2，上海市普陀区在市区政府中名列第 1，虹口区、浦东新区也名列前茅。

（7）在社会治理方面，上海市相关区政府推广落实的多个社会治理项目荣获国家级奖项，表明其社会治理创新卓有成效。上海市杨浦区人民政府殷行街道办事处的“PPP 主推上海市老旧社区非机动车库（棚）改造”项目、上海市静安区临汾路街道党工委的“上海街道社区数字化治理的临汾实践”入选 2020 年度全国市域社会治理创新优秀案例；上海市宝山区的“探索‘四治三融两平台’沉浸式治理绘就大都市近郊乡村和谐新画卷”入选 2020 年全国“创新社会治理典型优秀案例”。

（8）在营商环境方面，上海市在全国首创“电子营业执照和企业电子印章同步发放”制度，形成数字合力，进一步方便企业网上办事，助力打造上海营商环境。

（9）在法律服务方面，上海市积极推动仲裁业务对外开放政策落地见效，全国首家国际组织仲裁机构 WIPO 仲裁与调解上海中心（简称 WIPO 仲调上海中心）落地上海并实质化运作，在中国境内开展涉外知识产权争议案件的仲裁与调解业务。

（五）减分项分析

上海市的减分项共有两项，分别在“严格执法”和“全民普法守法”的指标中扣除。

（1）在“严格执法”中，由于不作为、乱作为（包括选择性执法）案件被曝光被减扣 1 分。新华网专文报道中提到中央环保督察组对上海环保执法工作的评价：“上海市生态环境保护工作取得显著成效，但一些区域污水排江问题突出。有的部门指导思想存在偏差，认为‘多一事不如少一事’；有的部门存在畏难情绪，在执法过程中患得患失，不敢动真碰硬，有时甚至‘睁只眼、闭只眼’，选择性执法施罚。”一方面，上海市的严格执法制度已经趋于完善，建立了行政执法三项制度和自由裁量制度；但另一方面，中央环保督察组在督察过程中所发现的问题也表明上海环保执法工作并没有将上海行政执法三项制度落实到位，严格执法的水平还有待进一步提高。

（2）在“全民普法守法”中，由于发生了在全国有影响的违法违纪案件被中央纪委监察委网站和全国性媒体报道，减扣 2 分。其中，中纪委通报了“上海虹桥商务区管委会开发建设处处长徐某某接受可能影响公正执行公务的旅游活动安排及宴请、违规收受礼品等问题”；中纪委网站转发了上海市纪委关于“徐汇区徐家汇街道住房保障和房屋管理所主任周某某违规接受管理服务对象宴请和礼金问题”和“普陀区劳动保障监察大队监察员刘某某、崔某某违规接受管理服务对象宴请和购物卡月饼券问题”的通报；另外，在 2020 年，上海市公安局局长龚某某涉嫌严重违纪违法，接受中央纪委国家监察委纪律审查和监察调查。一方面，党中央全力推进党风廉政建设和反腐败斗争，完善监督体系，一体推进不敢腐、不能腐、不想腐；但另一方面，上海市仍然存在违反中央八项规定精神问题、腐败和作风问题的案件，表明党风廉政建设依旧需要继续加强。

（六）主要短板与不足

从法治指数测评过程中获取的资料来看，尽管上海市在测评中获得十分优秀的成绩，但上海市的法治建设依然存在以下主要短板需要进一步改进：

（1）“依法治市”得 7.50 分，虽然名列 27 个城市的第 2，离 12 分的满分仍然存在较大差距，但在二级指标中，上海市存在 0 分项。数据显示的主要问题是：依法治市委员会的四个协调小组中，2020 年度的四个协调小组中没有任何一个小组召开过会议协调推进相关工作；地方性法规立法计划也没有体现出经由依法治市委员会和市委审议的相关信息；也并未有重大立法项目提交市委常委会审议的动态。

（2）“科学立法”得 11.25 分，反映出上海市立法工作总体情况优秀，但是立法工作仍然有不足之处。测评数据显示，上海市地方性法规和政府规章立法计划均未全部完成；未有举行立法听证会的信息。

（3）“严格执法”得 9.75 分。这项指标所反映的主要问题是：上海部分执法部门依旧存在选择性执法的违规现象。

（4）“全民普法守法”得10分。从测评数据来看，上海在全民普法上的工作很有成效，创新潜力得到了充分发挥，但是在上海市行政系统内发生了一些违法违纪事件，被中纪委网站通报，廉洁政府有待进一步建设，政府工作人员的守法水平有待进一步提升。

（5）“法律服务”得8分，略高于平均分。这项一级指标所反映的主要问题是：公共法律服务四级平台建设还有待进一步完善；法律顾问制度也有待健全和完善；法律服务进村居有待进一步推进。

（七）主要建议

针对上海市在此次法治指数测评中存在的短板，测评组提出如下建议：

（1）深入贯彻落实习近平法治思想，不断提升依法治市的能力水平。一是进一步加强党对立法工作的领导，将法规规章计划交由依法治市委员会或市委审议；二是发挥党统揽全局、协调各方的作用，进一步加强对依法治市委员会四个协调小组的工作指导和监督；进一步加强依法治市工作的制度创新，争取形成更多的上海模式、上海经验。

（2）坚持科学立法，进一步加强和改进立法工作，不断提高立法质量。要合理制定年度立法计划，保证立法计划能够顺利、保证质量地完成；加强对政府规章和规范性文件的备案审查；积极开展立法听证会、人大全会审议地方性法规等活动。

（3）严格规范公正文明执法，进一步提升行政执法水平。努力做到行政执法的刚柔相济，加强和规范环境执法工作，杜绝选择性执法，公平公正行使行政执法权。

（4）持续党风廉政建设，杜绝违反“八项精神”的行为现象。在推进全民普法守法的同时，政府官员应当做好表率作用，带头守法。

（5）健全完善法律服务体系建设，进一步提升法律服务水平。进一步完善公共法律服务四级平台建设；完善法律顾问制度；持续推进法律服务进村居，为基层群众提供多层次、专业化、便捷高效精准的公共法律服务。

二、南京市法治指数测评分报告

（一）测评数据

表 3-2-1　A1 依法治市分项得分表

二级指标	基础分项					项目分项			加分项			总分	27个城市平均分
	B1	B2	B3	B4	B5	B6	B7	B8	B9	B10	B11		
分值	1	1	1	1	1	1	1	1	4			12	5.68
得分	1	1	1	1	0.75	0	1	0	0	1	0	6.75	

表 3-2-2　A2 科学立法分项得分表

二级指标	基础分项					项目分项			加分项					减分项	总分	27个城市平均分
	B12	B13	B14	B15	B16	B17	B18	B19	B20	B21	B22	B23	B24	B25		
分值	1	1	1	1	1	1	1	1	4					2	12	8.62
得分	1	1	1	0.75	1	1	1	1	0	1	1	1	1	0	11.75	

表 3-2-3　A3 严格执法分项得分表

二级指标	基础分项					项目分项			加分项			减分项			总分	27个城市平均分
	B26	B27	B28	B29	B30	B31	B32	B33	B34	B35	B36	B37	B38	B39		
分值	1.5	1	1	0.5	1	1	1	1	4			2			12	8.07
得分	1.5	1	1	0.5	1	1	1	1	0	0	0	-1	0	0	7	

表 3-2-4　A4 公正司法分项得分表

二级指标	基础分项					项目分项			加分项				减分项	总分	27个城市平均分
	B40	B41	B42	B43	B44	B45	B46	B47	B48	B49	B50	B51	B52		
分值	1	1	1	1	1	1	1	1	4				2	12	9.82
得分	1	1	1	1	1	1	1	1	3	0	0	1	0	12	

表 3-2-5　A5 全民普法守法分项得分表

二级指标	基础分项					项目分项			加分项		减分项	总分	27 个城市平均分
	B53	B54	B55	B56	B57	B58	B59	B60	B61	B62	B63		
分值	1	1	1	1	1	1	1	1	4		2	12	8.56
得分	1	1	1	1	1	1	1	1	0	1	0	9	

表 3-2-6　A6 阳光政府分项得分表

二级指标	基础分项					项目分项			加分项				减分项	总分	27 个城市平均分
	B64	B65	B66	B67	B68	B69	B70	B71	B72	B73	B74	B75	B76		
分值	1	1	1	1	1	1	1	1	2				2	10	9.38
得分	1	1	1	1	1	1	1	1	1.5	0.5	0	0	0	10	

表 3-2-7　A7 社会治理分项得分表

二级指标	基础分项					项目分项			加分项		减分项			总分	27 个城市平均分
	B77	B78	B79	B80	B81	B82	B83	B84	B85	B86	B87	B88	B89		
分值	1	1	1	1	1	1	1	1	2		2			10	8.58
得分	1	1	1	1	1	1	1	1	1	1	0	0	–1	9	

表 3-2-8　A8 营商环境分项得分表

二级指标	基础分项					项目分项			加分项		减分项		总分	27 个城市平均分
	B90	B91	B92	B93	B94	B95	B96	B97	B98	B99	B100	B101		
分值	1	1	1	1	1	1	1	1	2		2		10	8.62
得分	1	1	1	0.5	1	1	1	1	0	0	0	0	7.5	

表 3-2-9　A9 法律服务分项得分表

二级指标	基础分项					项目分项			加分项		减分项	总分	27 个城市平均分
	B102	B103	B104	B105	B106	B107	B108	B109	B110	B111	B112		
分值	1	1	1	1	1	1	1	1	2		2	10	7.77
得分	0.75	1	1	1	1	1	0.75	0.5	0	0	0	7	

（二）总体评价

南京市在此次长江三角洲城市法治指数测评中，总得分为80分，对应的等级为“A-”，总体表现为“优秀”。与27个城市的法治指数平均分（75.11分）相比，高出4.89分。

（三）分项比较分析

测评结果显示，在9项一级指标中，南京市在“依法治市”“科学立法”“公正司法”“全民普法守法”“阳光政府”“社会治理”等6项一级指标中的得分高于27个城市的平均水平。其中，“公正司法”与“阳光政府”两项更是得到满分的成绩，分别高出平均分2.18分、0.62分。此外，“依法治市”得6.75分，高出平均分1.07分；“科学立法”得11.75分，高出平均分3.13分；“全民普法守法”得9分，高出平均分0.44分；“社会治理”得9分，高出平均分0.42分。通过分析上述数据可见，该6项一级指标总体表现较好。

除上述6项一级指标外，其余3项一级指标的得分均低于27个城市法治指数的平均水平。其中，“严格执法”得7分，低出平均分1.07分；“营商环境”得7.5分，低出平均分1.12分；“法律服务”得7分，低出平均分0.77分。通过分析上述数据可见，“法律服务”一项一级指标得分与平均分差距不大，在1分以内；而“严格执法”“营商环境”两项一级指标得分与平均分差距较大，均超过了1分，得分在27个城市中均处于下游。

（四）加分项分析

南京市在9项一级指标的加分项中共得到14分，涉及6项一级指标。其中，“科学立法”“公正司法”两项得到满分4分；“阳光政府”“社会治理”两项也都拿到满分2分。“依法治市”得1分，“全民普法守法”得到1分。“严格执法”“营商环境”“法律服务”3项一级指标没有加分项得分。

（1）在依法治市方面，南京市“优化法治化营商环境”实践获评全国第一批法治政府建设示范项目。

（2）在科学立法方面，《南京市社会治理促进条例》是全国首创的关于城市治理方面的地方立法；南京市人大常委会在《南京市生活垃圾管理条例》立法过程中举行了本届人大的首次立法听证会，增强立法的科学性和民主性；在立法过程中建立了公众征求意见反馈机制；南京市制定《南京市社会信用条例》奖励诚信惩戒失信，被《人民日报》重点宣传。

（3）在公正司法方面，南京全市检察机关共计 9 件案件入选高检院指导性案例、典型案例，创下历史新高。

（4）在全民普法守法方面，南京市江宁区坚持以人民为中心的发展思想和创新驱动发展战略，建强社会治安防控体系，积极回应人民群众新期待，提高社会服务治理能力，群众对江宁区社会治安满意度为 98.7%，连续三年获评南京市平安、法治建设先进街镇，连续两年在全市幸福满意度测评中排名第 1，受到中央媒体的重点宣传。

（5）在阳光政府方面，南京市政府有效落实重大行政决策程序，公众参与、专家论证、风险评估、合法性审查和集体讨论决定五大程序 100% 落实；建立健全规范性文件、政策解读机制。

（6）在社会治理方面，南京市探索市域社会治理现代化的创新项目受到新华网重点宣传；南京市建邺区探索“发现即治理　治理全闭环”的智慧执法新模式获全国市域社会治理创新优秀案例。

（五）减分项分析

南京市共有两项减分项扣分情况，“严格执法”中被减扣 1 分，因为南京市行政行为被复议纠错率为 30%，高于全国平均水平[①]；“社会治理”中被减扣 1 分，因为 2020 年 11 月 04 日建邺区某工地发生火灾，属于较大社会安全事故。

（六）主要短板与不足

从法治指数测评过程中获取的资料来看，南京市法治建设存在以下主要短板：

（1）“依法治市”得 6.75 分，在 9 项一级指标中得分最低。这项指标所反映的主要问题是：推动、协调各县区依法治区（县）工作方面的力度有待进一步加强；依法治市委员会的四个协调小组 2020 年度没有开展工作的相关信息；没有重大立法项目提交市委常委会审议的相关工作信息。

（2）“严格执法”得 7 分，在 27 个城市的纵向比较中处于下游水平。这

① 由于 2020 年全国复议纠错率还没有公布统计数据，测评组选取了 2019 年的全国复议纠错率作为对照，2019 年全国平均复议纠错率为 16%。

项指标所反映的主要问题是：执法创新举措有待进一步挖掘；行政行为被复议综合纠错率为30%，高于全国平均水平。

（3）“营商环境”得7.5分，低于平均分1.12分，在27个城市中得分处于下游水平。这项一级指标所反映的主要问题是：行业协会的作用没有得到充分发挥；优化营商环境方面的制度创新空间有待进一步发掘。

（4）“法律服务”得7分，在27个城市中处于下游水平。这项一级指标所反映的主要问题是：公共法律服务四级平台还有待进一步建立健全；法律顾问制度还有待进一步完善；法律服务进村居活动开展还不够充分。

（七）主要建议

针对南京市在此次法治指数测评中存在的短板，测评组提出如下建议：

（1）深入贯彻落实习近平法治思想，不断提升依法治市的能力水平。一是加强党对依法治市工作的领导，进一步推动各县区依法治市（县）协调工作；二是发挥党统揽全局、协调各方的作用，探索加强对依法治市委员会四个协调小组的工作指导和监督，让立法、执法、司法、普法守法四个协调小组发挥自己应有的作用；三是加强党对立法工作的领导，健全立法机制，重大立法项目提交市委常委会审议。

（2）坚持严格执法，提升行政执法水平。一是创新执法模式，提高执法效能，积极打造全省乃至全国首创的法治政府建设项目；二是针对行政行为被复议纠错率较高的情况，建议加大对行政执法人员的业务培训力度，提高执法人员的素质，提升依法行政的能力和水平。

（3）持续优化营商环境，更好服务市场主体。一是发挥行业协会的作用，推动政府职能转变，促进市场经济繁荣发展；二是加大优化营商环境方面的政策力度，加强创新实践，激发市场活力和社会创造力。

（4）健全完善法律服务体系建设，进一步提升法律服务水平。一是加强公共法律服务四级平台建设；二是进一步完善法律顾问制度，充分发挥法律顾问的积极作用；三是持续推进法律服务进村居，切实满足基层组织和广大人民群众日益增长的法律服务需求。

三、无锡市法治指数测评分报告

（一）测评数据

表 3-3-1　A1 依法治市分项得分表

二级指标	基础分项					项目分项			加分项			总分	27 个城市平均分
	B1	B2	B3	B4	B5	B6	B7	B8	B9	B10	B11		
分值	1	1	1	1	1	1	1	1	4			12	5.68
得分	1	1	0.5	0.5	0.75	1	0.5	1	0	0	0	6.25	

表 3-3-2　A2 科学立法分项得分表

二级指标	基础分项					项目分项			加分项					减分项	总分	27 个城市平均分
	B12	B13	B14	B15	B16	B17	B18	B19	B20	B21	B22	B23	B24	B25		
分值	1	1	1	1	1	1	1	1	4					2	12	8.62
得分	1	1	1	0.5	1	0.75	0.5	1	0	1	1	0	0	0	8.75	

表 3-3-3　A3 严格执法分项得分表

二级指标	基础分项					项目分项			加分项			减分项			总分	27 个城市平均分
	B26	B27	B28	B29	B30	B31	B32	B33	B34	B35	B36	B37	B38	B39		
分值	1.5	1	1	0.5	1	1	1	1	4			2			12	8.07
得分	1.5	1	1	0.25	1	1	1	1	0	0.5	0	−1	0	0	7.25	

表 3-3-4　A4 公正司法分项得分表

二级指标	基础分项					项目分项			加分项				减分项	总分	27 个城市平均分
	B40	B41	B42	B43	B44	B45	B46	B47	B48	B49	B50	B51	B52		
分值	1	1	1	1	1	1	1	1	4				2	12	9.82
得分	1	1	1	1	1	1	0.5	1	4	0	0	1（不计）	0	11.5	

表 3-3-5　A5 全民普法守法分项得分表

二级指标	基础分项					项目分项			加分项		减分项	总分	27 个城市平均分
	B53	B54	B55	B56	B57	B58	B59	B60	B61	B62	B63		
分值	1	1	1	1	1	1	1	1	4		2	12	8.56
得分	1	1	1	1	1	1	1	1	0	1	0	9	

表 3-3-6　A6 阳光政府分项得分表

二级指标	基础分项					项目分项			加分项				减分项	总分	27 个城市平均分
	B64	B65	B66	B67	B68	B69	B70	B71	B72	B73	B74	B75	B76		
分值	1	1	1	1	1	1	1	1	2				2	10	9.38
得分	1	1	1	1	1	0.5	1	1	1.5	0.5	0	0	0	9.5	

表 3-3-7　A7 社会治理分项得分表

二级指标	基础分项					项目分项			加分项		减分项			总分	27 个城市平均分
	B77	B78	B79	B80	B81	B82	B83	B84	B85	B86	B87	B88	B89		
分值	1	1	1	1	1	1	1	1	2		2			10	8.58
得分	1	1	1	1	1	1	1	0.5	0.5	1	0	0	0	9	

表 3-3-8　A8 营商环境分项得分表

二级指标	基础分项					项目分项			加分项		减分项		总分	27 个城市平均分
	B90	B91	B92	B93	B94	B95	B96	B97	B98	B99	B100	B101		
分值	1	1	1	1	1	1	1	1	2		2		10	8.62
得分	1	1	1	1	1	1	1	1	1	1	0	0	10	

表 3-3-9　A9 法律服务分项得分表

二级指标	基础分项					项目分项			加分项		减分项	总分	27 个城市平均分
	B102	B103	B104	B105	B106	B107	B108	B109	B110	B111	B112		
分值	1	1	1	1	1	1	1	1	2		2	10	7.77
得分	1	1	1	1	1	1	1	1	0	1	0	9	

（二）总体评价

无锡市在此次长江三角洲城市法治指数测评中，总得分为80.25分，对应的等级为“A–”，法治指数总分高出27个城市的法治指数平均分（75.11分）5.14分。总体表现为“优秀”。

（三）分项比较分析

测评结果显示，在9项一级指标中，除“严格执法”外，无锡市在“依法治市”“科学立法”“公正司法”“全民普法守法”“阳光政府”“社会治理”“营商环境”“法律服务”等8项一级指标中的得分均高于27个城市的平均水平。其中，“营商环境”得分为满分10分，高于平均分1.38分；“依法治市”得6.25分，高于平均分0.57分；“科学立法”得8.75分，高于平均分0.13分；“公正司法”得11.5分（满分为12分），高于平均分1.68分；“全民普法守法”得9分，高于平均分0.44分；“阳光政府”得9.5分（满分为10分），高于平均分0.12分；“社会治理”得9分，高于平均分0.42分；“法律服务”得9分，高于平均分1.23分。通过分析上述数据可见，无锡市在法治建设方面总体上表现优秀。

除上述8项一级指标外，无锡市仅有1项一级指标的得分低于27个城市法治指数的平均水平。其“严格执法”一项得7.25分，低于平均分0.82分。通过分析该数据可见，“严格执法”一级指标得分虽低于平均分，但与平均分差距较小，未超过1分，得分在27个城市中处于中下游。

（四）加分项分析

无锡市在9项一级指标加分项中，除“依法治市”外，其他8项一级指标均有加分事项，共有得分事项17项，得14分。其中“公正司法”得到满分4分，“阳光政府”和“营商环境”两项均得到满分2分，这3项得分都较为出色；此外，“科学立法”得2分；“严格执法”得0.5分；“全民普法守法”得1分；“社会治理”得1.5分；“法律服务”得到1分。

（1）在“科学立法”方面，无锡市制定并出台的《无锡市公共数据管理办法》为全国首个地市级公共数据管理办法。此外，无锡市积极开展立法听证，就《无锡市房屋租赁管理办法（草案）》举行立法听证会，这在设区的市中并不多见。

（2）在“严格执法”方面，“无锡依法推动锡东电厂复工运营破解垃圾围城难题”获评江苏省“十大法治事件”之一。

（3）在“公正司法”方面，无锡市新吴区检察院办理的邓秋城、双善食品（厦门）有限公司等销售假冒注册商标的商品案，入选最高人民检察院第二十六批指导性案例。无锡市新吴区检察院办理的无锡 F 警用器材公司虚开增值税专用发票案，成功入选最高检的指导性案例。无锡市滨湖区检察院办理的江苏某金属制品有限公司等 17 家企业环境违法行政处罚非诉执行监督系列案入选最高人民检察院典型案例。江阴市检察院办理的长江江滩生态环境保护行政公益诉讼案入选检察机关服务保障长江经济带发展典型案例（第三批）。在《法治蓝皮书》发布的 2019 年中国检务透明度评估结果中，无锡市检察机关在所有被评估对象里排名第 2。

（4）在“全民普法守法”方面，人民网重点报道了无锡市的网信普法活动，该活动以“法治新时代 清朗 e 空间”为主题，以《网络安全法》《儿童个人信息网络保护规定》《网络信息内容生态治理规定》等法律法规为重点，共 16 项重点活动，结合网信普法进机关、进网站、进企业、进校园、进社区等“五进”系列活动，以基地普法 e 家园、网络普法 e 起行、校园普法 e 课堂、科技普法 e 空间为重点项目，充分利用网站、公众号、直播平台、户外楼宇展示屏、微信朋友圈、微博话题等多种传播渠道，邀请网红、大伽、大 V 等，充分展示舞台剧、班队课、短视频、大讲堂、主题餐厅，编撰网信普法绘本扩大网上普法互动形式，密切网上网下联系，共同打造网信普法阵地，营造无锡清朗网络空间。

（5）在“阳光政府”方面，无锡市大力推进行政决策科学法治化。强化行政决策规范化建设，健全重大行政决策全过程记录、材料归档和档案管理制度，全面落实《无锡市重大行政决策程序规定》《无锡市规范性文件和重大行政决策合法性审查程序规定》等政策要求，严格执行公众参与、专家论证、风险评估、合法性审查、集体讨论决定等重大行政决策程序，确保决策制度科学、程序正当、过程公开、责任明确，推进依法科学民主决策。2020 年度，无锡重大行政决策集体讨论率、合法性审查率达到 100%。此外，无锡市还严格落实规范性文件、政策解读制度。

（6）在“社会治理”方面，无锡市委政法委在全省率先研究出台《无锡市创新网格化社会治理机制“以奖代补”实施办法》，市财政年度安排400万专项经费，对全市8个网格化治理优秀镇（街道）、106个村（社区）实施“以奖代补”，并命名100名“无锡市最美网格员”，树立典型示范作用。认真组织参加“江苏十大最美网格员”评选，新吴区陈玥、滨湖区王星越分获“江苏十大最美网格员”和提名奖。对“网格创建优秀村（社区）”党组织书记和有关专职网格员建立名录，报备组织、人社部门。锡山区建立网格化治理“两办法三挂钩”考核机制，与高质量发展考核、村书记进编提拔、网格员待遇晋升挂钩，完善了网格工作激励机制。此外，无锡市新吴区硕放街道吉祥社区居民委员会还获评2020年全国市域社会治理创新优秀案例。

（7）在“营商环境”方面，无锡首创省内公共信用评价报告一站式服务模式；作为政务服务改革试点城市，无锡在江苏省内首创“电子营业执照”作为打开社会法人公共信用评价报告的唯一实名认证方式。通过上线“电子营业执照+申领信用报告”应用场景，无锡的广大企业可以足不出户获得自己的“社会法人公共信用评价报告”，并凭此参与到项目招投标、评先评优及资金申报等业务办理。此外，新华网重点宣传了无锡在2019年度全省营商环境评价中排名第一，中国城市营商环境报告中名列经济活跃城市第4，入选全国万家民企评价营商环境十佳城市，入选2019年中国企业、中国制造业、中国服务业500强三个榜单的企业数量排名江苏第1等构建良好营商环境过程中所获得的佳绩。

（8）在“法律服务”方面，《法治日报》重点报道了无锡市建立的“一带一路”法律服务中心的经验。

（五）减分项分析

在减分项方面，无锡市仅在“严格执法”一项指标下有所扣分。无锡市2020年行政复议案件综合纠错率38.8%，明显高于全国平均水平。需要说明的是，行政复议纠错率高，一方面体现出通过行政复议实现了行政系统内部的自我纠错，自我纠错体系运转良好。但另一方面，被纠错率高于全国水平也反映出在行政执法领域仍然存在短板和不足，依法行政的水平还有待进一步提高。[①]

（六）主要短板与不足

从法治指数测评过程中获取的资料来看，无锡市法治建设存在以下主要短板：

（1）“依法治市”得 6.25 分，在 9 个一级指标中得分最低。这项指标所反映的主要问题是：未公布立法计划项目；依法治市督查工作中缺少全面督查项目；依法治区工作推动中缺少市级层面协调；法规立法计划审议过程中缺少依法治市委员会或市委参与；在依法治市方面，制度创新和改革不够，没有形成在面上有影响或者可供其他地区学习借鉴的经验做法。

（2）“科学立法”得 8.75 分，在 27 个城市中处于中游。这项指标所反映的主要问题是：法规规章立法后缺少新闻发布会机制。

（3）“严格执法”得 7.25 分，低于平均分 0.82 分。这项指标所反映的主要问题是：自由裁量制度还有待进一步推进和完善；行政行为被复议纠错率高于全国平均水平。

（4）“公正司法”得 11.5 分，接近满分，显示出无锡市公正司法方面各项工作开展良好，但并非不存在问题。这项指标所反映的主要问题是：行政机关负责人出庭应诉制度虽有建立，但出庭应诉率仍相对较低。

（5）“阳光政府”得 9.5 分，同样在部分方面存在问题。这项指标所反映的主要问题是：重大行政决策事项目录及公示制度在 2020 年度未有执行信息；缺少司法所建设的措施落地相关信息。

（七）主要建议

针对无锡市在此次法治指数测评中存在的短板，测评组提出如下建议：

（1）深入贯彻落实习近平法治思想，不断提升依法治市的能力水平。一是进一步加强党对立法工作的领导，及时向社会公开地方性法规立法计划，增强立法工作的透明度和公众参与度；二是发挥党统揽全局、协调各方的作用，在依法治市督查工作中，探索结合开展专项督查、全面督查等各项具体

① 由于 2020 年全国复议纠错率还没有公布统计数据，测评组选取了 2019 年的全国复议纠错率作为对照，2019 年全国平均复议纠错率为 16%

措施；三是进一步加强协调、推动各区县的依法治理工作，提高整体的依法治理水平；四是注重依法治市工作的制度创新与改革，力争形成更多能为其他地区学习借鉴的“无锡模式”和“无锡经验”。

（2）坚持科学立法，不断提高立法精细化水平。加强对政府规章和规范性文件的备案审查力度；进一步加强和完善立法工作后的新闻发布会制度，及时、准确、全面向广大人民群众传递立法信息、立法精神、立法举措。

（3）严格规范公正文明执法，进一步提升行政执法水平。一是进一步完善自由裁量基准制度，确保严格规范执法；二是针对行政行为被复议纠错率较高的情况，建议加大对行政执法人员的业务培训力度，不断提高执法人员的办案能力和水平。同时，本次测评检索过程中并未找到有关直接复议纠错率的数据信息，仅有综合纠错率，希望今后进行信息披露时可以分别进行统计。

（4）大力推动公正司法各项制度落在实处，进一步加强司法责任制推进，注重行政机关负责人出庭应诉制度的实际操作，着力提升行政机关负责人出庭应诉率。

（5）加强阳光政府建设，进一步强化重大事项决策公开、透明，注重重大行政决策事项目录及其公示制度的实际执行，不至空设；完善健全新式司法所建设，真正发挥法律参谋助手作用。

四、常州市法治指数测评分报告

（一）测评数据

表 3-4-1　A1 依法治市分项得分表

<table>
<tr><th rowspan="2">二级指标</th><th colspan="5">基础分项</th><th colspan="3">项目分项</th><th colspan="3">加分项</th><th rowspan="2">总分</th><th rowspan="2">27个城市平均分</th></tr>
<tr><th>B1</th><th>B2</th><th>B3</th><th>B4</th><th>B5</th><th>B6</th><th>B7</th><th>B8</th><th>B9</th><th>B10</th><th>B11</th></tr>
<tr><td>分值</td><td>1</td><td>1</td><td>1</td><td>1</td><td>1</td><td>1</td><td>1</td><td>1</td><td colspan="3">4</td><td>12</td><td rowspan="2">5.68</td></tr>
<tr><td>得分</td><td>1</td><td>1</td><td>1</td><td>0.75</td><td>0.5</td><td>0.75</td><td>0.5</td><td>0</td><td>0</td><td>0</td><td>0</td><td>5.5</td></tr>
</table>

表 3-4-2　A2 科学立法分项得分表

二级指标	基础分项					项目分项			加分项					减分项	总分	27 个城市平均分
	B12	B13	B14	B15	B16	B17	B18	B19	B20	B21	B22	B23	B24	B25		
分值	1	1	1	1	1	1	1	1	4					2	12	8.62
得分	1	0.5	1	1	1	1	1	1	1	0	0	0.5	1	0	10	

表 3-4-3　A3 严格执法分项得分表

二级指标	基础分项					项目分项			加分项			减分项			总分	27 个城市平均分
	B26	B27	B28	B29	B30	B31	B32	B33	B34	B35	B36	B37	B38	B39		
分值	1.5	1	1	0.5	1	1	1	1	4			2			12	8.07
得分	1.5	1	1	0.5	1	1	1	1	0.5	0	0	0	0	0	8.5	

表 3-4-4　A4 公正司法分项得分表

二级指标	基础分项					项目分项			加分项				减分项	总分	27 个城市平均分
	B40	B41	B42	B43	B44	B45	B46	B47	B48	B49	B50	B51	B52		
分值	1	1	1	1	1	1	1	1	4				2	12	9.82
得分	1	1	1	1	1	1	1	1	4	0		0	0	12	

表 3-4-5　A5 全民普法守法分项得分表

二级指标	基础分项					项目分项			加分项		减分项	总分	27 个城市平均分
	B53	B54	B55	B56	B57	B58	B59	B60	B61	B62	B63		
分值	1	1	1	1	1	1	1	1	4		2	12	8.56
得分	1	1	1	1	1	1	1	1	0.5	1	0	9.5	

表 3-4-6　A6 阳光政府分项得分表

二级指标	基础分项					项目分项			加分项				减分项	总分	27 个城市平均分
	B64	B65	B66	B67	B68	B69	B70	B71	B72	B73	B74	B75	B76		
分值	1	1	1	1	1	1	1	1	2				2	10	9.38
得分	1	1	0.5	1	1	1	1	1	0.5	0.5	0	0	0	8.5	

表 3-4-7　A7 社会治理分项得分表

二级指标	基础分项					项目分项			加分项		减分项			总分	27 个城市平均分
	B77	B78	B79	B80	B81	B82	B83	B84	B85	B86	B87	B88	B89		
分值	1	1	1	1	1	1	1	1	2		2			10	8.58
得分	1	1	1	1	1	1	1	1	1	0	0	0	0	9	

表 3-4-8　A8 营商环境分项得分表

二级指标	基础分项					项目分项			加分项		减分项		总分	27 个城市平均分
	B90	B91	B92	B93	B94	B95	B96	B97	B98	B99	B100	B101		
分值	1	1	1	1	1	1	1	1	2		2		10	8.62
得分	1	1	1	1	1	1	1	1	0.5	1	0	0	9.5	

表 3-4-9　A9 法律服务分项得分表

二级指标	基础分项					项目分项			加分项		减分项	总分	27 个城市平均分
	B102	B103	B104	B105	B106	B107	B108	B109	B110	B111	B112		
分值	1	1	1	1	1	1	1	1	2		2	10	7.77
得分	1	1	1	0.5	1	1	0.75	0.5	1	1	0	8.75	

（二）总体评价

常州市在此次长江三角洲城市法治指数测评中，总得分为 81.25 分，对应的等级为“A–”，与 27 个城市的法治指数平均分（75.11 分）相比高出 6.14 分。总体表现为“优秀”。

（三）分项比较分析

测评结果显示，在 9 项一级指标中，常州市除“依法治市”“阳光政府”2 项外，在其余 7 项一级指标中的得分均高于 27 个城市的平均水平。其中，“公正司法”得分为满分 12 分，高出平均分 2.18 分；“科学立法”得分为 10 分，高于平均分 1.38 分；“严格执法”得分为 8.5，高出平均分 0.43 分；“全民普法守法”得分 9.5 分，高出平均分 0.94 分；“社会治理”得分 9，高出平均分 0.42 分；“营商环境”得分 9.5，高出平均分 0.88；“法律服务”得分 8.75，高出平均分 0.98 分，通过分析上述数据可见，常州市的法治建设总体表现优秀。

其余2项得分低于27个城市法治指数平均水平的一级指标中，“依法治市”得分5.5分，低于平均分0.18分；“阳光政府”得分8.5分，低于平均分0.88分。通过上述数据可见，“依法治市”得分与平均分差距不大，“阳光政府”得分稍有差距，值得分析。两项得分均在27个城市中处于中游。

（四）加分项分析

常州市在9项一级指标加分项中共有17项得分，得分14分，除“依法治市”没有得到加分外，其他8项一级指标均有加分的事项。其中“公正司法”得满分4分，“法律服务”得满分2分，“科学立法”得2.5分，“营商环境”得1.5分（满分2分），这四项得分比较理想。此外，“严格执法”得0.5分，“全民普法守法”得1.5分，“阳光政府”得1分，“社会治理”得1分。

（1）在科学立法方面，常州市政府充分运用地方立法权，在规章年度立法计划外还完成了《常州市人民政府规章制定程序规定》《常州市测绘地理信息管理办法》《常州市人民政府关于加强户外广告设施设置管理的决定》等3件政府规章；为了给常州市焦溪古镇提供更加具体的、更有针对性的法律保护，常州市制定《常州市焦溪古镇保护条例》以专门规范焦溪古镇规划、保护、利用和管理等事项，该地方性法规被新华网宣传报道；此外，常州市在制定《常州市城市绿化条例》《常州市焦溪古镇保护条例》的过程中建立和完善了征求公众意见的反馈机制。

（2）在严格执法方面，常州经开区解决城市管理执法“盲区”问题，针对施工扰民、无照经营等违法活动，从多头执法、交叉执法转变为单一执法、综合执法，一支队伍管到底，有效破解执法“盲区”，被新华网宣传报道。

（3）在公正司法方面，常州市人民检察机关办理的李某某等“套路贷”虚假诉讼案入选最高检第二十三批指导性案例；常州市中级人民法院《驾照考试考场安全员在职务犯罪中的身份认定——李某受贿案》等7篇案例成功入选《中国法院2020年度案例》；常州市法院系统推出“分调裁审”深化改革工程，创造性地将改革任务分解为民事、刑事、行政、执行四大领域进行协同推进，从“分、调、裁、审＋执行”五个维度构造全流程，提高矛盾纠纷化解质效。

（4）在全民普法守法方面，常州市打造普法新高地，继续提升“民警李建国”“阿汤哥说防范”等普法品牌社会影响力，创作微视频69部，点击量突破8.2亿，其中防范微视频《看不见的恋人》全网点击量突破1000万。“阿汤说”“民警李建国”系列微视频获全省政法优秀新闻作品奖。常州法宣办联合市妇联不断创新普法形式，打造家庭普法“三创”新模式，包括创新漫画说法、创新云端释法、创新普法竞赛。常州市法治教育开创“云直播”新模式，被中国普法网重点宣传。

（5）在阳光政府方面，常州市为进一步提高重大决策社会稳定风险评估工作的科学化、专业化、规范化、社会化水平，向社会公开征集常州市重大决策社会稳定风险评估第三方机构；建立了完备的政策文件解读机制，通过市政府官方网站政府信息公开专栏即可查阅。

（6）在社会治理方面，常州市“守护最美芳华护航平安逐梦”项目入选由人民网和中共中央党校（国家行政学院）社会和生态文明部联合主办的2020年全国“创新社会治理典型案例”。

（7）在营商环境方面，常州市创新创业服务平台获评国家中小企业公共服务示范平台；常州市出台打造一流营商环境三年行动计划被《新华网》宣传报道。

（8）在法律服务方面，常州市钟楼区设立区“一带一路”法律服务中心，为破解时代难题、化解风险挑战、实现合作共赢提供法治力量，被新华网宣传；此外，常州市建立全国首个非公经济法治护航中心，为非公经济提供菜单式一站式全生命周期服务，深受民营企业喜欢，被《人民日报》宣传报道。

（五）减分项分析

常州市无减分项。

（六）主要短板与不足

从法治指数测评过程中获取的资料来看，常州市法治建设存在以下主要短板：

（1）“依法治市”得5.5分，在9项一级指标中得分最低，也低于平均水平，离满分12分的差距就更加明显。这项指标中所反映的主要问题是：推动、协调各县区依法治区（县）工作方面的力度不够；依法治市委员会的四个协调小组中，2020年度守法普法协调小组没有工作动态等方面的相关信息；在党领导立法方面，市政府规章的年度立法计划经市委常委会批准，但没有查询到依法治市委员会或者市委常委会对地方性法规年度立法计划进行审议的相关信息；重大立法项目提交市委常委会审议的情况亦未见相关信息。还有较为明显的不足是，没有在制度创新方面取得突破，成为唯一一个没有得到加分的项目，这是有待提高的。

（2）“科学立法”得10分，反映出常州市立法工作总体情况较好，但是立法工作仍然有提升和完善空间。测评数据显示，政府规章的人大备案审查制度有待加强；政府规章的解读机制还有待完善。

（3）“阳光政府”得8.5分，低于平均分0.88分，也是常州市与平均分相比差距最大的一个项目。这项一级指标所反映的主要问题是：政府信息依申请公开率有待进一步提高，数据显示，全市各级行政机关累计受理政府信息公开申请2114件，其中予以公开及部分公开1004件，占47.5%；不予公开54件，占2.5%；因本机关不掌握等原因无法提供771件，占36.5%；不予处理146件，占6.9%；其他处理139件，占6.6%。

（4）“法律服务”得8.75分，高出平均分0.98分，反映出常州市法律服务工作总体情况较好，但在部分具体的工作中仍然有提升空间：法律顾问、司法鉴定制度有待进一步完善；法律服务进村居有待进一步推进。

（七）主要建议

针对常州市在此次法治指数测评中存在的短板，测评组提出如下建议：

（1）深入贯彻落实习近平法治思想，不断提升依法治市的能力水平。一是充分发挥党领导立法的作用，建立健全依法治市委员会对法规规章年度立法计划项目以及市委常委会对重大立法项目的审议制度；二是发挥党统揽全局、协调各方的作用，探索加强对依法治市委员会四个协调小组的工作指导和监督；三是进一步协调、推动各区县的依法治理工作，提高整体的依法治理水平。

（2）坚持科学立法，进一步加强和改进立法工作。完善立法工作机制，建立健全政府规章和规范性文件的人大备案审查制度，加强人大对立法工作的主导作用，不断提升立法质量。

（3）坚持以民为本，执政为民，继续打造公开透明的“阳光政府”。进一步推进政务公开，提升政府信息依申请公开率，以便接受群众监督，为群众提供更加优质的服务，确保权力在阳光下运行。

（4）健全完善法律服务体系，进一步提升法律服务水平。一是深化法律顾问制度改革，加强法律顾问工作和制度建设，发挥法律顾问在经济社会发展和法治建设中的作用；二是创新发展司法鉴定工作，提升司法鉴定质量和社会公信力；三是持续推进法律服务进村居，为基层群众提供多层次、专业化、便捷高效精准的公共法律服务。

五、苏州市法治指数测评分报告

（一）测评数据

表 3-5-1 A1 依法治市分项得分表

二级指标	基础分项					项目分项			加分项			总分	27个城市平均分
	B1	B2	B3	B4	B5	B6	B7	B8	B9	B10	B11		
分值	1	1	1	1	1	1	1	1		4		12	5.68
得分	1	1	1	1	0.5	0.5	0	0	0	0	0	5	

表 3-5-2 A2 科学立法分项得分表

二级指标	基础分项					项目分项			加分项					减分项	总分	27个城市平均分
	B12	B13	B14	B15	B16	B17	B18	B19	B20	B21	B22	B23	B24	B25		
分值	1	1	1	1	1	1	1	1			4			2	12	8.62
得分	1	0.5	1	1	1	1	1	1	1	0	0	0	1	0	9.5	

表 3-5-3 A3 严格执法分项得分表

二级指标	基础分项					项目分项			加分项			减分项			总分	27个城市平均分
	B26	B27	B28	B29	B30	B31	B32	B33	B34	B35	B36	B37	B38	B39		
分值	1.5	1	1	0.5	1	1	1	1		4			2		12	8.07
得分	1.5	1	1	0.5	1	1	1	1	0	2.5	1	−1	0	0	10.5	

表 3-5-4　A4 公正司法分项得分表

二级指标	基础分项					项目分项			加分项				减分项	总分	27 个城市平均分
	B40	B41	B42	B43	B44	B45	B46	B47	B48	B49	B50	B51	B52		
分值	1	1	1	1	1	1	1	1	4				2	12	9.82
得分	1	1	0	1	1	1	1	1	3	0	1	0	0	11	

表 3-5-5　A5 全民普法守法分项得分表

二级指标	基础分项					项目分项			加分项		减分项	总分	27 个城市平均分
	B53	B54	B55	B56	B57	B58	B59	B60	B61	B62	B63		
分值	1	1	1	1	1	1	1	1	4		2	12	8.56
得分	1	1	0.5	1	1	1	1	1	0	0	0	7.5	

表 3-5-6　A6 阳光政府分项得分表

二级指标	基础分项					项目分项			加分项				减分项	总分	27 个城市平均分
	B64	B65	B66	B67	B68	B69	B70	B71	B72	B73	B74	B75	B76		
分值	1	1	1	1	1	1	1	1	2				2	10	9.38
得分	1	1	0.5	1	1	1	1	1	1	0.5	0	0.5	0	9.5	

表 3-5-7　A7 社会治理分项得分表

二级指标	基础分项					项目分项			加分项		减分项			总分	27 个城市平均分
	B77	B78	B79	B80	B81	B82	B83	B84	B85	B86	B87	B88	B89		
分值	1	1	1	1	1	1	1	1	2		2			10	8.58
得分	1	1	1	1	1	1	1	1	0	0	0	0	0	8	

表 3-5-8　A8 营商环境分项得分表

二级指标	基础分项					项目分项			加分项		减分项		总分	27 个城市平均分
	B90	B91	B92	B93	B94	B95	B96	B97	B98	B99	B100	B101		
分值	1	1	1	1	1	1	1	1	2		2		10	8.62
得分	1	1	0.5	0.5	1	1	1	1	2	1（不计）	0	0	9	

表 3-5-9　A9 法律服务分项得分表

二级指标	基础分项					项目分项			加分项		减分项	总分	27 个城市平均分
	B102	B103	B104	B105	B106	B107	B108	B109	B110	B111	B112		
分值	1	1	1	1	1	1	1	1	2		2	10	7.77
得分	0.75	1	1	1	1	1	0.75	1	0	0	0	7.5	

（二）总体评价

苏州市在此次长江三角洲城市法治指数测评中，总得分为 77.5 分，对应的等级为“B+”，总体表现为“良好”。与 27 个城市的法治指数平均分（75.11 分）相比，高出平均分数 2.39 分。

（三）分项比较分析

测评结果显示，在 9 项一级指标中，苏州市在“科学立法”“严格执法”“公正司法”“阳光政府”“营商环境”等 5 项一级指标中的得分高于 27 个城市的平均水平。其中，“科学立法”得 9.5 分，高出平均分 0.88 分；“严格执法”得 10.5 分，高出平均分 2.43 分；“公正司法”得 10.5 分，高出平均分 0.68 分；“阳光政府”得 9.5 分，高出平均分 0.12 分；“营商环境”得 9 分，高出平均分 0.38 分，通过分析上述数据可见，该 5 项一级指标总体表现较好。

除上述 5 项一级指标外，其余 4 项一级指标的得分均低于 27 个城市法治指数的平均水平。其中，“依法治市”得 5 分，低出平均分 0.68 分；“全民普法守法”得 7.5 分，低出平均分 1.06 分；“社会治理”得 8 分，低出平均分 0.58 分；“法律服务”得 7.5 分，低出平均分 0.27 分。通过分析上述数据可见，“依法治市”“社会治理”“法律服务”3 项一级指标得分与平均分差距不大，均在 1 分以内；而“全民普法守法”得分与平均分差距较大，超过 1 分，得分在 27 个城市中处于下游。

（四）加分项分析

苏州市在 9 项一级指标加分项中共得 13.5 分，其中，“公正司法”得满分 4 分；“阳光政府”“营商环境”两项也都拿到满分 2 分。“科学立法”得 2 分，“严格执法”得 3.5 分，此外，“依法治市”“全民普法守法”“社会治理”“法律服务”4项中没有加分项得分。苏州市在加分项中的成绩尚可，但有将近一半的指标没有加分项得分，在这些项目中有进一步提升的空间。

（1）在科学立法方面，苏州市完成法规年度立法计划外项目《苏州市禁止猎捕陆生野生动物条例》；在立法过程中建立征求公众意见的反馈机制，如在废止《苏州市合同格式条款管理办法》等3件规章的过程中，对于公众意见的采纳情况进行反馈。

（2）在严格执法方面，苏州在全国首创“区块链＋公证”行政执法全过程记录模式，此举作为苏州优化法治化营商环境的重要举措之一，有助于进一步规范行政执法行为，切实保护群众的合法权益；苏州市获首批全国法治政府建设示范市命名；苏州警方放管服改革成效显著，在全国率先建成智能化、全自助、一站式出入境智慧大厅，群众办证时间缩短80%，并通过免费EMS寄证，真正实现群众办理出国境证件“随到随办”和“只跑一次”，该做法获评全国政法智能化建设智慧警务优秀创新案例。

（3）在公正司法方面，苏州法院审理的三个案件入选长三角四地高院联合发布首批典型案例；苏州市中级人民法院二审审理的“赵某某考试违纪行政处理案”入选中国十大影响性诉讼；苏州法院共13个案件入选全国法院典型案例；张家港市检察院成功监督郭某某黑恶团伙“套路贷”系列虚假诉讼案15起，入选最高人民检察院典型案例；苏州探索“网格化＋公益诉讼”新模式被《检察日报》重点宣传。

（4）在阳光政府方面，苏州市建立了政府重大行政决策事项目录制度，严格落实公众参与、专家论证、风险评估、合法性审查、廉洁性审查、集体讨论决定等法定程序；建立健全规范性文件、政策解读机制。

（5）在营商环境方面，苏州市在全国首创外国人才科技项目推荐制；苏州市在全国首创法治化营商环境建设指标体系；苏州昆山市在江苏省率先制定区镇综合执法涉企免罚及轻罚“清单”，最大程度减少非市场的不必要性干扰，让企业展现最大活力、释放最大潜力。

（五）减分项分析

苏州市在“严格执法”这项一级指标中，由于行政行为被复议纠错率为42.99%，高于全国平均水平，被减扣1分。行政复议纠错率高，一方面体现了通过行政复议实现行政系统内部的自我纠错，体现行政复议的纠错功能。但另一方面，被纠错率高于全国水平也反映出执法领域仍然存在短板和不足，依法行政的水平还有待进一步提高。①

（六）主要短板与不足

从法治指数测评过程中获取的资料来看，苏州市法治建设存在以下主要短板：

（1）“依法治市”只得 5 分，在 9 项一级指标中得分最低。这项指标所反映的主要问题是：推动、协调各县区依法治区（县）工作方面的力度有待进一步加强；依法治市委员会的四个协调小组中，2020 年度只有执法协调小组与守法普法协调小组组织召开过会议协调推进相关工作，其他两个协调小组均没有工作动态等相关信息；法规规章计划没有提交依法治市委员会或市委审议、重大立法项目也没有提交市委常委会进行审议的相关信息。

（2）“全民普法守法”只得 7.5 分，在 9 项指标中处于倒数第 2 的位置，在 27 个城市中排名也是倒数第 2。这项一级指标反映的主要问题是：普法宣传工作有待进一步加强；普法新形式和普法创新工作推进不足。

（3）“社会治理”得分低于平均分，这项一级指标所反映的主要问题是：创新社会治理的举措有待进一步发掘。

（4）“法律服务”得分低于平均分，这项一级指标所反映的主要问题是：公共法律服务四级平台建设有待进一步加强；法律顾问制度有待进一步完善健全。

（七）主要建议

针对苏州市在此次法治指数测评中存在的短板，测评组提出如下建议：

（1）深入贯彻落实习近平法治思想，不断提升依法治市的能力水平。一是发挥党统揽全局、协调各方的作用，探索加强对依法治市委员会四个协调小组的工作指导和监督；二是进一步协调、推动各区县的依法治理工作，提高整体的依法治理水平；三是健全立法机制，加强当对立法工作的领导，将法规规章计划提交依法治市委员会或市委审议、将重大立法项目提交市委常委会审议。

① 由于 2020 年全国复议纠错率还没有公布统计数据，测评组选取了 2019 年的全国复议纠错率作为对照，2019 年全国平均复议纠错率为 16%。

（2）进一步加强全民普法守法工作，打造法治社会。一是加强普法宣传工作，注重宣传实效，为全民普法守法奠定良好基础；二是注重创新普法工作形式，探索创新普法路径。

（3）积极探索社会治理新模式，创新社会治理方式方法，增强社会治理的科学性和有效性，打造共建共治共享的社会治理格局。

（4）健全完善法律服务体系建设，进一步提升法律服务水平。一是建立健全公共法律服务四级平台；二是进一步完善法律顾问制度，健全公共法律服务体系。

六、南通市法治指数测评分报告

（一）测评数据

表 3-6-1　A1 依法治市分项得分表

二级指标	基础分项					项目分项			加分项			总分	27 个城市平均分
	B1	B2	B3	B4	B5	B6	B7	B8	B9	B10	B11		
分值	1	1	1	1	1	1	1	1		4		12	5.68
得分	1	0.5	1	1	0.75	0	0.5	0	0	0	0	4.75	

表 3-6-2　A2 科学立法分项得分表

二级指标	基础分项					项目分项			加分项					减分项	总分	27 个城市平均分
	B12	B13	B14	B15	B16	B17	B18	B19	B20	B21	B22	B23	B24	B25		
分值	1	1	1	1	1	1	1	1			4			2	12	8.62
得分	0.5	1	1	0.5	1	1	1	1	0	1	1	0	1	0	10	

表 3-6-3　A3 严格执法分项得分表

二级指标	基础分项					项目分项			加分项			减分项			总分	27 个城市平均分
	B26	B27	B28	B29	B30	B31	B32	B33	B34	B35	B36	B37	B38	B39		
分值	1.5	1	1	0.5	1	1	1	1		4			2		12	8.07
得分	1.5	1	1	0.5	1	1	1	1	0	2	0	−1	0	0	9	

表 3-6-4　A4 公正司法分项得分表

二级指标	基础分项					项目分项			加分项				减分项	总分	27 个城市平均分
	B40	B41	B42	B43	B44	B45	B46	B47	B48	B49	B50	B51	B52		
分值	1	1	1	1	1	1	1	1	4				2	12	9.82
得分	1	1	1	1	1	1	0.5	1	2	0	2	0	0	11.5	

表 3-6-5　A5 全民普法守法分项得分表

二级指标	基础分项					项目分项			加分项		减分项	总分	27 个城市平均分
	B53	B54	B55	B56	B57	B58	B59	B60	B61	B62	B63		
分值	1	1	1	1	1	1	1	1	4		2	12	8.56
得分	1	1	1	1	1	1	1	1	2	2	–1	11	

表 3-6-6　A6 阳光政府分项得分表

二级指标	基础分项					项目分项			加分项				减分项	总分	27 个城市平均分
	B64	B65	B66	B67	B68	B69	B70	B71	B72	B73	B74	B75	B76		
分值	1	1	1	1	1	1	1	1	2				2	10	9.38
得分	1	1	0.5	1	1	1	1	1	2	0	0	0	0	9.5	

表 3-6-7　A7 社会治理分项得分表

二级指标	基础分项					项目分项			加分项		减分项			总分	27 个城市平均分
	B77	B78	B79	B80	B81	B82	B83	B84	B85	B86	B87	B88	B89		
分值	1	1	1	1	1	1	1	1	2		2			10	8.58
得分	1	1	1	1	1	1	1	1	1	0	0	0	0	9	

表 3-6-8　A8 营商环境分项得分表

二级指标	基础分项					项目分项			加分项		减分项		总分	27 个城市平均分
	B90	B91	B92	B93	B94	B95	B96	B97	B98	B99	B100	B101		
分值	1	1	1	1	1	1	1	1	2		2		10	8.62
得分	1	1	1	1	1	1	1	1	0	1	0	0	9	

表 3-6-9　A9 法律服务分项得分表

二级指标	基础分项					项目分项			加分项		减分项	总分	27 个城市平均分
	B102	B103	B104	B105	B106	B107	B108	B109	B110	B111	B112		
分值	1	1	1	1	1	1	1	1	2		2	10	7.77
得分	1	1	1	1	1	1	1	1	0	0	0	8	

（二）总体评价

南通市在此次长江三角洲城市法治指数测评中，总得分为 81.75 分，对应的等级为“A–”，与 27 个城市的法治指数平均分（75.11 分）相比，高出 6.64 分。总体表现为“优秀”。

（三）分项比较分析

测评结果显示，在 9 项一级指标中，除了“依法治市”一项外，南通市在“科学立法”“严格执法”“公正司法”“全民普法守法”“阳光政府”“社会治理”“营商环境”“法律服务”等 8 项一级指标中的得分均高于 27 个城市的平均水平。其中，“科学立法”“公正司法”“全民普法守法”“阳光政府”“社会治理”5 项得分均高出平均分 1 分以上，“全民普法守法”更是在 27 个城市中名列第 1。具体来说，“科学立法”得 10 分，高出平均分 1.38 分；“公正司法”得分为 11.5 分，接近满分 12 分，高出平均分 1.68 分；“全民普法守法”得 11 分，高出平均分 2.44 分；“阳光政府”得 9.5 分，高出平均分 1.88 分；“社会治理”得 9 分，高出平均分 1.58 分。其他一级指标的得分超出平均分不多，均在 1 分以下，具体来说，“严格执法”得 9 分，高出平均分 0.93 分；“营商环境”得 9 分，高出平均分 0.38 分；“法律服务”得 8 分，高出平均分 0.23 分。通过分析上述数据可见，该 8 项一级指标总体表现优秀。

除上述 8 项一级指标外，南通市只有 1 项一级指标的得分均低于 27 个城市法治指数的平均水平。“依法治市”得 4.75 分，低于平均分 0.93 分，与平均分稍有差距，得分在 27 个城市中仍处于下游。

（四）加分项分析

在 9 项一级指标中，南通市共在 7 项一级指标中获得了加分，加分项目为 17 项，得分 17 分。其中，“公正司法”“全民普法守法”两项均得满分 4

分；“阳光政府”亦得满分 2 分；“科学立法”得 3 分，这 4 项得分都比较理想。此外，“严格执法”得 2 分；“社会治理”得 1 分；“营商环境”得 1 分。只有“依法治市”“法律服务”两项未能得到加分。

（1）在科学立法方面，南通市充分运用地方立法权，在全国首开先河地制定了《南通市义务教育优质均衡发展条例》，入选江苏省全省设区市年度精品立法培育项目；在制定《南通市质量促进条例（草案）》过程中举行了立法听证会，积极推动公众参与立法工作，提高立法质量，这类做法在设区的市里并不多见；此外，南通市在立法过程中建立了征求公众意见的反馈机制，助力科学民主立法。

（2）在严格执法方面，南通市的“综合执法体制改革”获得“全国法治政府建设示范项目”的称号，彰显了南通市严格执法的成效。另外，南通市积极营造法治创新环境，组织全市积极申报省法治建设创新奖，税务稽查综合治理模式、省内率先建成市、县、乡三级市域治理现代化指挥中心等 5 个项目获评江苏省法治政府建设创新奖，项目总数位居全省第一。

（3）在公正司法方面，南通开发区法院公正裁判“未婚姑娘被结婚五次案”，引导行政机关树立“有错必纠是法定义务”观念，被评为全国法院系统 2020 年度十大案件；除此以外，南通市法院系统也积极运用了创新思维，保障了疫情下的司法系统正常运转。2020 年，南通市中院在全国率先自主研发支云庭审系统，并在全市 88 个法庭安装使用，确保审判执行工作“不停摆”“不打烊”，该系统嵌入中国移动微法院平台，远程保障最高人民法院在线开庭 1066 场次，被确定为援助湖北的三个信息化项目之一，获评全国“网上办事精品栏目”。不仅如此，面对新冠肺炎疫情给刑事审判带来的“阻滞”危机，南通中院创新建设 8 个驻看守所支云科技法庭，全国首创“看守所线下庭审 + 多地远程庭审 + 远程视频旁听”的刑事庭审方式，成为破解刑事开庭难题、决战决胜扫黑除恶专项斗争的一把利器。另外，南通市法院系统中的支云破产管理系统获评全国政法智能化优秀创新案例。南通市人民检察院承办的“张某贩卖、运输毒品案”入选最高人民检察院毒品犯罪典型案例。

（4）在全民普法守法方面，南通市突出普法形式创新，被确定为全国

“七五”普法依法治理工作首批联系点，司法所、律师事务所、派出所“三所共建”，崇德少年法学苑，法治文化建设“一融四聚”模式（融入经济社会，聚力推进、聚智创作、聚合传播、聚焦惠民），“一核四基”法治乡村建设路径，“四位一体”基层社区治理体系（法治为纲、德治为魂、服务为本、自治为基）等一批亮点经验在全国、全省推广；南通市率先在全省开展的网格化精准普法、普法依法治理融入新时代文明实践、法治保障服务长江大保护等工作举措，获得了《法治日报》等媒体的关注。除此以外，人民网专文报道了南通打造万余家“普法连锁店”，并且依托基层新时代文明实践、社区网格化治理、“有事好商量”协商议事、民主法治示范村（社区）创建等基础治理力量，化解矛盾36万余件等优秀普法守法成果。

（5）在阳光政府方面，南通市政府对于涉及群众切身利益且反复适用的文件，均严格落实公众参与、专家论证、风险评估、合法性审查、集体讨论决定程序，并及时予以公开和备案。并在2020年度先后对43件规范性文件进行合法性审查，从文件的制定主体、制定权限、制定程序、上位法规定等方面，对政策文件制定进行规范，确保出台的政策文件合法、有效。同时，南通市不断坚持完善政府政策解读制度，及时发布《南通市自然灾害救助应急预案》等规章、规范性文件的政府官方解读，保证政策公开透明与顺利实施。

（6）在社会治理方面，南通市建成全国首个市域治理现代化指挥中心，汇聚南通市64个部门、10个县市区数十亿量级的数据，表明南通市数字化监管、服务、决策、治理等能力迈上新的台阶。

（7）在营商环境方面，南通综合保税区学习借鉴推广自贸区的经验，积极先行先试，探索机制体制创新，推进贸易便利化改革；全国首创“慧眼通”通关新模式，依托智能硬件、物联网、大数据等智慧化技术与手段，构筑“互联网+海关监管”新模式，形成“虚拟封闭管理”，受到南京海关的高度认可，获央视网、江苏卫视、学习强国等媒体报道，并荣获“营商环境创新创优标杆园区”的称号。

（五）减分项分析

南通市的减分项共有两项，分别在“严格执法”和“全民普法守法”的指标中扣除。

（1）在“严格执法”指标中，由于行政行为被复议纠错率高于全国平均水平被减扣1分。南通市政府全年收到行政复议案件228件，审结181件，维持87件，驳回33件，撤回终止49件，撤销2件，确认违法8件，责令履行2件，被复议纠错率为33.7%，明显高于全国16%的平均纠错率。需要说明的是，行政复议纠错率高，一方面体现了通过行政复议实现行政系统内部的自我纠错，体现行政复议的纠错功能。但另一方面，被纠错率高于全国水平也反映出执法领域仍然存在短板和不足，依法行政的水平还有待进一步提高。①

（2）在“全民普法守法”中，由于发生了全国有影响的违法违纪案件，被中国共产党新闻网报道被减扣1分。报道的信息为：江苏省南通市一社区党委书记因疫情防控工作中履职不力被免职。在疫情发生后，广大党员干部不畏艰险，毅然奔赴抗疫防疫战场，涌现出了一批又一批的“最美逆行者”，但同时也暴露出党员群体中存在的失职渎职人员，为贯彻党中央《关于加强党的领导、为打赢疫情防控阻击战提供坚强政治保证的通知》，对于不敢担当、落实不力的人员，应当严肃问责。

（六）主要短板与不足

从法治指数测评过程中获取的资料来看，南通市法治建设存在以下主要短板：

（1）“依法治市”只得4.75分，在9项一级指标中得分最低，且在27个城市中纵向排名较为靠后。这项指标所反映的主要问题是：依法治市委员会的四个协调小组中，2020年度均没有工作动态等方面的相关信息；地方性法规计划并未经由依法治市委员会和市委审议；重大立法项目也没有提交市委常委会审议的相关动态；依法治市方面缺乏制度与工作创新，未能得到加分项。

（2）“科学立法”得10分，反映出南通市立法工作总体情况较为优秀，但是立法工作仍然有提升和完善空间。测评数据显示，规章公开征求意见机制不完善，也没有规章的解读发布动态。

① 由于2020年全国复议纠错率还没有公布统计数据，测评组选取了2019年的全国复议纠错率作为对照，2019年全国平均复议纠错率为16%。

（3）“法律服务”得8分，仅高于平均分0.23分。从指数测评结果看，南通市在“法律服务”一项上的基础分项和项目分项上均得分了，主要是缺乏工作和制度创新，未能产生在全国有影响力的工作经验，因而未能得到加分。

（七）主要建议

针对南通市在此次法治指数测评中存在的短板，测评组提出如下建议：

（1）深入贯彻落实习近平法治思想，不断提升依法治市的能力水平。一是进一步加强党对立法工作的领导，将法规规章计划交由依法治市委员会或市委审议；二是发挥党统揽全局、协调各方的作用，探索加强对依法治市委员会四个协调小组的工作指导和监督。

（2）坚持科学立法，进一步加强和改进立法工作。主要是完善政府规章立法的相关机制，落实政府规章的公开征求意见机制；对颁布的规章及时进行官方解读。

（3）推进阳光政府建设，完善信息公开制度。完善在《政府信息公开报告》中具体披露依申请公开率与答复的制度。

（4）健全完善法律服务体系建设，进一步提升法律服务水平。克服“法律服务”没有得到加分的短板，充分激发创新潜力，在法律服务上就不同领域、不同群体提供专业化、便捷高效精准的公共法律服务，形成在全省乃至全国可借鉴推广的南通经验和南通模式。

七、扬州市法治指数测评分报告

（一）测评数据

表3-7-1　A1依法治市分项得分表

二级指标	基础分项					项目分项			加分项			总分	27个城市平均分
	B1	B2	B3	B4	B5	B6	B7	B8	B9	B10	B11		
分值	1	1	1	1	1	1	1	1		4		12	5.68
得分	1	0.5	1	0.5	0.5	0	0	0	0	0.5	0	4	

表 3-7-2　A2 科学立法分项得分表

二级指标	基础分项					项目分项			加分项					减分项	总分	27 个城市平均分
	B12	B13	B14	B15	B16	B17	B18	B19	B20	B21	B22	B23	B24	B25		
分值	1	1	1	1	1	1	1	1	4					2	12	8.62
得分	1	0.5	0.5	0.75	1	1	1	1	0	0	1	0	1	0	8.75	

表 3-7-3　A3 严格执法分项得分表

二级指标	基础分项					项目分项			加分项			减分项			总分	27 个城市平均分
	B26	B27	B28	B29	B30	B31	B32	B33	B34	B35	B36	B37	B38	B39		
分值	1.5	1	1	0.5	1	1	1	1	4			2			12	8.07
得分	1.5	1	1	0.5	0.5	1	1	1	0	0	1	0	0	0	8.5	

表 3-7-4　A4 公正司法分项得分表

二级指标	基础分项					项目分项			加分项				减分项	总分	27 个城市平均分
	B40	B41	B42	B43	B44	B45	B46	B47	B48	B49	B50	B51	B52		
分值	1	1	1	1	1	1	1	1	4				2	12	9.82
得分	1	1	0.5	1	1	1	1	1	2	0	2	0	0	11.5	

表 3-7-5　A5 全民普法守法分项得分表

二级指标	基础分项					项目分项			加分项		减分项	总分	27 个城市平均分
	B53	B54	B55	B56	B57	B58	B59	B60	B61	B62	B63		
分值	1	1	1	1	1	1	1	1	4		2	12	8.56
得分	1	1	1	1	0.5	1	0.5	0.5	1	1	0	8.5	

表 3-7-6　A6 阳光政府分项得分表

二级指标	基础分项					项目分项			加分项				减分项	总分	27 个城市平均分
	B64	B65	B66	B67	B68	B69	B70	B71	B72	B73	B74	B75	B76		
分值	1	1	1	1	1	1	1	1	2				2	10	9.38
得分	1	1	0.75	1	1	1	1	1	2	1（不计）	0	0	0	9.75	

表 3-7-7　A7 社会治理分项得分表

二级指标	基础分项					项目分项			加分项		减分项			总分	27个城市平均分
	B77	B78	B79	B80	B81	B82	B83	B84	B85	B86	B87	B88	B89		
分值	1	1	1	1	1	1	1	1	2		2			10	8.58
得分	1	1	1	1	1	1	1	1	1	0	0	0	0	9	

表 3-7-8　A8 营商环境分项得分表

二级指标	基础分项					项目分项			加分项		减分项		总分	27个城市平均分
	B90	B91	B92	B93	B94	B95	B96	B97	B98	B99	B100	B101		
分值	1	1	1	1	1	1	1	1	2		2		10	8.62
得分	1	1	1	0	1	1	1	1	0	1	0	0	8	

表 3-7-9　A9 法律服务分项得分表

二级指标	基础分项					项目分项			加分项		减分项	总分	27个城市平均分
	B102	B103	B104	B105	B106	B107	B108	B109	B110	B111	B112		
分值	1	1	1	1	1	1	1	1	2		2	6.25	7.77
得分	1	1	0.5	0.5	1	1	0.75	0.5	0	0	0	6.25	

（二）总体评价

扬州市在此次长江三角洲城市法治指数测评中，总得分为74.25分，对应的等级为“B”，总体表现为“良好”。与27个城市的法治指数平均分（75.11分）相比，低于平均分数0.86分。

（三）分项比较分析

测评结果显示，在9项一级指标中，扬州市在“科学立法”“严格执法”“公正司法”“阳光政府”“社会治理”等5项一级指标中的得分高于27个城市的平均水平。其中，“科学立法”得8.75分，高出平均分0.13分；“严格执法”得8.5分，高出平均分0.43分；“公正司法”得11.5分，高出平均分1.68分；“阳光政府”得9.75分，高出平均分0.37分；“社会治理”得9分，高出平均分0.42分，通过分析上述数据可见，该5项一级指标总体表现较好。

除上述5项一级指标外，其余4项一级指标的得分均低于27个城市法治指数的平均水平。其中，“依法治市”得4分，低出平均分1.68分；“全民普法守法”得8.5分，低出平均分0.06分；“营商环境”得分为8分，低出平均分0.62分；“法律服务”得分为6.25分，低出平均分1.52分。通过分析上述数据可见，“全民普法守法”“营商环境”2项一级指标得分与平均分差距不大，均在1分以内；而“依法治市”“法律服务”2项一级指标得分与平均分差距较大，均超过了1分，得分在27个城市中处于下游。

（四）加分项分析

扬州市在9项一级指标加分项中共得到13.5分，除“法律服务”没有得分外，其他8项均有得分。其中，“公正司法”得到了满分4分；“阳光政府”得到满分2分。此外，“依法治市”得0.5分；“科学立法”得2分；“严格执法”得1分；“全民普法守法”得2分；“社会治理”得1分；“营商环境”得1分。

（1）在依法治市方面，扬州市围绕优化营商环境，依法积极履行政府职能，获评江苏省法治政府建设示范市。

（2）在科学立法方面，扬州市举行了《扬州市旅游促进条例（草案修改稿）》立法听证会；此外，立法过程中建立了征求公众意见的反馈机制。

（3）在严格执法方面，扬州市主动部署，将28项国家标准、17项行业标准和5项地方标准在全市旅游餐饮、住宿、交通等23个领域进行推广实施，以打造品牌、培育特色为目标，初步探索出“文旅融合、主客共享、产业提升、全域发展、国际合作”的旅游标准化试点扬州经验，成为文旅融合后首批全国旅游标准化示范城市之一，全国仅11个地级市获此殊荣。

（4）在公正司法方面，扬州市检察院的销售假口罩案与非法捕捞案分别入选最高人民检察院妨害疫情防控犯罪典型案例与全省检察机关长江保护典型案例；扬州市江都区检察院对社区矫正人员外出生产经营的请假需求，建议司法行政机关依法保障，为企业复工复产创造有利条件，被央视《焦点访谈》专题推介报道；扬州市仪征市人民检察院为加强普法宣传，结合案件制作的微电影《事实孤儿》，获评中央政法委平安中国最佳微电影。

（5）在全民普法守法方面，扬州市扫除普法盲点新形式获得中国长安网宣传；扬州市“七五”普法工作回眸受到新浪网重点宣传。

（6）在阳光政府方面，扬州市健全重大行政决策公众参与、专家论证、风险评估、合法性审查、集体讨论决定机制；积极落实规范性文件和政策的解读机制。

（7）在社会治理方面，扬州市作为全国首批市域社会治理现代化试点城市，将市域社会治理的成果创新运用到假日景区管理和疫情防控中，利用三级智能指挥平台“守护”市民游客健康安全，该做法获得央视《新闻联播》点赞。

（8）在营商环境方面，扬州市积极开展保护知识产权工作，完善知识产权保护工作机制，营造良好的知识产权文化保护氛围，486 非遗集聚区获“国家级知识产权保护规范化市场”称号。

（五）减分项分析

扬州市在 9 项指标中均不存在减分情形。

（六）主要短板与不足

从法治指数测评过程中获取的资料来看，扬州市法治建设存在以下主要短板：

（1）“依法治市”仅得 4 分，在 9 个一级指标中得分最低。这项指标所反映的主要问题是：地方性法规年度立法计划项目没有公布；依法治市督查工作开展不到位；各县区依法治区（县）工作方面推动、协调力度不够；依法治市委员会的四个协调小组没有在 2020 年度开展工作的动态信息；法规规章计划没有建立提交依法治市委员会或市委审议的机制；重大立法项目也没有建立提交市委常委会进行审议的机制。

（2）“全民普法守法”没有达到平均水准。这项一级指标所反映的主要问题是：领导干部学法制度有待进一步落实；普法进中小学工作有待进一步开展；普法进社区活动有待进一步开展。

（3）“营商环境”得 8 分，低于 27 个城市的平均水平。这项一级指标反映的主要问题是行业协会作用没有得到充分发挥。

（4）“法律服务”只得 6.25 分，是 27 个城市中得分最低的城市。这项一级指标所反映的主要问题是：仲裁制度、司法鉴定制度、法律顾问制度均有待进一步完善；法律服务进村居活动有待进一步推进。

（七）主要建议

针对扬州市在此次法治指数测评中存在的短板，测评组提出如下建议：

（1）深入贯彻落实习近平法治思想，不断提升依法治市的能力水平。一是及时向社会公开地方性法规和政府规章立法计划，增强立法工作的透明度和公众参与度；二是进一步加强党对依法治市工作的领导，积极开展依法治市督查工作；三是要发挥党统揽全局、协调各方的作用，探索加强对依法治市委员会四个协调小组的工作指导和监督；四要是进一步协调、推动各区县的依法治理工作，提高整体的依法治理水平；五是完善立法机制，将法规规章计划交由依法治市委员会或市委审议，将重视重大立法项目提交市委常委会审议。

（2）进一步加强全民普法守法工作，建设法治社会。一是进一步落实领导干部学法制度，培育领导干部带头学法的新风气；二是重视普法进中小学、普法进社区工作的开展，增强群众法制观念，营造法律进校园、进社区的良好氛围。

（3）营造公平开放营商环境，服务市场经济发展。进一步加强行业管理，发挥各个行业协会作用，促进市场经济繁荣发展。

（4）健全完善法律服务体系建设，进一步提升公共法律服务水平。一是深化律师制度改革，加强律师工作和律师队伍建设，发挥律师在经济社会发展和法治建设中的作用；二是创新发展司法鉴定工作，提升司法鉴定质量和社会公信力；三是进一步完善法律顾问制度，健全法律服务体系；四是要继续加强法律服务进村居工作，为基层群众提供优质的公共法律服务。

八、镇江市法治指数测评分报告

（一）测评数据

表3-8-1　A1依法治市分项得分表

二级指标	基础分项					项目分项			加分项			总分	27个城市平均分
	B1	B2	B3	B4	B5	B6	B7	B8	B9	B10	B11		
分值	1	1	1	1	1	1	1	1		4		12	5.68
得分	1	1	1	1	0.5	0.5	0	0	0	0	0	5	

表 3-8-2　A2 科学立法分项得分表

二级指标	基础分项					项目分项			加分项					减分项	总分	27 个城市平均分
	B12	B13	B14	B15	B16	B17	B18	B19	B20	B21	B22	B23	B24	B25		
分值	1	1	1	1	1	1	1	1	4					2	12	8.62
得分	1	0	0.5	0.75	1	1	1	1	0	0	0	0	0	0	6.25	

表 3-8-3　A3 严格执法分项得分表

二级指标	基础分项					项目分项			加分项			减分项			总分	27 个城市平均分
	B26	B27	B28	B29	B30	B31	B32	B33	B34	B35	B36	B37	B38	B39		
分值	1.5	1	1	0.5	1	1	1	1	4			2			12	8.07
得分	1.5	1	1	0.25	1	1	1	1	0	0	0	−1	0	0	6.75	

表 3-8-4　A4 公正司法分项得分表

二级指标	基础分项					项目分项			加分项				减分项	总分	27 个城市平均分
	B40	B41	B42	B43	B44	B45	B46	B47	B48	B49	B50	B51	B52		
分值	1	1	1	1	1	1	1	1	4				2	12	9.82
得分	1	1	0.5	1	1	1	1	1	1	0	0	0	0	8.5	

表 3-8-5　A5 全民普法守法分项得分表

二级指标	基础分项					项目分项			加分项		减分项	总分	27 个城市平均分
	B53	B54	B55	B56	B57	B58	B59	B60	B61	B62	B63		
分值	1	1	1	1	1	1	1	1	4		2	12	8.56
得分	1	1	1	1	1	0.75	1	1	0	0	0	7.75	

表 3-8-6　A6 阳光政府分项得分表

二级指标	基础分项					项目分项			加分项				减分项	总分	27 个城市平均分
	B64	B65	B66	B67	B68	B69	B70	B71	B72	B73	B74	B75	B76		
分值	1	1	1	1	1	1	1	1	2				2	10	9.38
得分	1	1	0.75	1	1	1	1	1	1	0.5	0	0	0	9.25	

表 3-8-7　A7 社会治理分项得分表

二级指标	基础分项					项目分项			加分项		减分项			总分	27个城市平均分
	B77	B78	B79	B80	B81	B82	B83	B84	B85	B86	B87	B88	B89		
分值	1	1	1	1	1	1	1	1	2		2			10	8.58
得分	1	1	1	0.5	1	1	1	1	0	0	0	0	0	7.5	

表 3-8-8　A8 营商环境分项得分表

二级指标	基础分项					项目分项			加分项		减分项		总分	27个城市平均分
	B90	B91	B92	B93	B94	B95	B96	B97	B98	B99	B100	B101		
分值	1	1	1	1	1	1	1	1	2		2		10	8.62
得分	1	1	1	0.5	1	1	1	1	0.5	0	0	0	8	

表 3-8-9　A9 法律服务分项得分表

二级指标	基础分项					项目分项			加分项		减分项	总分	27个城市平均分
	B102	B103	B104	B105	B106	B107	B108	B109	B110	B111	B112		
分值	1	1	1	1	1	1	1	1	2		2	10	7.77
得分	0.75	1	1	1	1	0.5	0.5	0.5	0	1	0	7.25	

（二）总体评价

镇江市在2020年度长江三角洲城市法治指数测评中，总得分为66.25分，对应的等级为“C级”，是四个处于C级的城市之一。与27个城市的法治指数平均分（75.11分）相比，低了8.86分。总体表现为“合格”。

（三）分项比较分析

测评结果显示，在9项一级指标中，镇江市在所有指标中的得分均低于27个城市的平均水平。其中，“依法治市”得5分，低于平均分0.68分；“科学立法”得6.25分，低于平均分2.37分；“严格执法”得6.75分，低于平均分1.32分；“公正司法”得8.5分，低于平均分1.28分；“全民普法守法”得7.75分，低于平均分1.06分；“阳光政府”得9.25分，是镇江市的最高得分，仅比平均分低0.13分；“社会治理”得7.5分，低于平均分1.08分；“营商环境”得8分，比平均分低了0.62分；“法律服务”得7.25分，低于平均分0.52分。上述数据显示，镇江市的得分中低于平均分超过1分以上的有5项，为“科学立法”“严格执法”“公正司法”“全民普法守法”“社会治理”；有3项得分低于平均分在0.6分左右，为“依法治市”“营商环境”“法律服务”；只有“阳光政府”一项基本接近平均分数。法治建设水平总体上处于较低水平，有待进一步提高。

（四）加分项分析

测评结果显示，在9项一级指标中，镇江市仅在“公正司法”“阳光政府”“营商环境”和“法律服务”4项指标的加分项中得到4分，是27个城市中得到加分较少的城市之一。其中，“阳光政府”得到加分1.5分；“公正司法”和“法律服务”2项都得到加分1分；“营商环境”得到加分0.5分。其余5项一级指标均未得到加分。

（1）在公正司法方面，镇江扬中市检察院督促整治野生动物非法交易行政公益诉讼案入选最高人民检察院野生动物保护公益诉讼典型案例。

（2）在阳光政府方面，镇江市建立重大行政决策程序机制，出台《镇江市政府重大行政决策合法性审查规则》，制定《镇江市人民政府重大行政决策程序规定》。在开展重大决策项目过程中，坚持公众参与的原则，广泛听取社会公众的意见，水价格调整、禁止燃放烟花爆竹等涉及公民、法人和其他组织重大利益的决策事项，均通过公开听证、网上征求、当面座谈等方式吸收社会公众有序参与。健全了规范性文件和公共政策的解读制度，经查询，2020年政策解读共有10篇。

（3）在营商环境方面，镇江市在全省首创政府采购贷，强化金融支持力度，新增上市挂牌企业62家。

（4）在法律服务方面，国家卫健委、全国老龄委下发的《关于表彰2020年全国“敬老文明号”和全国“敬老爱老助老模范人物”的决定》中，镇江市法律援助中心被授予2020年全国“敬老文明号”称号。

（五）减分项分析

镇江市的减分项只有一项，在“严格执法”指标中，由于行政行为被复议纠错率高于全国平均水平被减扣1分。镇江市各级复议机关坚持有错必纠，倒逼行政机关依法行政。2020年作出撤销、确认违法、责令履行等直接纠错的

64 件，直接纠错率达 20.19%，为近年来直接纠错率的最高值。行政复议纠错率高，一方面体现了通过行政复议实现行政系统内部的自我纠错，体现行政复议的纠错功能，值得肯定。但另一方面，被纠错率高于全国水平也从某种角度反映出执法领域仍然存在短板和不足，依法行政的水平还有待进一步提高。①

（六）主要短板与不足

从法治指数测评过程中获取的资料来看，镇江市法治建设存在以下主要短板：

（1）“依法治市”得 5 分，虽然仅比平均分低了 0.68 分，但离 12 分的满分还是有不少差距。测评数据反映的主要不足：一是在协调推进区（县）依法治理工作上还有待加强；二是四个协调小组中，未查询到立法协调小组和司法协调小组 2020 年度的工作和活动信息；三是未能在加分项上得分，说明在制度创新方面还需进一步努力。

（2）“科学立法”得 6.25 分，低于平均分 2.37 分，是对比平均分差距最大的一项指标。测评数据中反映的主要不足是：政府规章、规范性文件的人大备案审查制度功能发挥不够明显，还有待健全；地方性法规的立法后评估制度还需进一步完善；关键还是在制度创新方面存在差距，在加分项上未能得分，测评数据显示，镇江市是 27 个城市中唯一一个在“科学立法”一项的加分项中未能得分的城市，从而拉开了与其他城市之间的差距。

（3）“法律服务”得 7.25，低于平均分 0.52 分。虽然从分数上看不是差距最大的项目，但从得分的数据看，在项目分项上是失分较多的，包括法律援助制度保障上有待进一步完善和加强；法律顾问制度还需进一步完备；法律服务进村居工作还需进一步强化。

（4）从对“严格执法”“全民普法守法”“社会治理”等 3 项指标分析来看，在基础分项和项目分项上的得分都是较高的，与其他城市基本没有差距，主要是加分项未得分，说明在制度创新上不够，工作经验在全国层面上的宣传影响力不足，从而影响了总分及等级。从某种角度来看，说明长三角地区的城市法治建设和法治政府建设水平都比较高，基础性工作都较为扎

① 由于 2020 年全国复议纠错率还没有公布统计数据，测评组选取了 2019 年的全国复议纠错率作为对照，全国平均复议纠错率为 16%。

实，所以只有在制度创新、全国影响力等高要求的指标上才能拉开距离。这是镇江市需要学习和总结的。

（七）主要建议

针对镇江市在此次法治指数测评中存在的短板与不足，测评组提出如下建议：

（1）深入贯彻落实习近平法治思想，不断提升依法治市的能力水平。一是进一步加强党对立法工作的领导，积极探索重要立法项目提交市委常委会审议等制度；二是发挥党统揽全局、协调各方的作用，探索加强对依法治市委员会四个协调小组的工作指导和监督，发挥好四个协调小组的作用；三是进一步协调、推动各区县的依法治理工作，提高整体的依法治理水平；四是注重制度创新，以改革的精神积极探索依法治市的新途径、新方式。

（2）坚持科学立法，进一步加强和改进立法工作。一是完善立法工作机制，进一步健全规章、规范性文件的人大备案审查制度；二是进一步完善立法后评估制度，促进法律制度的有效实施；三是积极探索立法听证会以及人大全会审议地方性法规项目等制度，不断提升立法质量；四是完善立法过程中征求公众意见的反馈机制，拓展公众参与立法的途径。

（3）加强法律服务，完善相关制度机制。在法律援助制度保障、法律顾问制度等方面进一步完善和健全；进一步强化法律服务进村居的工作。

（4）在严格执法、全民普法守法、社会治理等领域，继续做好基础性制度建设，在此前提下，更加注重制度创新，不断提高工作质量和宣传力度，争取产生更多具有面上推广价值的法治“镇江模式”“镇江经验”。

九、盐城市法治指数测评分报告

（一）测评数据

表 3-9-1　A1 依法治市分项得分表

二级指标	基础分项					项目分项			加分项			总分	27个城市平均分
	B1	B2	B3	B4	B5	B6	B7	B8	B9	B10	B11		
分值	1	1	1	1	1	1	1	1		4		12	5.68
得分	1	1	1	0.5	0.5	0.25	0.5	0	0	0	0	4.75	

表 3-9-2　A2 科学立法分项得分表

二级指标	基础分项					项目分项			加分项					减分项	总分	27 个城市平均分
	B12	B13	B14	B15	B16	B17	B18	B19	B20	B21	B22	B23	B24	B25		
分值	1	1	1	1	1	1	1	1	4					2	12	8.62
得分	1	1	0.5	0.75	1	1	0.5	1	0	0	1	0	0.5	0	8.25	

表 3-9-3　A3 严格执法分项得分表

二级指标	基础分项					项目分项			加分项			减分项			总分	27 个城市平均分
	B26	B27	B28	B29	B30	B31	B32	B33	B34	B35	B36	B37	B38	B39		
分值	1.5	1	1	0.5	1	1	1	1	4			2			12	8.07
得分	1.5	1	1	0.25	1	1	0.5	1	0.5	0.5	0.5	0	0	0	8.75	

表 3-9-4　A4 公正司法分项得分表

二级指标	基础分项					项目分项			加分项				减分项	总分	27 个城市平均分
	B40	B41	B42	B43	B44	B45	B46	B47	B48	B49	B50	B51	B52		
分值	1	1	1	1	1	1	1	1	4				2	12	9.82
得分	1	1	0	0.5	1	1	1	1	3	0	0	0	0	9.5	

表 3-9-5　A5 全民普法守法分项得分表

二级指标	基础分项					项目分项			加分项		减分项	总分	27 个城市平均分
	B53	B54	B55	B56	B57	B58	B59	B60	B61	B62	B63		
分值	1	1	1	1	1	1	1	1	4		2	12	8.56
得分	1	1	1	1	1	0.75	1	1	0	0	0	7.75	

表 3-9-6　A6 阳光政府分项得分表

二级指标	基础分项					项目分项			加分项				减分项	总分	27 个城市平均分
	B64	B65	B66	B67	B68	B69	B70	B71	B72	B73	B74	B75	B76		
分值	1	1	1	1	1	1	1	1	2				2	10	9.38
得分	1	1	1	1	1	1	1	1	1.5	0.5	0	0	0	10	

表 3-9-7　A7 社会治理分项得分表

二级指标	基础分项					项目分项			加分项		减分项			总分	27 个城市平均分
	B77	B78	B79	B80	B81	B82	B83	B84	B85	B86	B87	B88	B89		
分值	1	1	1	1	1	1	1	1	2		2			10	8.58
得分	1	1	1	1	1	0.5	1	1	0	0.5	0	0	0	8	

表 3-9-8　A8 营商环境分项得分表

二级指标	基础分项					项目分项			加分项		减分项		总分	27 个城市平均分
	B90	B91	B92	B93	B94	B95	B96	B97	B98	B99	B100	B101		
分值	1	1	1	1	1	1	1	1	2		2		10	8.62
得分	1	1	1	1	1	1	1	1	0	1	0	0	9	

表 3-9-9　A9 法律服务分项得分表

二级指标	基础分项					项目分项			加分项		减分项	总分	27 个城市平均分
	B102	B103	B104	B105	B106	B107	B108	B109	B110	B111	B112		
分值	1	1	1	1	1	1	1	1	2		2	10	7.77
得分	1	1	1	1	1	1	0.75	0.5	1	0	0	8.25	

（二）总体评价

盐城市在此次长江三角洲城市法治指数测评中，总得分为 74.25 分，对应的等级为“B”，总体表现为“良好”。与 27 个城市的法治指数平均分（75.11 分）相比，仍有 0.86 分的差距。

（三）分项比较分析

测评结果显示，在 9 项一级指标中，盐城市在“严格执法”“阳光政府”“营商环境”“法律服务”等 4 项一级指标中的得分高于 27 个城市的平均水平。其中，“阳光政府”得满分 10 分，高出平均分 0.62 分；“严格执法”得 8.75 分，高于平均分 0.68 分；“营商环境”得 9 分，高出平均分 0.38 分；“法律服务”得 8.25 分，高出平均分 0.48 分，通过分析上述数据可见，该 4 项一级指标总体表现较好。

除上述 4 项一级指标外，其余 5 项一级指标的得分均低于 27 个城市法治指数的平均水平。其中，“依法治市”得4.75分，低于平均分0.93分；“科学立法”得8.25分，低于平均分0.37分；“公正司法”得9.5分，低于平均分0.32分；“全民普法守法”得7.75分，低于平均分0.81分；“社会治理”得8分，低于平均分0.58分。通过分析上述数据可见，“科学立法”“公正司法”“社会治理”3项一级指标得分与平均分差距不大；而“依法治市”“全民普法守法”2项一级指标得分与平均分差距较大，得分在27个城市中处于中等水平。

（四）加分项分析

盐城市在9项一级指标的加分项中一共得到10.5分，除“依法治市”“全民普法守法”没有加分之外，其他7项一级指标均有加分的事项。其中，“阳光政府”得满分2分；“公正司法”得3分；“科学立法”得1.5分；“严格执法”得1.5分，“社会治理”得0.5分；“营商环境”得1分；“法律服务”得1分。

（1）在科学立法方面，盐城市建立了立法听证会制度，积极推动公众参与立法工作；同时在立法过程中建立了征求公众意见的反馈机制。

（2）在严格执法方面，盐城市应急管理局查处的某环保设备有限公司特种作业人员无证上岗和未组织事故应急预案演练案，被评为首届江苏省“十佳行政处罚案卷”；盐城市“防、建、拓”打造经济检察盐城模式、社区矫正“RNR”智能互联精准矫治项目、公益诉讼“1＋N”工作机制助力黄海湿地世界自然遗产环境保护、政府合同合法性审查工作指引等4个项目获得2018—2020年度“江苏省法治建设创新奖”；打造刑罚执行一体化实战化盐城样板，获得江苏省法治建设创新奖。

（3）在公正司法方面，盐城东台市人民法院审理的“朱某某诉东台市许河安全器材厂侵权责任纠纷案”，盐城经济技术开发区人民法院审理的“盐城市天孜食品有限公司诉盐城市自来水有限公司供用水合同纠纷案”分别被《最高人民法院公报》2020年第2期、第3期刊载；盐城法院“唐某某寻衅滋事案——疫情防控期间在医院暴力伤医”入选最高人民法院发布的10个依法惩处妨害疫情防控犯罪典型案例。

（4）在阳光政府方面，盐城市已建立重大行政决策公众参与、专家论证、风险评估、合法性审查、集体讨论决定机制；已建立规范性文件、政策解读机制。

（5）在社会治理方面，盐城市共有7项“企业全生命周期”法律服务产品在江苏省厅评比中获奖。

（6）在营商环境方面，盐城市在全国率先推行全市域个体经营豁免登记，扶持发展豁免登记个体经营者近万人。

（五）减分项分析

盐城市在9个一级指标中均无减分项目。

（六）主要短板与不足

从法治指数测评过程中获取的资料来看，盐城市法治建设存在以下主要短板：

（1）“依法治市”得4.75分，低于27个城市依法治市指标的平均分。这项指标所反映的主要问题是：依法治市督查工作开展不够充分；市级协调各县区依法治区（县）工作方面的力度不够；依法治市委员会的四个协调小组中，2020年度只有立法协调小组组织召开过会议协调推进相关工作，其他三个协调小组均未能找到工作动态等方面的相关信息；地方性法规立法计划没有经依法治市委员会或市委审议的相关工作动态。

（2）“科学立法”得8.25分，略低于27个城市的平均分。该项指标反映出盐城市立法工作仍有进一步提升和完善的空间。测评数据显示，没有开展地方性法规立法后评估工作；政府规章年度立法计划的落实问题较为突出，相关立法项目未能按立法计划完成。

（3）“全民普法守法”得7.75分，处于27个城市中下游水平。这项一级指标所反映的主要问题是：测评组在搜索能力范围内未找到盐城法院系统宪法宣誓制度的落实情况；全民普法守法工作的创新举措有待进一步发掘。

（4）“社会治理”得8分，低于27个城市的平均分。这项一级指标所反映的主要问题是：盐城市市域社会治理工作开展有待进一步加强和完善，社会治理工作有进一步创新空间。

（七）主要建议

针对盐城市在此次法治指数测评中存在的短板，测评组提出如下建议：

（1）坚持习近平法治思想为指导，切实贯彻落实依法治市相关制度。一是发挥党统揽全局、协调各方的作用，探索加强对依法治市委员会四个协调小组的工作指导和监督；二是加强党对全面依法治市的组织领导，强化依法治市督查工作；三是进一步协调、推动各区县的依法治理工作，提高整体的依法治理水平；四是加强党对立法工作的领导，地方重大立法项目提交依法治市委员会或市委常委会审议。

（2）坚持科学立法，不断提升立法水平。一是科学制定年度立法计划，按时完成年度立法工作任务；二是积极开展立法后评估工作，不断提高立法工作质量。

（3）健全全民普法守法工作建设，坚持依靠群众巩固法治成果。一是积极落实宪法宣誓制度，强化宪法的权威性；二是创新开展全民普法守法工作，提升全民普法守法工作质量。

（4）进一步加强社会治理，创新社会治理方式方法，增强社会治理的科学性和有效性，打造共建共治共享的社会治理格局。

十、泰州市法治指数测评分报告

（一）测评数据

表 3-10-1 A1 依法治市分项得分表

二级指标	基础分项					项目分项			加分项			总分	27 个城市平均分
	B1	B2	B3	B4	B5	B6	B7	B8	B9	B10	B11		
分值	1	1	1	1	1	1	1	1		4		12	5.68
得分	1	1	1	0.75	1	0	1	1	0	0	0	6.75	

表 3-10-2 A2 科学立法分项得分表

二级指标	基础分项					项目分项			加分项					减分项	总分	27 个城市平均分
	B12	B13	B14	B15	B16	B17	B18	B19	B20	B21	B22	B23	B24	B25		
分值	1	1	1	1	1	1	1	1			4			2	12	8.62
得分	1	0.5	1	0.75	0.5	1	1	1	0	1	1	1	1	0	10.75	

表 3-10-3　A3 严格执法分项得分表

二级指标	基础分项					项目分项			加分项			减分项			总分	27 个城市平均分
	B26	B27	B28	B29	B30	B31	B32	B33	B34	B35	B36	B37	B38	B39		
分值	1.5	1	1	0.5	1	1	1	1	4			2			12	8.07
得分	1.5	1	1	0.25	1	1	1	1	0	0	0	−1	0	0	6.75	

表 3-10-4　A4 公正司法分项得分表

二级指标	基础分项					项目分项			加分项				减分项	总分	27 个城市平均分
	B40	B41	B42	B43	B44	B45	B46	B47	B48	B49	B50	B51	B52		
分值	1	1	1	1	1	1	1	1	4				2	12	9.82
得分	1	1	0	0.5	1	1	1	1	3	0	1	0	0	10.5	

表 3-10-5　A5 全民普法守法分项得分表

二级指标	基础分项					项目分项			加分项		减分项	总分	27 个城市平均分
	B53	B54	B55	B56	B57	B58	B59	B60	B61	B62	B63		
分值	1	1	1	1	1	1	1	1	4		2	12	8.56
得分	1	1	1	1	1	0.75	1	1	0	1.5	0	9.25	

表 3-10-6　A6 阳光政府分项得分表

二级指标	基础分项					项目分项			加分项				减分项	总分	27 个城市平均分
	B64	B65	B66	B67	B68	B69	B70	B71	B72	B73	B74	B75	B76		
分值	1	1	1	1	1	1	1	1	2				2	10	9.38
得分	1	1	0.5	1	1	1	1	1	1.5	0.5	0	0	0	9.5	

表 3-10-7　A7 社会治理分项得分表

二级指标	基础分项					项目分项			加分项		减分项			总分	27 个城市平均分
	B77	B78	B79	B80	B81	B82	B83	B84	B85	B86	B87	B88	B89		
分值	1	1	1	1	1	1	1	1	2		2			10	8.58
得分	1	1	1	1	1	1	1	1	1	0	0	0	0	9	

表 3-10-8　A8 营商环境分项得分表

二级指标	基础分项					项目分项			加分项		减分项		总分	27 个城市平均分
	B90	B91	B92	B93	B94	B95	B96	B97	B98	B99	B100	B101		
分值	1	1	1	1	1	1	1	1	2		2		10	8.62
得分	1	1	1	1	1	1	1	1	1	1	0	0	10	

表 3-10-9　A9 法律服务分项得分表

二级指标	基础分项					项目分项			加分项		减分项	总分	27 个城市平均分
	B102	B103	B104	B105	B106	B107	B108	B109	B110	B111	B112		
分值	1	1	1	1	1	1	1	1	2		2	10	7.77
得分	1	1	1	1	1	1	1	0.5	0	0	0	7.5	

（二）总体评价

泰州市在此次长江三角洲城市法治指数测评中，总得分为 80.00 分，对应的等级为“A–”，与 27 个城市的法治指数平均分（75.11 分）相比，高出 4.89 分。总体表现为“优秀”。

（三）分项比较分析

测评结果显示，在 9 项一级指标中，泰州市除“严格执法”和“法律服务”2 项外，在其他 7 项一级指标中的得分高于 27 个城市的平均水平。其中，“营商环境”得满分 10 分，是三个得到满分的城市之一，高出平均分 1.38 分；“依法治市”得 6.75 分，高于平均分 1.07 分；“科学立法”得 10.75 分，高于平均分 2.13 分；“公正司法”得 10.5 分，高出平均分 0.68 分；“全民普法守法”得 9.25 分，高出平均分 0.69 分，“阳光政府”得 9.5 分，高出平均分 0.12 分；“社会治理”得 9 分，高出平均分 0.42 分，通过分析上述数据可见，该 7 项一级指标总体表现较好，其中，“营商环境”和“科学立法”2 项得分名列前茅，值得肯定。

其余 2 项一级指标的得分低于 27 个城市法治指数的平均水平。其中，“严格执法”得 6.75 分，低于平均分 1.32 分；“法律服务”得 7.5 分，低于平均分 0.27 分。通过分析上述数据可见，“法律服务”一级指标得分与平均分差距不大；而“严格执法”一级指标得分与平均分差距较大，超过了 1 分，得分在27个城市中处于下游，仅比最低得分高出0.25分。

（四）加分项分析

泰州市在9项一级指标中，有6项一级指标得到加分，加分的事项为17项，得14.5分，另外的“依法治市”“严格执法”“法律服务”未能得到加分。具体而言，“科学立法”和“公正司法”均获得满分4分；“阳光政府”和“营商环境”也均获得满分2分，这四项得分都十分理想。此外，“全民普法守法”获得1.5分；“社会治理”获得1分。从泰州市的加分项数据分析来看，一个特点就是不够平衡，得加分项高分的领域和未得加分项的领域都比较突出。

（1）在科学立法方面，出台《泰州市食品小作坊集中加工中心管理办法》，成为全省地级市中首个食品小作坊集中加工中心管理立法；同时，泰州市结合2020年新冠疫情防控工作，出台《泰州市传染病防治卫生监督管理办法》，该办法系全省首部传染病防治卫生管理政府规章；泰州市立法保护长江水环境的做法被新华社宣传报道；此外，泰州市在立法过程中举行立法听证会，并且建立了征求公众意见的反馈机制，这在设区的市里并不多见，值得充分肯定。

（2）在公正司法方面，泰州市人民法院共有7篇案例入选《中国法院2020年度案例》；泰州市中级人民法院两个案件分别入选2019年度人民法院十大执行案件以及最高人民法院第24批指导性案例；此外，泰州市诉源治理让司法更有温度的做法被《新华日报》宣传报道。

（3）在全民普法守法方面，泰州市海陵区重视法制宣传进校园，相关做法被新华网宣传报道；泰州市以落实“谁执法谁普法”普法责任制为主线打造普法责任落实“泰州样板”，在全省率先出台普法责任清单，为司法部门、市委各部委办局、企业事业单位、群众团体、驻泰单位等101家市直部门定制个性化普法责任清单的做法，被司法部和《法治日报》宣传报道。

（4）在阳光政府方面，泰州市出台《泰州市重大行政决策事项管理办法》和《泰州市关于加强“三重一大”事项决策和监管的意见》。每年年初制定泰州市重大行政决策目录，并及时予以公示。泰州市司法局以合法性审查为节点开展重大行政决策回头看工作，对未进行公众参与、风险评估以及专家论证的重大行政决策，不予进行合法性审查；此外，泰州市人民政府官方网站建立了完备的政策文件与政策解读查询通道。

（5）在社会治理方面，泰州市两级法院创新构建起“巡回审判网格化、司法惠民常态化、就地解纷实质化、法治宣传系统化、社会治理协同化”的“五化”多元矛盾化解机制，此举被《新华日报》宣传报道。

（6）在营商环境方面，泰州市首创《品质城市评价指标体系》标准，被国务院办公厅通报表彰为“推进质量工作成效突出地方”，系全省唯一获得这项表彰的地级市；泰州市制定首批优化营商环境六项地方标准，被新华网宣传报道；泰州市出台《企业科技创新积分管理办法》让企业科技创新享受“积分红利”，亦被新华社宣传报道。

（五）减分项分析

泰州市的减分项只有一项，在“严格执法”指标中，由于行政复议案件综合纠错率（42%）明显高于全国平均水平被扣减 1 分。行政复议纠错率高，一方面体现了通过行政复议实现行政系统内部的自我纠错，体现行政复议的纠错功能，值得肯定。但另一方面，被纠错率高于全国水平也从某种角度反映出执法领域仍然存在短板和不足，依法行政的水平还有待进一步提高。同时政府部门仅公开行政复议案件综合纠错率并不能够全面反映依法行政水平，行政复议案件纠错率相关数据公开有待进一步细化。①

（六）主要短板与不足

从法治指数测评过程中获取的资料来看，泰州市法治建设存在以下主要短板：

（1）“依法治市”得 6.75 分，虽然高出 27 个城市平均分，但在该市 9 项一级指标中得分较低，与满分 12 分相比，仍然有提高和完善的空间。测评数据显示，依法治市委员会的四个协调小组 2020 年度均没有工作动态等方面的相关信息；还有一个显著的短板，是没有制度创新和在全国层面上形成值得推广的经验做法，未能得到加分项。

① 由于 2020 年全国复议纠错率还没有公布统计数据，测评组选取了 2019 年的全国复议纠错率作为对照，2019 年全国平均复议纠错率为 16%。

（2）“科学立法”得10.75分，反映出泰州市立法工作总体情况较好，但是某几项具体工作仍然有提升的空间。测评结果显示，测评组所及的搜索范围内未能找到能够体现政府规章人大备案审查制度的信息；地方性法规及政府规章的解读机制覆盖面有待提高；未能搜寻到政府基层立法联系点的相关信息。

（3）“严格执法”得6.75分，在9项一级指标中与“依法治市”并列倒数第1，低于平均分1.32分，在27个城市中处于下游，比最低分仅高出0.25分。这项指标所反映的主要问题是：2020年度没有完善自由裁量制度等工作动态的信息；严格执法方面缺乏制度创新，未能得到加分项；行政复议案件综合纠错率（42%）明显高于全国平均水平，且政府部门提供的行政行为被复议纠错率等其他相关数据不够细化明确。①

（4）“法律服务”得7.5分，低于平均分0.27分，反映出泰州市在法律服务工作方面基本达标，但仍有很大的上升空间。测评数据显示，泰州市有关法律服务进村居的工作有待进一步推进；尤其是工作制度创新方面力度不够，未能产生在全国和全省层面值得推广的经验做法，未能得到加分项。

（七）主要建议

针对泰州市在此次法治指数测评中存在的短板，测评组提出如下建议：

（1）坚定不移走中国特色社会主义法治道路，加强党对法治工作的领导，全面推进依法治市。发挥党统揽全局、协调各方的作用，统筹推进依法治市委员会四个协调小组各项工作，同时加强对依法治市委员会四个协调小组的工作指导和监督；注重工作制度的创新，提供依法治市的泰州经验和模式。

（2）坚持科学立法，进一步加强和改进立法工作。一是加强立法备案审查机制建设，进一步完善政府规章人大备案审查制度，加强立法监督，提升立法质量；二是完善立法后新闻发布会、解读等机制，将年度法规规章悉数纳入解读的范围，积极召开新闻发布会回应群众关切，为群众学法懂法守法

① 由于泰州市2021年政府工作报告仅提供了行政案件综合纠错率，故测评组此处仅用行政案件综合纠错率进行比较。

扫清理解障碍；三是加强政府基层立法联系点建设，拓展公民有序参与政府立法的途径。

（3）严格规范行政执法，进一步提升执法水平。一是进一步完善自由裁量基准制度，确保严格规范执法；二是针对行政复议案件综合纠错率较高的情况，建议加大对行政执法人员的业务培训力度，不断提高执法人员的办案能力和水平。同时，建议在未来的数据公开中公布综合纠错率和直接纠错率以更加全面地反映行政执法的情况。

（4）完善法律服务体系建设，进一步提升法律服务水平。一是持续推进法律服务进村居，为基层群众提供多层次、专业化、便捷高效精准的公共法律服务；二是针对“法律服务”一级指标没有加分项的情况，建议在做好基础法律服务工作的同时，探索做大做优法律服务新形式，构建更加完善的公共法律服务网络；注重工作制度创新，探索先进的法律服务工作经验。

十一、杭州市法治指数测评分报告

（一）测评数据

表 3-11-1　A1 依法治市分项得分表

二级指标	基础分项					项目分项			加分项			总分	27个城市平均分
	B1	B2	B3	B4	B5	B6	B7	B8	B9	B10	B11		
分值	1	1	1	1	1	1	1	1	4			12	5.68
得分	1	1	1	1	0.75	1	0	0	0	0	0	5.75	

表 3-11-2　A2 科学立法分项得分表

二级指标	基础分项					项目分项			加分项					减分项	总分	27个城市平均分
	B12	B13	B14	B15	B16	B17	B18	B19	B20	B21	B22	B23	B24	B25		
分值	1	1	1	1	1	1	1	1	4					2	12	8.62
得分	1	0.5	0.5	1	1	1	1	1	0	4	1（不计）	1（不计）	0	0	11	

表 3-11-3　A3 严格执法分项得分表

二级指标	基础分项					项目分项			加分项			减分项			总分	27 个城市平均分
	B26	B27	B28	B29	B30	B31	B32	B33	B34	B35	B36	B37	B38	B39		
分值	1.5	1	1	0.5	1	1	1	1		4			2		12	8.07
得分	1.5	1	1	0.5	1	1	1	1	1	0	0	0	0	0	9	

表 3-11-4　A4 公正司法分项得分表

二级指标	基础分项					项目分项			加分项				减分项	总分	27 个城市平均分
	B40	B41	B42	B43	B44	B45	B46	B47	B48	B49	B50	B51	B52		
分值	1	1	1	1	1	1	1	1		4			2	12	9.82
得分	1	1	0.5	0.5	1	1	1	1	3	0	0	0	0	10	

表 3-11-5　A5 全民普法守法分项得分表

二级指标	基础分项					项目分项			加分项		减分项	总分	27 个城市平均分
	B53	B54	B55	B56	B57	B58	B59	B60	B61	B62	B63		
分值	1	1	1	1	1	1	1	1	4		2	12	8.56
得分	1	1	1	1	1	1	1	1	0	1.5	–2	7.5	

表 3-11-6　A6 阳光政府分项得分表

二级指标	基础分项					项目分项			加分项				减分项	总分	27 个城市平均分
	B64	B65	B66	B67	B68	B69	B70	B71	B72	B73	B74	B75	B76		
分值	1	1	1	1	1	1	1	1		2			2	10	9.38
得分	1	1	1	1	1	1	1	1	1	0.5	0	0	0	9.5	

表 3-11-7　A7 社会治理分项得分表

二级指标	基础分项					项目分项			加分项		减分项			总分	27 个城市平均分
	B77	B78	B79	B80	B81	B82	B83	B84	B85	B86	B87	B88	B89		
分值	1	1	1	1	1	1	1	1	2			2		10	8.58
得分	1	1	1	1	1	1	1	1	0	2	0	0	0	10	

表 3-11-8　A8 营商环境分项得分表

二级指标	基础分项					项目分项			加分项		减分项		总分	27 个城市平均分
	B90	B91	B92	B93	B94	B95	B96	B97	B98	B99	B100	B101		
分值	1	1	1	1	1	1	1	1	2		2		10	8.62
得分	1	1	1	0.5	1	1	1	1	1	1	0	0	9.5	

表 3-11-9　A9 法律服务分项得分表

二级指标	基础分项					项目分项			加分项		减分项	总分	27 个城市平均分
	B102	B103	B104	B105	B106	B107	B108	B109	B110	B111	B112		
分值	1	1	1	1	1	1	1	1	2		2	10	7.77
得分	1	1	1	1	1	1	1	1	0	0	0	8	

（二）总体评价

杭州市在此次长江三角洲城市法治指数测评中，总得分为 80.25 分，对应的等级为“A–”，总体表现为“优秀”。杭州市的法治指数总分高出 27 个城市的法治指数平均分（75.11 分）5.14 分。

（三）分项比较分析

测评结果显示，在 9 项一级指标中，杭州市在“依法治市”“科学立法”“严格执法”“公正司法”“阳光政府”“社会治理”“营商环境”“法律服务”等 8 项一级指标中的得分高于 27 个城市的平均水平。

其中，“社会治理”得满分 10 分，高于平均分 1.42 分；“依法治市”得 5.75 分，高于平均分 0.07 分；“科学立法”得 11 分，高于平均分 2.38 分；“严格执法”得 9 分，高于平均分 0.93 分；“公正司法”得 10 分，高于平均分 0.18 分；“阳光政府”得 9.5 分，高于平均分 0.12 分；“营商环境”得 9.5 分，高于平均分 0.88 分；“法律服务”得 8 分，高于平均分 0.23 分。通过分析上述数据可见，该 8 项一级指标总体表现较好。

除上述 8 项一级指标外，杭州市仅有 1 项一级指标的得分低于 27 个城市法治指数的平均水平。该项为“全民普法守法”，得 7.5 分，低于平均分 1.06 分。通过分析该数据可见，“全民普法守法”一级指标得分与平均分差距较大，超过 1 分，得分在 27 个城市中处于下游。

（四）加分项分析

杭州市在9项一级指标加分项中共得15分，除“依法治市”“法律服务”没有加分外，其他7项一级指标均有加分事项。其中，“科学立法”得满分4分；“社会治理”得满分2分；“营商环境”得满分2分；“公正司法”得3分，这四项得分都较为理想；此外，“严格执法”得1分；“全民普法守法”得1.5分；“阳光政府”得1.5分。

（1）在科学立法方面，杭州积极开展立法创新，在全省率先立法为公安辅警“明责赋权”，制定出台《杭州市公安机关警务辅助人员管理规定》；制定出台的《杭州城市大脑赋能城市治理促进条例》《杭州市老旧小区住宅加装电梯管理办法》《杭州市公共场所自动体外除颤器管理办法》均为国内首创；杭州还发布了首部钱塘江流域保护发展基础性法规。此外，杭州积极举行立法听证会，在立法中充分听取各方意见，加强群众互动，针对当前物业管理矛盾纠纷多发、频发等问题，及时修订《杭州市物业管理条例》。同时，杭州在立法方面的创新型制度安排“人脸识别禁止性条款的地方立法”入选“2020年度中国十大宪法事例”，受到央视新闻频道等中央媒体的关注报道。

（2）在严格执法方面，《法制日报》以《“头雁”工程引领法治建设新标杆》为题专题报道杭州市法治建设工作。

（3）在公正司法方面，杭州市人民检察院办理的杨某某等人非法吸收公共存款案、叶某某等人提供侵入计算机信息系统程序案、据某某盗窃案，共计3件案件入选最高人民检察院指导性案例。

（4）在全民普法守法方面，杭州市大力发展普法新形式，融媒体普法等先进工作经验被司法部推广；杭州市萧山区率先在全省开展行政执法“公述民评”活动，入选2020年度浙江省“十大普法影响力事件”。

（5）在阳光政府方面，杭州市严格落实《杭州市政务公开公众参与工作制度（试行）》，完善重大决策公众参与制度，切实提高行政决策的科学化、民主化、法治化水平。此外，杭州市还有效开展了规范性文件、政策解读工作。

（6）在社会治理方面，杭州市“12345”市长公开电话获2020年全国政务热线服务质量评估总体评估优秀单位（等级：A+）（全国共8条热线获奖）、2020年全国政务热线服务质量评估“价值创造”优秀单位、2020年全国政务热线服务质量评估“服务创新”优秀单位等行业内国家级政务服务类三项大奖。2020年疫情期间，杭州市“12345”通过健全工作机制、创新管理流程、加强数字赋能，充分发挥数据分析、智能客服的作用，为杭州疫情防控和复工复产双线作战作出积极贡献，充分彰显了杭州“12345”在城市精细化治理和社会价值创造中的示范引领作用。

（7）在营商环境方面，杭州开展全国首创性项目，强化数字赋能，运用互联网和大数据技术，推出全国首创开发的“转供电费码”；杭州不断探索创新优化营商环境的新路子，关于高质量推动营商环境优化升级的措施得到人民网的重点宣传。

（五）减分项分析

在减分项方面，杭州仅在“全民普法守法”指标中扣除2分，分别是浙江省杭州市萧山区卫生健康局原党委委员、副局长李某某违规收受可能影响公正执行公务的礼品和消费卡、违规接受宴请等问题，以及杭州市司法局人民参与和促进法治处原处长施某某违规收受礼品礼金、违规接受管理服务对象宴请问题。上述两个案例均在国家纪委监察委网站上披露。

（六）主要短板与不足

从法治指数测评过程中获取的资料来看，杭州市法治建设存在以下主要短板：

（1）“依法治市”得5.75分，在9项一级指标中得分最低。这项指标所反映的主要问题是：在依法治区工作协调推进工作中，市级层面的协调不够充分；地方性法规和政府规章的立法计划没有经由依法治市委员会或者市委审议的相关信息；也并未有重大立法项目提交市委常委会审议的工作动态。

（2）“科学立法”得11分，反映出杭州市立法工作总体情况较好，但是立法工作仍然有提升和完善空间。测评数据显示，政府规章、规范性文件人大备案审查制度缺少实践工作信息；地方性法规未有开展立法后评估工作的相关信息。

（3）“营商环境”得9.5分，仅比满分低0.5分，但也并非不存在问题。这项一级指标所反映的主要问题是：行业协会的作用有待进一步发挥。

（七）主要建议

针对杭州市在此次法治指数测评中存在的短板，测评组提出如下建议：

（1）深入贯彻落实习近平法治思想，不断提升依法治市的能力水平。一是进一步加强党对立法工作的领导，将法规规章计划交由依法治市委员会或市委审议；二是发挥党统揽全局、协调各方的作用，进一步协调、推动各区县的依法治理工作，提高整体的依法治理水平。

（2）坚持科学立法，进一步加强和改进立法工作。一是健全完善规章、规范性文件人大备案审查制度，认真把好备案审查关；二是适时开展地方性法规立法后评估，提升立法质量，促进法律制度的有效实施。

（3）持续优化营商环境，更好服务市场主体。注重发挥行业协会的作用，推动政府职能转变，促进市场经济繁荣发展。

十二、宁波市法治指数测评分报告

（一）测评数据

表 3-12-1　A1 依法治市分项得分表

二级指标	基础分项					项目分项			加分项			总分	27个城市平均分
	B1	B2	B3	B4	B5	B6	B7	B8	B9	B10	B11		
分值	1	1	1	1	1	1	1	1		4		12	5.68
得分	1	1	1	1	0.5	0.5	0.5	0	1	1	0	7.5	

表 3-12-2　A2 科学立法分项得分表

二级指标	基础分项					项目分项			加分项					减分项	总分	27个城市平均分
	B12	B13	B14	B15	B16	B17	B18	B19	B20	B21	B22	B23	B24	B25		
分值	1	1	1	1	1	1	1	1			4			2	12	8.62
得分	1	1	0.5	0.5	1	1	1	1	0	1	0	2	0	0	10	

表 3-12-3　A3 严格执法分项得分表

二级指标	基础分项					项目分项			加分项			减分项			总分	27 个城市平均分
	B26	B27	B28	B29	B30	B31	B32	B33	B34	B35	B36	B37	B38	B39		
分值	1.5	1	1	0.5	1	1	1	1		4			2		12	8.07
得分	1.5	1	1	0.5	0.5	0.5	0.5	1	1	3	0	0	0	0	10.5	

表 3-12-4　A4 公正司法分项得分表

二级指标	基础分项					项目分项			加分项				减分项	总分	27 个城市平均分
	B40	B41	B42	B43	B44	B45	B46	B47	B48	B49	B50	B51	B52		
分值	1	1	1	1	1	1	1	1		4			2	12	9.82
得分	1	1	1	1	1	1	1	1	0	0	3	1	0	12	

表 3-12-5　A5 全民普法守法分项得分表

二级指标	基础分项					项目分项			加分项		减分项	总分	27 个城市平均分
	B53	B54	B55	B56	B57	B58	B59	B60	B61	B62	B63		
分值	1	1	1	1	1	1	1	1	4		2	12	8.56
得分	1	1	1	1	0.5	1	1	1	2	0	–0.5	9	

表 3-12-6　A6 阳光政府分项得分表

二级指标	基础分项					项目分项			加分项				减分项	总分	27 个城市平均分
	B64	B65	B66	B67	B68	B69	B70	B71	B72	B73	B74	B75	B76		
分值	1	1	1	1	1	1	1	1		2			2	10	9.38
得分	1	1	0.5	0.5	1	1	1	1	0	0.5	1.5	0	0	9	

表 3-12-7　A7 社会治理分项得分表

二级指标	基础分项					项目分项			加分项		减分项			总分	27 个城市平均分
	B77	B78	B79	B80	B81	B82	B83	B84	B85	B86	B87	B88	B89		
分值	1	1	1	1	1	1	1	1	2			2		10	8.58
得分	1	1	1	1	1	0.5	1	1	2	1（不计）	0	0	0	9.5	

表 3-12-8　A8 营商环境分项得分表

二级指标	基础分项					项目分项			加分项		减分项		总分	27个城市平均分
	B90	B91	B92	B93	B94	B95	B96	B97	B98	B99	B100	B101		
分值	1	1	1	1	1	1	1	1	2		2		10	8.62
得分	1	1	0.5	0	0.5	1	1	1	2	0	0	0	8	

表 3-12-9　A9 法律服务分项得分表

二级指标	基础分项					项目分项			加分项		减分项	总分	27个城市平均分
	B102	B103	B104	B105	B106	B107	B108	B109	B110	B111	B112		
分值	1	1	1	1	1	1	1	1	2		2	10	7.77
得分	1	1	1	1	1	1	1	1	2	0	0	10	

（二）总体评价

宁波市在2020年度长江三角洲城市法治指数测评中，总体表现为“优秀”，总得分为85.5分，对应等级为“A级”，而且是仅有的两个达到A级的城市之一，反映出宁波市法治建设取得出色成绩，在长三角地区已名列前茅。

（三）分项比较分析

在9个一级指标中，宁波市在“司法公正”和“法律服务”2项上分别得满分12分和10分，分别比平均分高出2.18分和2.23分。

除2项满分外，另有5项指标高于平均水平，其中，“依法治市”得7.5分，比平均水平高出1.82分，比最高分仅低了0.25分；“科学立法”得10分，比平均分高出1.38分；“严格执法”得10.5分，比平均分高出2.43分；“全民普法守法”得9分，比平均分高出0.44分；“社会治理”得9.5分，比平均分高出0.92分。

有2项指标低于平均水平，其中，“阳光政府”得9分，低于平均水平0.38分；“营商环境”得8分，低于平均水平0.62分。宁波市的这2项指标低于平均水平，有点出乎意料。仔细分析原因，“阳光政府”的指标得分普遍较高，有4个城市得满分，5个城市得9.75分，还有9个城市得9.5分，宁波市也只是比满分少了1分，不能算有多少差距，但相比之下就显得低了，这可以理解，无需过于纠结；关于“营商环境”一项，主要是行业协会的作用发挥不够明显，没有得分，在知识产权保护和中小企业扶持政策方面也没有得满分，但实际情况并不一定有这种落差，从网上查询的信息不完整也在所难免，因此重在实际成效和结果。

（四）加分项分析

宁波市在9项一级指标加分项中共得23分，其中，“严格执法”“公正司法”2项得满分4分；“阳光政府”“社会治理”“营商环境”“法律服务”4项也都得满分2分。只有在“依法治市”一项中少得1分，在“科学立法”和“全民普法守法”2项中各少得2分。这是很好的成绩，说明宁波市在法治工作创新方面卓有成效，在很多领域为全国提供了可供借鉴的经验和模式。

（1）在依法治市方面，宁波市成功入选全国法治政府建设示范市县，还入选了全国市域社会治理现代化试点地区。

（2）在科学立法方面，宁波市在国内建立了首个地方性法规动态维护机制；在《宁波市全民阅读条例》中创设了“书香宁波日”；有8件规范性文件审查纠错案入选全国或者全省典型案例。

（3）在严格执法方面，宁波市首创非接触性执法模式，在全国推广；在全国率先研发行政复议信息管理系统；市行政复议局在全省率先创立速审速裁工作机制；创新性地制定了《宁波市监察纪律责任追究与行政执法监督执法过错责任追究协作规定》。

（4）在公正司法方面，宁波市人民法院率先把全国法院失信被执行人数据信息纳入宁波公共信用信息平台；探索移动微法院建设，流转案件131305件，在线立案申请47570件，网上交流51万余件，平台送达48.73万次，在全国得到推广；首创司法援助保险创新，在全国推广；1起行政诉讼案件被最高人民法院评为“检察公益诉讼十大典型案件”；在全国首创“两法衔接”信息共享平台；司法透明度指数连续5年排名全国前三，被确定为“全国司法公开标杆法院”；在全省开设首家中院层级行政争议调解中心。需要特别说明的是，宁波市在司法公正方面的制度创新项目得分远远超过4分的限额，有多项已不计入分数。

（5）在全民普法守法方面，宁波市人民检察院探索的“检察官担任法治副校长”被《人民日报》宣传报道；宁波普法宣传工作考核连续五年名列全省第1；检察官助推“谁执法、谁普法”入选省“最佳实践”项目。

（6）在阳光政府方面，宁波市阳光征收的经验做法被《人民日报》宣传报道；重大行政决策执行情况的第三方评估实施办法属于全国首创。

（7）在社会治理方面，宁波市率先出台“三法融合”村（社区）建设指导、考评标准，“三治融合”考评列全省第一；宁波市鄞州“365社区治理工作规程”获全国最佳案例；鄞州还获浙江平安建设最高荣誉“平安金鼎”奖。

（8）在营商环境方面，宁波市推进重点行业领域整治优化法治化营商环境，在2020年度《中国城市营商环境报告》中排名第12；宁波市法院首创的自动履行正面激励机制，写入最高人民法院工作报告。

（9）在法律服务方面，宁波市开展的“法律门诊”被《人民日报》宣传报道；宁波市政法一体化单轨制协同办案达100%。

（五）减分项分析

宁波市的减分项只有一项，在全民普法守法中，被减扣0.5分。即镇海区某个委办局的领导干部违法违纪案，被浙江省相关部门通报，又被国家纪委监察委的网站转发。

（六）主要短板与不足

在充分肯定成绩的同时，也不回避问题与不足。虽然宁波市在这次法治指数测评中取得了高分，但不意味着没有短板与不足。从相关指数的资料来看，存在以下主要短板：

（1）“依法治市”只得7.5分，是9项指数中得分最低的项目，虽然高于平均分1.73分，但并不意味着宁波市在这方面值得肯定，而只是说明，宁波市和其他城市都处在相同的较低水平。从相关资料和数据看，宁波市在推动、协调各县区依法治县（区）工作方面力度不够；依法治市委的四个协调小组中，2020年度只有立法协调小组有过活动，其他三个协调小组均没有工作相关动态和信息；地方性法规和政府规章年度立法计划未有经依法治市委或者市委常委会审议的信息；没有重大立法项目提交市委常委会审议的信息。

（2）在科学立法方面，还有待提升和完善之处。测评数据显示，从年度立法数量来看，是比较多的，说明宁波市人大和政府对立法工作是比较积极的。但按照更高的立法工作精细化要求来衡量，政府规章未有开展立法后评估工作的记录；法规、规章的新闻发布、解读等机制还有待进一步完善；没有开展过立法听证会和市人大全会审议立法项目的工作信息；立法质量总体上还有待提高。

（3）在营商环境方面，虽然宁波市一直十分重视，出台过打造国际一线营商环境方案3.0版，有优化营商环境的地方立法，提出了“无证件办事之城”等，但在各地都对此项工作高度重视，竞相出台各种优惠政策的大背景下，宁波市在优化营商环境方面面临着激烈的竞争，从此次数据测评结果来看，并没有太多优势，反而是低于平均水平。从某种角度来说，这并非坏事，而是可以成为激励机制和进一步努力的动力。

（七）主要建议

（1）以习近平法治思想为指针，进一步提高依法治市的能力和水平。进一步加强党对立法工作的领导，提高领导地方立法的能力，不断提高立法质量；发挥党统揽全局、协调各方的作用，探索加强对依法治市为四个协调小组的工作指导和监督；进一步协调、推动各县区的依法治理工作，提高整体的依法治理水平。

（2）进一步提升科学立法的能力，不断提高立法工作精细化的水平。在《立法法》对设区的市立法权限作出新的界定之后，在依法立法的前提下，要积极探索科学立法、民主立法的新方法、新途径，探索立法听证会、人大全会审议地方性法规等新制度；积极开展立法后评估制度；注重新出台法规、规章的立法宣传和解读，面向公众进行有效的普法宣传。

（3）进一步在优化营商环境方面作出新努力。针对前面所提到的不足，注重行业协会作用的发挥，进一步优化在知识产权保护和中小企业扶持方面的政策，继续打造好国际一线营商环境方案的3.0版。

十三、温州市法治指数测评分报告

（一）测评数据

表 3-13-1　A1 依法治市分项得分表

二级指标	基础分项					项目分项			加分项			总分	27 个城市平均分
	B1	B2	B3	B4	B5	B6	B7	B8	B9	B10	B11		
分值	1	1	1	1	1	1	1	1		4		12	5.68
得分	1	1	0.5	1	0.5	0.75	0	0.5	1	0.5	1	7.75	

表 3-13-2　A2 科学立法分项得分表

二级指标	基础分项					项目分项			加分项					减分项	总分	27 个城市平均分
	B12	B13	B14	B15	B16	B17	B18	B19	B20	B21	B22	B23	B24	B25		
分值	1	1	1	1	1	1	1	1			4			2	12	8.62
得分	1	1	1	0.5	1	1	0	1	1	0	1	0	1	0	9.5	

表 3-13-3　A3 严格执法分项得分表

二级指标	基础分项					项目分项			加分项			减分项			总分	27 个城市平均分
	B26	B27	B28	B29	B30	B31	B32	B33	B34	B35	B36	B37	B38	B39		
分值	1.5	1	1	0.5	1	1	1	1		4			2		12	8.07
得分	1.5	1	1	0.5	0.5	0.5	1	1	0	0.5	1	−1	0	0	7.5	

表 3-13-4　A4 公正司法分项得分表

二级指标	基础分项					项目分项			加分项				减分项	总分	27 个城市平均分
	B40	B41	B42	B43	B44	B45	B46	B47	B48	B49	B50	B51	B52		
分值	1	1	1	1	1	1	1	1		4			2	12	9.82
得分	1	1	1	1	1	1	1	1	0	1	1	1	0	11	

表 3-13-5　A5 全民普法守法分项得分表

二级指标	基础分项					项目分项			加分项		减分项	总分	27个城市平均分
	B53	B54	B55	B56	B57	B58	B59	B60	B61	B62	B63		
分值	1	1	1	1	1	1	1	1	4		2	12	8.56
得分	1	1	1	1	0.75	1	1	1	2	0	0	9.75	

表 3-13-6　A6 阳光政府分项得分表

二级指标	基础分项					项目分项			加分项				减分项	总分	27个城市平均分
	B64	B65	B66	B67	B68	B69	B70	B71	B72	B73	B74	B75	B76		
分值	1	1	1	1	1	1	1	1	2				2	10	9.38
得分	1	1	0.75	1	1	1	1	1	1	1	0	0	0	9.75	

表 3-13-7　A7 社会治理分项得分表

二级指标	基础分项					项目分项			加分项		减分项			总分	27个城市平均分
	B77	B78	B79	B80	B81	B82	B83	B84	B85	B86	B87	B88	B89		
分值	1	1	1	1	1	1	1	1	2		2			10	8.58
得分	1	1	1	1	1	1	1	0.5	1	0	0	–1	0	7.5	

表 3-13-8　A8 营商环境分项得分表

二级指标	基础分项					项目分项			加分项		减分项		总分	27个城市平均分
	B90	B91	B92	B93	B94	B95	B96	B97	B98	B99	B100	B101		
分值	1	1	1	1	1	1	1	1	2		2		10	8.62
得分	1	1	1	1	1	1	1	1	1	0	0	0	9	

表 3-13-9　A9 法律服务分项得分表

二级指标	基础分项					项目分项			加分项		减分项	总分	27个城市平均分
	B102	B103	B104	B105	B106	B107	B108	B109	B110	B111	B112		
分值	1	1	1	1	1	1	1	1	2		2	10	7.77
得分	1	1	1	0.5	1	1	0.75	1	1	0	0	8.25	

（二）总体评价

温州市在此次长江三角洲城市法治指数测评中，总得分为80分，对应的等级为“A-”，总体表现为“优秀”。与27个城市的法治指数平均分（75.11分）相比，高出4.89分。

（三）分项比较分析

测评结果显示，在9项一级指标中，温州市有7项的得分均超过各一级指标平均分。其中，“依法治市”得7.75分，高于平均分2.07分；“科学立法”得9.5分，高于平均分0.88分；“公正司法”得11分，高出平均分1.18分；“全民普法守法”得9.75分，高出平均分1.19分；“阳光政府”得9.75分，高出平均分0.37分；“营商环境”得9分，高出平均分0.38分；“法律服务”得8.25分，高出平均分0.48分。通过分析上述数据可见，温州市在“依法治市”“公正司法”“全民普法守法”3项一级指标中表现较好，高出平均分均在1分以上，其中“依法治市”更是表现优异，在27个城市中位列首位。其余“科学立法”“阳光政府”“营商环境”“法律服务”等4项一级指标得分略高于平均分，均在1分以内。

“严格执法”与“社会治理”2项一级指标的得分低于27个城市的平均分，“严格执法”得7.5分，与平均分差距较小；但“社会治理”得7.5分，与平均分差距较大，超过了1分。

（四）加分项分析

在加分项方面，温州市在9个一级指标中共得到16.5分，且在所有的一级指标中均有加分。从分布来看，温州市的加分项分布均匀，其中“依法治市”得2分；“科学立法”得3分；“严格执法”得1.5分；“公正司法”得3分；“全民普法守法”得2分；“阳光政府”得2分；“社会治理”得1分；“营商环境”得1分；“法律服务”得1分。反映出温州市在法治建设各方面发展均衡且均有较大的成长动力。

（1）在“依法治市”方面，温州市《关于促进消费升级进一步激发居民消费潜力的若干意见》作为重大利民项目获得市委常委会审议通过；温州市瓯海区“阳光森林”理念确保基层政务公开试点工作以及温州市基层合法性审查全覆盖工作获得中央媒体重点报道；温州市法治政府建设获浙江省“四连优”。

（2）在“科学立法”方面，《温州市荣誉市民条例》作为重要立法项目，由温州市第十三届人民代表大会第五次会议通过；温州市建立了立法公开征求公众意见的反馈机制，例如《温州市突发事件应急预案管理办法（征求意见稿）》在公开征求公众意见后作出意见反馈。

（3）在“严格执法”方面，温州市首创“一次申请、两次救济”的法治政府建设机制；温州市农业农村局获评第一批全国农业综合行政执法示范单位，苍南县农业综合行政执法队获评全国农业综合行政执法示范窗口。

（4）在“公正司法”方面，温州个人债务集中清理试点经验在全国引起积极反响，相关做法被省高院“类个人破产”工作指引吸纳并推广至全省；温州中院和鹿城、龙湾法院第一时间依法为符合条件的生产抗疫物资涉诉企业变更强制措施，得到最高人民法院官方微信报道肯定；温州平阳法院“违约方解除合同”案例入选最高人民法院《民法典新规则案例适用》；温州中院持续助创诉源治理温州品牌，“场所 + 机制”“线上 + 线下”“城镇 + 乡村”“国内 + 国外”温州特色诉源治理格局不断巩固完善，《人民法院报》《浙江日报》均整版报道了温州法院参与诉源治理工作经验。

（5）在“全民普法守法”方面，温州市在浙江省范围内率先试点全省领导干部学法清单制度，普法办联合市委组织部出台《温州市领导干部学法清单制度试点工作方案》；温州市组织民法典海外普法宣讲团，创建省级法治文化宣传阵地 6 个，市级法治文化宣传阵地 62 个；温州市打造的南麂“法治小岛”成为浙江省“全省十大普法影响力事件”；温州市积极通过新媒体渠道打造普法守法宣讲平台，“温州普法”抖音号 11 次进入中央政法委发布的全国政务抖音号司法排行榜前二十，其中 6 次进入全国前十，最高排名前三，并在第二届全国政法短视频论坛上获奖并作经验介绍。

（6）在“阳光政府”方面，温州市不断完善公众参与、专家论证、风险评估、合法性审查、集体讨论决定程序；建立健全了地方性法规、规章、规范性文件的解读机制。

（7）在“社会治理”方面，在全国率先推行基层合法性审查全覆盖和司法所法制机构职责改革，《法治日报》和司法部官网官微专题报道。

（8）在“营商环境”方面，深入开展优化营商环境“10＋N”行动，实行“涉企免罚清单”，在全国工商联开展的2020年“万家民营企业评营商环境”活动中，温州营商环境跃居全国第6。

（9）在“法律服务”方面，温州市司法系统在“最多跑一次”改革中，利用远程视频技术，改变空间距离，在全国率先开展海外远程视频公证取证工作，有力破解了海外华侨办理公证跨国办、多次跑的难题。

（五）减分项分析

在减分项方面，温州市在“严格执法”与“社会治理”2项一级指标中出现减分。

（1）在“严格执法”中，温州市被减扣1分。2020年温州市行政复议纠错率为25.7%，高于全国平均水平。行政复议纠错率高，一方面体现了通过行政复议实现行政系统内部的自我纠错，体现行政复议的纠错功能。但另一方面，被纠错率高于全国水平也反映出执法领域仍然存在短板和不足，依法行政的水平还有待进一步提高。①

（2）在“社会治理”中，温州市被减扣1分。据浙江省应急管理厅调查，在沈海高速温岭段“6·13”液化石油气运输槽罐车重大爆炸事故中，瑞安市安全生产监督管理部门、瑞安市交通运输主管部门、温州市和瑞安市两级公安机关、瑞安市党政机关等负有相应责任。

（六）短板与不足

从法治指数测评过程中获取的资料来看，温州市法治建设存在以下主要短板：

（1）在“依法治市”方面，未见温州市级层面对依法治区（县）工作协调推进的信息；未见依法治市委员会司法协调小组开展工作的相关信息。

（2）在“严格执法”方面，温州市行政执法人员培训制度有待进一步加强；行政行为被复议纠错率过高。

（3）在“社会治理”方面，加分项得分较少，说明温州社会治理的创新举措有进一步发掘的空间；此外，发生重大安全事故，表明温州市在社会治

① 由于2020年全国复议纠错率还没有公布统计数据，测评组选取了2019年的全国复议纠错率作为对照。

理精细化和规范化方面还有待提升。

（七）主要建议

针对温州市在此次法治指数测评中存在的短板，测评组提出如下建议：

（1）深入贯彻落实习近平法治思想，进一步强化党对依法治市工作的领导。一是加强统筹协调，进一步推动各区县的依法治理工作，提高整体的依法治理水平；二是发挥党统揽全局、协调各方的作用，探索加强对依法治市委员会四个协调小组的工作指导和监督，发挥好四个协调小组的作用；三是注重制度创新，以改革的精神积极探索依法治市的新途径、新方式。

（2）持续强化依法行政队伍建设，加强对执法人员的业务培训，增强行政执法人员守法意识与执法能力，从根源上降低行政行为被复议纠错的空间。

（3）进一步加强社会治理精细化、规范化建设，压实主体责任，尤其是在安全生产、道路交通等领域整顿和强化队伍建设；创新社会治理方式方法，打造共建共治共享的社会治理格局。

十四、湖州市法治指数测评分报告

（一）测评指数

表 3-14-1 A1 依法治市分项得分表

二级指标	基础分项					项目分项			加分项			总分	27个城市平均分
	B1	B2	B3	B4	B5	B6	B7	B8	B9	B10	B11		
分值	1	1	1	1	1	1	1	1		4		12	5.68
得分	1	1	0.5	1	0.5	0	1	0	0	1.5	1	7.5	

表 3-14-2 A2 科学立法分项得分表

二级指标	基础分项					项目分项			加分项					减分项	总分	27个城市平均分
	B12	B13	B14	B15	B16	B17	B18	B19	B20	B21	B22	B23	B24	B25		
分值	1	1	1	1	1	1	1	1			4			2	12	8.62
得分	0.5	0.5	0	1	0.5	1	0	1	0.5	1	1	0	1	0	8	

表 3-14-3　A3 严格执法分项得分表

二级指标	基础分项					项目分项			加分项			减分项			总分	27 个城市平均分
	B26	B27	B28	B29	B30	B31	B32	B33	B34	B35	B36	B37	B38	B39		
分值	1.5	1	1	0.5	1	1	1	1	4			2			12	8.07
得分	1.5	1	1	0.25	1	1	1	1	0	0	0	0	0	0	7.75	

表 3-14-4　A4 公正司法分项得分表

二级指标	基础分项					项目分项			加分项				减分项	总分	27 个城市平均分
	B40	B41	B42	B43	B44	B45	B46	B47	B48	B49	B50	B51	B52		
分值	1	1	1	1	1	1	1	1	4				2	12	9.82
得分	1	1	1	1	1	1	1	1	0	0	0	0	0	8	

表 3-14-5　A5 全民普法守法分项得分表

二级指标	基础分项					项目分项			加分项		减分项	总分	27 个城市平均分
	B53	B54	B55	B56	B57	B58	B59	B60	B61	B62	B63		
分值	1	1	1	1	1	1	1	1	4		2	12	8.56
得分	1	1	1	1	1	1	1	1	0.5	0	0	8.5	

表 3-14-6　A6 阳光政府分项得分表

二级指标	基础分项					项目分项			加分项				减分项	总分	27 个城市平均分
	B64	B65	B66	B67	B68	B69	B70	B71	B72	B73	B74	B75	B76		
分值	1	1	1	1	1	1	1	1	2				2	10	9.38
得分	1	1	0.75	0.5	1	1	1	1	1	0.5	0	0	0	8.75	

表 3-14-7　A7 社会治理分项得分表

二级指标	基础分项					项目分项			加分项		减分项			总分	27 个城市平均分
	B77	B78	B79	B80	B81	B82	B83	B84	B85	B86	B87	B88	B89		
分值	1	1	1	1	1	1	1	1	2		2			10	8.58
得分	1	1	1	1	1	0.5	1	1	0	0	0	0	0	7.5	

表 3-14-8　A8 营商环境分项得分表

二级指标	基础分项					项目分项			加分项		减分项		总分	27 个城市平均分
	B90	B91	B92	B93	B94	B95	B96	B97	B98	B99	B100	B101		
分值	1	1	1	1	1	1	1	1	2		2		10	8.62
得分	1	1	1	0.5	1	0.5	1	1	0	1	0	0	8	

表 3-14-9　A9 法律服务分项得分表

二级指标	基础分项					项目分项			加分项		减分项	总分	27 个城市平均分
	B102	B103	B104	B105	B106	B107	B108	B109	B110	B111	B112		
分值	1	1	1	1	1	1	1	1	2		2	10	7.77
得分	1	1	1	1	1	1	1	1	0	0	0	8	

（二）总体评价

湖州市在 2020 年度长江三角洲城市法治指数测评中，总得分为 72 分，对应的等级为“B–”，与 27 个城市的法治指数平均分（75.11 分）相比，仍有 3.11 分的差距。总体表现为“良好”。

（三）分项比较分析

测评结果显示，在 9 项一级指标中，湖州市在“依法治市”和“法律服务”两项一级指标中的得分高于 27 个城市的平均水平。其中，“依法治市”得 7.5 分，比平均分高出 1.82 分，比最高分仅低 0.25 分；“法律服务”得 8 分，比平均分高出 0.23 分。

其余 7 项一级指标，湖州市的得分均低于 27 个城市的平均水平。其中，“科学立法”得 8 分，低于平均分 0.62 分；“严格执法”得 7.75 分，比平均分低 0.35 分；“公正司法”得 8 分，比平均分低了 1.82 分；“全民普法守法”得 8.5 分，仅比平均分低 0.06 分；“阳光政府”得 8.75 分，低于平均分 0.63 分；“社会治理”得 7.5 分，比平均分低 1.08 分；“营商环境”得 8 分，低于平均分 0.62 分。上述数据显示，湖州市在“公正司法”和“社会治理”2 项得分都低于平均分超过 1 分以上，属于明显的短板；还有 3 项指标，即“科学立法”“阳光政府”“营商环境”得分都比平均分低 0.6 分左右，也值得深入分析。

（四）加分项分析

测评结果显示，在9项一级指标中，湖州市在“依法治市”“科学立法”“全民普法守法”“阳光政府”“营商环境”等5项指标上共有加分项目11项，得9分。其中，“科学立法”得3.5分的高分（满分4分）；“依法治市”得2.5分；“阳光政府”得1.5分的好成绩（满分为2分）；另外，“营商环境”得1分；“全民普法守法”得0.5分。“严格执法”“公正司法”“社会治理”“法律服务”4项一级指标，湖州市均未得到加分。

（1）在依法治市方面，湖州市成为全国法治政府建设示范市（县、区）；2020年9月《法治日报》以《浙江湖州奋力打造现代法治城市典范》为题作了宣传报道；获评全省司法行政综合考评优胜地市，与杭州、宁波、温州、金华一起成为全省第一梯队。

（2）在科学立法方面，一是在全国首创性制定地方性法规《法治乡村建设条例》，从具体可操作的事项入手，围绕乡村事务治理、乡村法治规范化建设、乡村公共法律服务、乡村平安和谐四大重点作出规定。通过遵循“问题引导立法、立法解决问题”的思路，针对公民权益的平等保护、村规民约的有效实施等重点难点问题进行规定。二是建立立法听证会制度，就《湖州市物业管理条例（草案）》，市人大常委会召开立法听证会，专题听取社会各界人士的意见建议。这在设区的市中并不多见。三是建立立法过程中征求公众意见的反馈机制。四是完成立法计划外项目，修改《湖州市制定地方性法规条例》。

（3）在全民普法守法方面，湖州市高标准建设全省首个中小学道德与法治现场教学基地——“春燕学堂”，通过案例讲解、游戏互动、角色扮演等方式为青少年提供沉浸式法治体验。

（4）在阳光政府方面，湖州市完善了重大行政决策程序机制，持续开展重大行政决策目录化管理，确保公众参与、专家论证、风险评估、合法性审查、集体讨论决定等法定程序落实到位，重大事项主动向社会公开；还创造性地健全了企业家参与决策机制。推动出台《湖州市企业家参与涉企政策制定程序规定》《湖州市涉企政策企业家智库管理办法》等规定，成立由企业家、法律专家等组成的决策智库，广泛听取民营企业意见，提高政府涉企政策精准度和适用性，切实维护企业和企业家合法权益。建立政策解读机制，按照“谁起草、谁解读”的原则，政策性文件与解读材料同步组织、同步审签、同步部署。

（5）在营商环境方面，2020年4月，新华网专题报道了湖州市出台《湖州市重大项目攻坚及招商引才新政》，投入超1000亿元资金，践行“两山”理念，打造最优营商环境的经验。

（五）减分项分析

湖州市在此次法治指数测评的8项一级指数设定的减分项中，没有被减分，在这方面表现良好。

（六）主要短板与不足

从法治指数测评过程中获取的资料来看，湖州市法治建设存在以下主要短板：

（1）“依法治市”虽然得7.5分，但离满分12分还有差距。主要短板是：依法治市四个协调小组未能正常开展活动，作用发挥不够；对于协调推进区县依法治理工作还有待进一步完善。

（2）“公正司法”得8分，比平均分低1.82分，这是湖州市所有指数中与平均分差距最大的项目。测评数据显示，湖州市在公正司法方面基础分项和项目分项的8分都拿到了，主要差距在加分项上，加分项没有得分，反映出湖州市在司法公正的制度创新方面缺乏典型做法，获得省级以上的荣誉也不多。相比较其他城市，有14个城市得分在10分以上，有5个城市得满分。虽然测评中难免遗漏，如：湖州市顺利完成最高人民法院委托中国社科院对湖州法院“基本解决执行难”的第三方评估；联合相关部门在全省率先建成并运行“法鉴·湖州法院执行在线”失信被执行人网络曝光平台，运用信用杠杆倒逼被执行人履行法定义务；最高人民法院周强院长视频连线，听取湖州法院执行工作汇报，并对湖州法院对接社会诚信体系建设工作予以批示肯定。上述内容此次测评并未列入加分项，而是列入了基础分项。但总体而言，湖州市在这项指标中需要付出更多的创新努力。

（3）“社会治理”得7.5分，低于平均分1.08分，也是湖州市得分较低的项目。但仔细分析，其实湖州市在基础分项和项目分项上只被扣了0.5分，主要还是加分项上未能得分，从而拉开与其他城市的差距。这也显示各城市都在较高的水平上展开竞争。

（4）“科学立法”得8分，比平均分低0.62分。虽然湖州市在该一级指标的加分项上得到了高分，但基础分项和项目分项上仍有一些短板，如未发现有开展立法后评估工作的信息；政府规章的年度立法计划未见向社会公布；立法向公众征求意见制度还有待完善；人大对规章和行政规范性文件备案审查制度还有待加强；未查询到政府建立基层立法联系点等信息，因此需要加强立法的基础性工作。

（七）主要建议

针对湖州市在此次法治指数测评中存在的短板与不足，测评组提出如下建议：

（1）深入贯彻落实习近平法治思想，不断提升依法治市的能力水平。一是进一步加强党对立法工作的领导，增强立法工作的透明度和公众参与度；二是发挥党统揽全局、协调各方的作用，探索加强对依法治市委员会四个协调小组的工作指导和监督，发挥好四个协调小组的作用；三是进一步协调、推动各区县的依法治理工作，提高整体的依法治理水平；四是积极探索重要立法项目提交市委常委会审议和提交市人大全体会议审议的新机制。

（2）坚持科学立法，进一步加强和改进立法工作。一是完善立法工作机制，进一步健全地方性法规和政府规章征求社会公众意见的制度，拓展公民有序参与政府立法的途径；二是进一步完善立法后评估制度，促进法律制度的有效实施；三是完善政府基层立法联系点制度；四是要积极探索法规规章公开征集立法项目和论证制度、立法听证会以及人大全会审议地方性法规项目等制度，不断提升立法质量。

（3）坚持公正司法，按照国家的统一部署，积极开展司法制度改革，创新各类实现公正司法的体制机制，同时，加大对公正司法的宣传力度，让全社会从每个案件中感受到所实现的公平正义。

（4）注重社会治理领域的制度创新，发挥好全国法治政府建设示范市（县、区）的改革探索功能，在市域社会治理中创造湖州经验。

（5）总体而言，湖州市在此次法治指数测评中，除“依法治市”和“科学立法”两项外，其他几项指标的基础分项和项目分项的得分都较高，说明湖州市法治工作的基础还是比较扎实的，主要的不足是制度创新和工作经验在全国层面的宣传和影响力还不够，造成加分项上得分过少，一项只得 0.5 分，一项只得 1 分，另有四项指标的加分项未得分。这是湖州市在今后的法治建设中需要努力的方向。

十五、嘉兴市法治指数测评分报告

（一）测评数据

表 3-15-1　A1 依法治市分项得分表

二级指标	基础分项					项目分项			加分项			总分	27 个城市平均分
	B1	B2	B3	B4	B5	B6	B7	B8	B9	B10	B11		
分值	1	1	1	1	1	1	1	1		4		12	5.68
得分	1	1	1	1	0.5	1	1	0.5	0	0	0	7	

表 3-15-2　A2 科学立法分项得分表

二级指标	基础分项					项目分项			加分项					减分项	总分	27 个城市平均分
	B12	B13	B14	B15	B16	B17	B18	B19	B20	B21	B22	B23	B24	B25		
分值	1	1	1	1	1	1	1	1			4			2	12	8.62
得分	1	1	0	0.75	0.5	1	0.5	1	0	0.5	1	0	1	0	8.25	

表 3-15-3　A3 严格执法分项得分表

二级指标	基础分项					项目分项			加分项			减分项			总分	27 个城市平均分
	B26	B27	B28	B29	B30	B31	B32	B33	B34	B35	B36	B37	B38	B39		
分值	1.5	1	1	0.5	1	1	1	1		4			2		12	8.07
得分	1.5	1	1	0.5	1	1	1	1	2	0	0	0	0	0	10	

表 3-15-4　A4 公正司法分项得分表

二级指标	基础分项					项目分项			加分项				减分项	总分	27 个城市平均分
	B40	B41	B42	B43	B44	B45	B46	B47	B48	B49	B50	B51	B52		
分值	1	1	1	1	1	1	1	1	4				2	12	9.82
得分	1	1	1	0.5	1	1	1	1	3	0	1	2（不计）	0	11.5	

表 3-15-5　A5 全民普法守法分项得分表

二级指标	基础分项					项目分项			加分项		减分项	总分	27 个城市平均分
	B53	B54	B55	B56	B57	B58	B59	B60	B61	B62	B63		
分值	1	1	1	1	1	1	1	1	4		2	12	8.56
得分	1	1	1	1	1	1	1	1	1.5	1	–1	9.5	

表 3-15-6　A6 阳光政府分项得分表

二级指标	基础分项					项目分项			加分项				减分项	总分	27 个城市平均分
	B64	B65	B66	B67	B68	B69	B70	B71	B72	B73	B74	B75	B76		
分值	1	1	1	1	1	1	1	1	2				2	10	9.38
得分	1	1	1	1	1	1	1	1	1.5	0.5	0.5（不计）	0	0	10	

表 3-15-7　A7 社会治理分项得分表

二级指标	基础分项					项目分项			加分项		减分项			总分	27 个城市平均分
	B77	B78	B79	B80	B81	B82	B83	B84	B85	B86	B87	B88	B89		
分值	1	1	1	1	1	1	1	1	2		2			10	8.58
得分	1	1	1	1	1	1	1	1	1	1	0	0	0	10	

表 3-15-8　A8 营商环境分项得分表

二级指标	基础分项					项目分项			加分项		减分项		总分	27 个城市平均分
	B90	B91	B92	B93	B94	B95	B96	B97	B98	B99	B100	B101		
分值	1	1	1	1	1	1	1	1	2		2		10	8.62
得分	1	1	1	0.5	1	1	1	1	1.5	0	0	0	9	

表 3-15-9　A9 法律服务分项得分表

二级指标	基础分项					项目分项			加分项		减分项	总分	27个城市平均分
	B102	B103	B104	B105	B106	B107	B108	B109	B110	B111	B112		
分值	1	1	1	1	1	1	1	1	2		2	10	7.77
得分	0.75	1	0.5	1	1	1	1	1	0.5	0	0	7.75	

（二）总体评价

嘉兴市在此次长江三角洲城市法治指数测评中，总得分为83分，对应的等级为“A–”，总体表现为“优秀”。与27个城市的法治指数平均分（75.11分）相比，高出7.89分。

（三）分项比较分析

测评结果显示，在9项一级指标中，嘉兴市在“依法治市”“严格执法”“公正司法”“全民普法守法”“阳光政府”“社会治理”“营商环境”等7项一级指标中的得分高于27个城市的平均水平。其中，“阳光政府”得满分10分，高于平均分0.62分；“社会治理”得满分10分，高于平均分1.42分；“依法治市”得7分，高于平均分1.38分；“严格执法”得10分，高于平均分1.93分；“公正司法”得11.5分，高出平均分1.68分；“全民普法守法”得9.5分，高出平均分0.94分；“营商环境”得9分，高于平均分0.38分。通过分析上述数据可见，该7项一级指标总体表现较好。

除上述7项一级指标外，其余2项一级指标的得分低于27个城市法治指数的平均水平。其中，“科学立法”得8.25分，低于平均分0.37分；“法律服务”得7.75分，低于平均分0.02分。通过分析上述数据可见，2项一级指标得分与平均分虽然存在差距，但差距不大，均在1分以内。

（四）加分项分析

嘉兴市在9项一级指标的加分项中一共得到16.5分，除“依法治市”“法律服务”没有加分之外，其他7项一级指标均有加分的事项。其中，“公正司法”得满分4分；“科学立法”得2.5分；“严格执法”得2分；“全民普法守法”得2.5分；“阳光政府”得2分；“社会治理”得2分；“营商环境”得1.5分。

（1）在科学立法方面，嘉兴市制定的《嘉兴市建筑垃圾管理条例》是首次提请市人代会由全体代表审议表决的地方性法规，也是浙江省首部关于建筑垃圾管理的地方性法规；嘉兴市在立法过程中建立了立法征求公众意见的反馈机制。

（2）在严格执法方面，嘉兴市以四大转变推动的综合行政执法改革创新及嘉善县全域推进乡镇的“一支队伍管执法”获司法部网站宣传。

（3）在公正司法方面，嘉兴市中级人民法院获最高人民法院“数助决策”系统及专题研究示范应用特等奖，成为全国唯一获此殊荣的中级法院；推进由审判业务协同转向区域一体化司法的制度创新工作入选2020年全国政法智能化建设优秀创新案例，并被最高人民法院《司法改革动态》刊发推广；在全国法院执行信访工作会议上，嘉兴法院的执行信访工作为最高人民法院执行局局长孟祥点唯一点名表扬的法院；嘉兴中院出台《关于为企业战疫情稳经营促发展提供有力司法保障的意见》，从便捷高效化解纠纷、审慎适用强制措施、优化服务保障等方面，帮助中小微企业渡难关。该《意见》被最高人民法院官微全文转载，人民网《人民法院报》、法制网、中国法院网、凤凰网、浙江新闻等媒体纷纷点赞；此外，嘉兴法院1篇裁判文书入选全国百篇优秀裁判文书，2个案例写入省法院工作报告。需要特别说明的是，嘉兴市在司法公正方面的制度创新项目得分超过4分的限额，有多项已不计入分数。

（4）在全民普法守法方面，嘉兴海宁市中国红船法治文化园和浙江省特种设备科学研究院获评第三批全国法治宣传教育基地；嘉兴市法治文化（府南）公园、嘉兴市秀洲宪法公园、桐乡市骑力村宪法主题公园、桐乡市法治文化广场4个宪法宣传阵地入围全省公众投票十大宪法宣传阵地；在“嘉兴普法”微信公众号推出关于抗击疫情的普法漫画被司法部“中国普法”微信公众号录用推送。

（5）在阳光政府方面，嘉兴市已形成重大行政决策公众参与、专家论证、合法性审查、集体讨论决定机制；建立健全了规范性文件、政策解读机制。

（6）在社会治理方面，嘉兴法院以“微嘉园”新版上线为契机，积极开发完善“在线法院”模块，实现调解板块和诉讼板块无缝衔接，打造“一个平台、一次报事、一体联动”线上诉讼治理的新模式获《法制日报》头版点赞；嘉兴市社会治理“一朵云”获评全国市域社会治理创新优秀案例。

（7）在营商环境方面，嘉兴市税务部门在全省首创重大项目税务服务专员制度；推出全省首创的“女性创业导师 + 金融导师”模式，针对女性创业者创业时期遇到的困难进行“二对一”指导；嘉兴市综合行政执法局在全省首创信用修复工作，帮助企业完成信用修复 731 家，为 130 家企业在投融资等方面提供支持。

（五）减分项分析

嘉兴市的减分项有一项，被减扣 1 分，即海宁市硖石街道某个委办局的领导干部违法违纪案，被国家纪委监察委网站通报。

（六）主要短板与不足

从法治指数测评过程中获取的资料来看，嘉兴市法治建设存在以下主要短板：

（1）“依法治市”得 7 分，在 9 项一级指标中得分最低。这项指标所反映的主要问题是：市级层面协调推进依法治区（县）工作的力度不够；没有搜索到重大立法项目提交市委常委会审议的工作动态。

（2）“科学立法”得 8.25 分，低于 27 个城市的平均分，反映出嘉兴市立法工作存在进一步提升和完善的空间。测评数据显示，地方性法规和政府规章均未有开展立法后评估工作的相关信息；政府规章未有政策解读的新闻发布会信息；政府基层立法联系点尚未建立；政府规章年度立法项目未按计划完成。

（3）“法律服务”得分 7.75 分，低于 27 个城市的平均分，这项一级指标所反映的主要问题是：公共法律服务平台建设有待进一步完善；仲裁工作推进力度有待进一步加强。

（七）主要建议

针对嘉兴市在此次法治指数测评中存在的短板，测评组提出如下建议：

（1）深入学习贯彻习近平法治思想，强化依法治市的治理能力水平。一是进一步协调、推动各区县的依法治理工作，提高整体的依法治理水平；二是进一步加强党对于依法治市工作的领导，将重大立法事项提交由依法治市委员会或市委审议。

（2）坚持科学立法，进一步加强和改进立法工作。一是推动地方性法规和政府规章的立法评估工作，提升立法质量，促进法律制度的有效实施；二是加强政府基层立法联系点的建设，坚持立法为民，民主立法；三是科学编制立法计划，确保高质高效完成既定立法工作任务。

（3）进一步完善法律服务体系建设，提升强化法律服务水平。一是不断完善公共法律服务平台建设工作，建立覆盖市、区、街道、社区的四级平台服务，为基层群众提供专业性强、便民度高的法律服务；二是深化仲裁工作的制度改革，不断发挥仲裁在经济社会发展和法治建设中的作用。

十六、绍兴市法治指数测评分报告

（一）测评数据

表 3-16-1　A1 依法治市分项得分表

二级指标	基础分项					项目分项			加分项			总分	27 个城市平均分
	B1	B2	B3	B4	B5	B6	B7	B8	B9	B10	B11		
分值	1	1	1	1	1	1	1	1		4		12	5.68
得分	1	0.5	0.5	1	0.5	0.75	0	0	0	0	0	4.25	

表 3-16-2　A2 科学立法分项得分表

二级指标	基础分项					项目分项			加分项					减分项	总分	27 个城市平均分
	B12	B13	B14	B15	B16	B17	B18	B19	B20	B21	B22	B23	B24	B25		
分值	1	1	1	1	1	1	1	1			4			2	12	8.62
得分	1	0.5	0.5	0.75	0.5	0.5	0.5	1	0	0	1	0	1	0	7.25	

表 3-16-3　A3 严格执法分项得分表

二级指标	基础分项					项目分项			加分项			减分项			总分	27 个城市平均分
	B26	B27	B28	B29	B30	B31	B32	B33	B34	B35	B36	B37	B38	B39		
分值	1.5	1	1	0.5	1	1	1	1		4			2		12	8.07
得分	1.5	1	1	0.5	1	1	1	0.75	1	0	0	−1	0	0	7.75	

表 3-16-4　A4 公正司法分项得分表

二级指标	基础分项					项目分项			加分项				减分项	总分	27 个城市平均分
	B40	B41	B42	B43	B44	B45	B46	B47	B48	B49	B50	B51	B52		
分值	1	1	1	1	1	1	1	1	4				2	12	9.82
得分	1	1	1	1	1	1	1	1	3	1	0	0	0	12	

表 3-16-5　A5 全民普法守法分项得分表

二级指标	基础分项					项目分项			加分项		减分项	总分	27 个城市平均分
	B53	B54	B55	B56	B57	B58	B59	B60	B61	B62	B63		
分值	1	1	1	1	1	1	1	1	4		2	12	8.56
得分	1	1	1	1	1	0.75	1	0.5	0	1	−0.5	7.75	

表 3-16-6　A6 阳光政府分项得分表

二级指标	基础分项					项目分项			加分项				减分项	总分	27 个城市平均分
	B64	B65	B66	B67	B68	B69	B70	B71	B72	B73	B74	B75	B76		
分值	1	1	1	1	1	1	1	1	2				2	10	9.38
得分	1	1	0.5	1	1	1	1	1	1	1	0	0	0	9.5	

表 3-16-7　A7 社会治理分项得分表

二级指标	基础分项					项目分项			加分项		减分项			总分	27 个城市平均分
	B77	B78	B79	B80	B81	B82	B83	B84	B85	B86	B87	B88	B89		
分值	1	1	1	1	1	1	1	1	2		2			10	8.58
得分	1	1	1	1	1	1	1	1	1	0.5	0	0	0	9.5	

表 3-16-8　A8 营商环境分项得分表

二级指标	基础分项					项目分项			加分项		减分项		总分	27 个城市平均分
	B90	B91	B92	B93	B94	B95	B96	B97	B98	B99	B100	B101		
分值	1	1	1	1	1	1	1	1	2		2		10	8.62
得分	1	1	1	0.5	1	1	1	0.5	0	2	0	0	9	

表 3-16-9　A9 法律服务分项得分表

二级指标	基础分项					项目分项			加分项		减分项	总分	27 个城市平均分
	B102	B103	B104	B105	B106	B107	B108	B109	B110	B111	B112		
分值	1	1	1	1	1	1	1	1	2		2	10	7.77
得分	0.5	1	1	1	1	1	1	1	0	0	0	7.5	

（二）总体评价

绍兴市在此次长江三角洲城市法治指数测评中，总得分为 74.5 分，对应的等级为“B”，与 27 个城市的法治指数平均分（75.11 分）相比，仍有 0.61 分的差距。总体表现为“良好”。

（三）分项比较分析

测评结果显示，在 9 项一级指标中，绍兴市在“公正司法”“阳光政府”“社会治理”“营商环境”等 4 项一级指标中的得分高于 27 个城市的平均水平。其中，“公正司法”得满分 12 分，高于平均分 2.18 分；“阳光政府”得 9.5 分（满分 10 分），高于平均分 0.12 分；“社会治理”得 9.5 分（满分 10 分），高于平均分 0.92 分。“营商环境”得 9 分，高于平均分 0.38 分。通过分析上述数据可见，在上述 4 项一级指标上，绍兴市总体表现比较优秀。

除上述 4 项一级指标外，绍兴市在其余 5 项一级指标的得分均低于 27 个城市法治指数的平均水平。其中，“依法治市”得 4.25 分，低于平均分 1.43 分；“科学立法”得 7.25 分，低于平均分 1.37 分；“严格执法”得 7.75 分，低于平均分 0.32 分；“全民普法守法”得 7.75 分，低于平均分 0.81 分；“法律服务”得 7.5 分，低于平均分 0.27 分。通过分析上述数据可见，绍兴市在“严格执法”“全民普法守法”“法律服务”3 项一级指标上得分与平均分差距不大，均在 1 分以内；而“依法治市”“科学立法”两项一级指标得分与平均分差距较大，均超过 1 分，得分在 27 个城市中均处于下游，值得分析与总结。

（四）加分项分析

绍兴市在 9 项一级指标加分项中，除“依法治市”“法律服务”没有加分外，其他 7 项一级指标均有加分事项，共有得分事项 14 项，得 13.5 分。其中“公正司法”得满分 4 分，“阳光政府”和“营商环境”两项均得满分 2

分，这三项得分都较为出色；此外，“科学立法”得2分；“严格执法”得1分；“全民普法守法得”得1分；“社会治理”得1.5分。

（1）在“科学立法”方面，绍兴市八届人代会五次会议审议通过《绍兴市村庄规划建设条例》，旨在以立法形式规范村庄规划建设，提升村庄人居环境，推进乡村振兴战略，由人大全体会议审议通过地方性法规在设区的市的立法活动中并不多见。同时，绍兴还在立法过程中建立立法征求公众意见反馈机制。

（2）在“严格执法”方面，绍兴市积极探索公证参与行政执法活动，推动公证介入环境治理、拆迁安置、拆违治乱、市场经营等领域，充分发挥公证在推行行政执法全过程记录制度的职能作用，防范行政执法争议，推进法治政府建设；绍兴市上虞区实现公证参与行政执法活动全覆盖，经公证参与的行政活动与行政诉讼案件投诉率为零，这一举措被《法制日报》重点宣传。

（3）在“公正司法”方面，绍兴市人民检察院和各区级人民检察院办理的就阻碍律师阅卷问题开展监督、保护中共浙江省工作委员会旧址案、新昌学前教育专项经费监督案等多个案例入选最高人民检察院典型案例；办理的钱某故意伤害致人死亡案入选最高人民检察院指导性案例；稳妥审结“红通人员”姚某受贿案，该案系我国从欧盟成员国成功引渡职务犯罪第一案，作为浙江唯一案件入选2020年度全国法院十大案件。此外，绍兴市人民检察院还聚焦系统性、普遍性问题，加强民间借贷虚假诉讼类案监督，“五步法”虚假诉讼监督模式获最高人民检察院推广应用，彭玉枫系列监督案被写入最高人民检察院工作报告。深化新类型类案研判，拓展车辆保险虚假理赔、劳动报酬追索等虚假诉讼监督新领域。

（4）在“全民普法守法”方面，绍兴市各地的普法工作亮点纷呈，越城区打造“师爷说法”普法栏目，柯桥区积极融合本地民俗文化、乡贤文化、书香文化等传统文化资源，上虞区培育“虞法同行”“蒲蒲说法”等普法金字招牌。上述普法工作得到司法部的肯定。

（5）在“阳光政府”方面，绍兴市严格贯彻《2020年度绍兴市司法局重大行政决策事项目录》，认真落实公众参与、专家论证、风险评估、合法性审查、集体讨论决定等程序，确保程序正当，过程公开。同时，绍兴市还建立了行政规范性文件、政策的解读制度。

（6）在“社会治理”方面，绍兴市越城区获“第六届社会治理创新典范发布会”“2020社会治理创新典范区”，以“契约化引领、矩阵式智治”入选“2020年社会治理典范”；柯桥区“枫桥式”司法所创建和诸暨市“环境违法亮牌管理”获评浙江省县乡法治政府建设优秀实践项目。

（7）在“营商环境”方面，绍兴市积极构建良好营商环境，激发企业活力的举措，被《人民日报》宣传；《2019中国城市营商环境报告》中，绍兴市在经济活跃城市的营商环境综合排名第6。

（五）减分项分析

在减分项方面，绍兴市在“严格执法”和“全民普法守法”2项指标下有扣分，共计扣除2分。

（1）在“严格执法”方面，绍兴市由于全市受理并审结的行政复议案件直接纠错率2019年全年为22.1%，高于全国平均纠错率（16%）。需要说明的是，行政复议纠错率高，一方面体现了通过行政复议实现行政系统内部的自我纠错，体现行政复议的纠错功能。但另一方面，被纠错率高于全国水平也反映出执法领域仍然存在短板和不足，依法行政的水平还有待进一步提高。

（2）在“全民普法守法”方面，诸暨市大唐街道文昌小学校长许某、总务主任张某套取公款违规公务接待、违规收受礼品礼卡等问题受到党内严重警告处分，违纪所得予以收缴。该事件被浙江省纪委监委通告，被国家纪委监察委官网转发。

（六）主要短板与不足

从法治指数测评过程中获取的资料来看，绍兴市法治建设存在以下主要短板：

（1）“依法治市”得4.25分，为9项一级指标中最低，在27个城市中也处于下游，低于平均分1.43分。这项指标所反映的主要问题是：未公布地方性法规、政府规章立法计划；依法治区工作推动中缺少市级层面协调；依法治市委员会立法、司法协调小组本年度未有工作动态信息体现；法规规章计划、重大立法项目审议过程中缺少依法治市委员会或市委、市委常委会参与。

（2）“科学立法”得 7.25 分，低于平均分 1.37 分。这项指标所反映的主要问题是：规章人大备案审查制度建设还有待进一步完善；该年度未有规章立法后评估工作信息体现；没有建立规章解读机制方面的信息，该年度未有法规立法后解读机制工作信息体现；未查询到政府建立基层立法联系点的信息。

（3）“严格执法”得 7.75 分，同样低于 27 个城市平均分。这项指标所反映的主要问题是：2019 年度行政复议被纠错率高于全国平均水平，说明依法行政的能力水平有待进一步提高；未能查询到 2020 年度行政复议纠错率的相关信息，政府信息公开制度不够健全。

（4）“全民普法守法”得 7.75 分，在 27 个城市中并列倒数第 3。这项指标所反映的主要问题是：宪法宣誓制度还有待进一步完善；普法进社区的工作还需要加强和完善。

（5）“营商环境”得 9 分，说明绍兴市在优化营商环境表现较好。这项指标所反映的主要问题是：行业协会作用有待进一步发挥；社会信用体系平台建设有待完善。

（6）“法律服务”得 7.5 分。这项一级指标所反映的主要问题是：公共法律服务平台建设有待完善；公共法律服务的制度创新和改革方面还不够突出，因而未能取得加分项。

（七）主要建议

针对绍兴市在此次法治指数测评中存在的短板，测评组提出如下建议：

（1）深入贯彻落实习近平法治思想，不断提升依法治市的能力水平。一是进一步加强党对立法工作的领导，及时向社会公开地方性法规立法计划，增强立法工作的透明度和公众参与度；二是进一步加强协调、推动各区县的依法治理工作，提高整体的依法治理水平；三是进一步推动依法治市委员会发挥积极作用，四个协调小组积极开展工作。

（2）坚持科学立法，提高立法精细化水平。一是建立健全规章人大备案审查制度；二是适时开展立法后评估，提升立法质量，促进法律制度的有效实施；三是完善立法工作机制，建立健全政府基层立法联系点，拓展公民有序参与政府立法的途径。

（3）加强普法工作，增强宪法意识，培养宪法信仰，进一步完善宪法宣誓制度，在各级机关使宪法宣誓仪式落在实处。

（4）加强阳光政府建设，强化政府信息公开制度建设，对于复议纠错率等关键执法信息及时、公开披露；提高依申请公开率，及时、高效处理申请公开事项。

（5）持续优化营商环境，更好服务市场主体。一是发挥行业协会的作用，推动政府职能转变，促进市场经济繁荣发展；二是建立健全社会信用体系平台，让良好的社会信用体系为促进经济发展保驾护航。

（6）健全完善法律服务体系建设，进一步提升法律服务水平。大力推进公共法律服务建立健全公共法律服务平台体系，构建市、区、街镇、社区四级平台；注重公共法律服务的制度创新与改革，争取形成可供全国推广的“绍兴模式”和“绍兴经验”。

十七、金华市法治指数测评分报告

（一）测评数据

表 3-17-1　A1 依法治市分项得分表

二级指标	基础分项					项目分项			加分项			总分	27个城市平均分
	B1	B2	B3	B4	B5	B6	B7	B8	B9	B10	B11		
分值	1	1	1	1	1	1	1	1		4		12	5.68
得分	1	1	1	1	1	0.5	0.5	0	0	0.5	1	7.5	

表 3-17-2　A2 科学立法分项得分表

二级指标	基础分项					项目分项			加分项					减分项	总分	27个城市平均分
	B12	B13	B14	B15	B16	B17	B18	B19	B20	B21	B22	B23	B24	B25		
分值	1	1	1	1	1	1	1	1			4			2	12	8.62
得分	1	0.5	0	0.5	1	1	1	1	0.5	1	0.5	0	0	0	8	

表 3-17-3　A3 严格执法分项得分表

二级指标	基础分项					项目分项			加分项			减分项			总分	27个城市平均分
	B26	B27	B28	B29	B30	B31	B32	B33	B34	B35	B36	B37	B38	B39		
分值	1.5	1	1	0.5	1	1	1	1	4			2			12	8.07
得分	1.5	1	1	0.25	1	1	1	1	1	1	0	0	0	0	9.75	

表 3-17-4　A4 公正司法分项得分表

二级指标	基础分项					项目分项			加分项				减分项	总分	27个城市平均分
	B40	B41	B42	B43	B44	B45	B46	B47	B48	B49	B50	B51	B52		
分值	1	1	1	1	1	1	1	1	4				2	12	9.82
得分	1	1	0	0.5	1	1	1	1	3	0	0	0	0	9.5	

表 3-17-5　A5 全民普法守法分项得分表

二级指标	基础分项					项目分项			加分项		减分项	总分	27个城市平均分
	B53	B54	B55	B56	B57	B58	B59	B60	B61	B62	B63		
分值	1	1	1	1	1	1	1	1	4		2	12	8.56
得分	1	1	1	1	1	1	1	1	0.5	0	0	8.5	

表 3-17-6　A6 阳光政府分项得分表

二级指标	基础分项					项目分项			加分项				减分项	总分	27个城市平均分
	B64	B65	B66	B67	B68	B69	B70	B71	B72	B73	B74	B75	B76		
分值	1	1	1	1	1	1	1	1	2				2	10	9.38
得分	1	1	0.5	1	1	1	1	1	1.5	0.5	0	0	0	9.5	

表 3-17-7　A7 社会治理分项得分表

二级指标	基础分项					项目分项			加分项		减分项			总分	27个城市平均分
	B77	B78	B79	B80	B81	B82	B83	B84	B85	B86	B87	B88	B89		
分值	1	1	1	1	1	1	1	1	2		2			10	8.58
得分	1	1	1	1	1	1	1	1	1	0	0	0	0	9	

表 3-17-8　A8 营商环境分项得分表

二级指标	基础分项					项目分项			加分项		减分项		总分	27 个城市平均分
	B90	B91	B92	B93	B94	B95	B96	B97	B98	B99	B100	B101		
分值	1	1	1	1	1	1	1	1	2		2		10	8.62
得分	1	1	1	0.5	1	1	1	1	0.5	1	0	0	9	

表 3-17-9　A9 法律服务分项得分表

二级指标	基础分项					项目分项			加分项		减分项	总分	27 个城市平均分
	B102	B103	B104	B105	B106	B107	B108	B109	B110	B111	B112		
分值	1	1	1	1	1	1	1	1	2		2	10	7.77
得分	0.75	1	1	1	1	1	0.5	0.5	0	0	0	6.75	

（二）总体评价

金华市在此次长江三角洲城市法治指数测评中，总得分为 77.5 分，对应的等级为“B+”，与 27 个城市的法治指数平均分（75.11 分）相比，高出 2.39 分。总体表现为“良好”。

（三）分项比较分析

测评结果显示，在 9 项一级指标中，金华市在“依法治市”“严格执法”“阳光政府”等 5 项一级指标中的得分高于 27 个城市的平均水平。其中，“依法治市”得 7.5 分，高于平均分 1.82 分；“严格执法”得 9.75 分，高出平均分 1.68 分；“阳光政府”得 9.5 分，高出平均分 0.12 分；“社会治理”得 9 分，高出平均分 0.42 分；“营商环境”得 9 分，高出平均分 0.38 分，通过分析上述数据可见，该 5 项一级指标总体表现较好，“依法治市”得分更是名列前茅，比最高得分仅低 0.25 分。

除上述 5 项一级指标外，其余 4 项一级指标的得分均低于 27 个城市法治指数的平均水平。其中，“科学立法”得 8 分，低于平均分 0.62 分；“公正司法”得 9.5 分，低于平均分 0.32 分；“全民普法守法”得 8.5 分，低于平均分 0.16 分；“法律服务”得 6.75 分，低于平均分 1.02 分。通过分析上述数据可见，“科学立法”“公正司法”“全民普法守法”3 项一级指标得分与平均分差距不大，均在 1 分以内；“法律服务”一级指标得分与平均分差距超过了 1

分，得分在 27 个城市中均处于下游，值得分析。

（四）加分项分析

金华市在 9 项一级指标的加分项中一共有 17 项加分，得 13.5 分，除“法律服务”没有加分之外，其他 8 项一级指标均有加分的事项。其中，“阳光政府”得满分 2 分，较为理想；“公正司法”得 3 分（满分 4 分），“营商环境”得 1.5 分（满分 2 分），这两项接近于满分；此外“依法治市”得 1.5 分，“科学立法”得 2 分，“严格执法”得 2 分，“全民普法守法”得 0.5 分，“社会治理”得 1 分。

（1）在依法治市方面，金华市人大与浙江师范大学合作共建金华市地方立法研究院，获第二届“浙江人大工作与时俱进奖——优秀奖”。

（2）在科学立法方面，金华市人大常委会积极回应新冠肺炎疫情防控对公共卫生文明行为提出的新要求，及时启动《金华市文明行为促进条例》修改程序并审议通过《关于修改〈金华市文明行为促进条例〉的决定》；金华市出台全国首部专门为无偿施救相关问题制定的地方性法规《金华市无偿施救规定》，用良法呵护良知，被《新华每日电讯》《中国新闻网》宣传报道；此外，金华市在立法过程中举行立法听证会，广泛吸收公众意见，此立法方式在设区的市中并不多见，值得肯定。

（3）在严格执法方面，金华市“无证明城市”改革项目被中央依法治国办命名为第一批全国法治政府建设示范项目，央视《焦点访谈》报道该项改革，在长三角地区乃至全国成为学习借鉴的标杆。

（4）在公正司法方面，金华市义乌法院在全国率先为疫情防控医疗企业修复信用扩大防疫物资生产能力，入选最高人民法院首批“服务保障疫情防控期间复工复产十大典型案例”；金华市人民检察院办理的某投资企业被诉股东损害赔偿责任纠纷抗诉案成为浙江省民事检察首例入选的全国指导性案例；义乌市设立全国首家知识产权刑事司法保护中心，相关案件入选全国知识产权保护十佳案例；金华市中级人民法院两个案件入选全省扫黑除恶十大优秀案例。

（5）在全民普法守法方面，金华市成立全省首个涉外普法工作站，构建“线上普法、线下咨询”的涉外普法工作机制，引导外籍人士“知中国法、守中国法”，营造和谐的法治氛围。此外，浙江金华金东区宪法主题公园入选省“十大宪法宣传阵地”。

（6）在阳光政府方面，金华市在重大事项行政决策上，执行公众参与、合法性审查、集体讨论决定等法定程序，在必要时开展风险评估和专家论证程序；金华市人民政府网站设立有政策法规解读栏目。

（7）在社会治理方面，金华市司法局打造人民调解“金”字招牌：义乌市让外国“老娘舅”参与矛盾纠纷解决工作引起国内外媒体广泛关注，先后两次在央视《新闻联播》栏目播出，并被30多家境外媒体宣传报道400余次；婺城区调解专题片《爱情与现实的距离》在央视12套播出。

（8）在营商环境方面，金华市首创“家政安心码”并在全省范围推广，推进信用金华建设提升信用综合指数；金华市小学“晨管晚托”工作经验走向全国，被教育部列为2020年全国教育领域“放管服”改革典型案例，被人民日报社《民生周刊》评选为“2020年度全国民生示范工程”。

（五）减分项分析

金华市在8项设定减分项的一级指标中均无减分。

（六）主要短板与不足

从法治指数测评过程中获取的资料来看，金华市法治建设存在以下主要短板：

（1）“法律服务”只得6.75分，在9项一级指标中得分最低，也是与平均分相比差距最大的项目。这项指标所反映的主要问题是：公共法律服务平台、法律顾问制度建设有待进一步完善；法律服务进村居有待进一步推进；还有明显的差距是，没有制度创新和经验，未能得到加分，也是金华市唯一未得到加分项的项目，需要积极改进。

（2）“依法治市”得7.5分，反映出金华市依法治市工作总体情况较好，但是与满分12分相比，仍然有提升和完善空间。测评数据显示，依法治市委员会的四个协调小组中，2020年度只有执法协调小组和立法协调小组组织召开过会议协调推进相关工作，其他两个协调小组均没有工作动态等方面的相关信息；立法方面，测评组所及搜索范围内并未搜集到重大立法项目提交市委常委会审议的情况；此外，2020年没有依法治市委员会或者市委常委会对法规规章计划的审议情况的相关信息。

（3）“科学立法”得 8 分。这项指标所反映的主要问题是：政府规章和规范性文件的人大备案审查制度有待进一步完善；立法后的新闻发布会制度尚未建立；地方性法规和政府规章均未有开展立法后评估工作的相关信息；未开展重要立法项目提请市人民代表大会审议的制度。

（4）“严格执法”得 9.75 分，得分在 27 个城市中名列前茅，并高出平均分 1.68 分，但在“完善自由裁量制度”的具体工作中仍然具有提高的空间；尤其需要指出的是，此次测评，未能查询到金华市行政复议年度纠错率和行政诉讼行政机关败诉率，造成不能对其进行减分项的比较分析，这是需要改进的。

（5）“阳光政府”得 9.5 分，该项指标所反映的主要问题是：政府信息依申请公开率有待提高。数据显示，2020 年金华市政府新收政府信息公开申请 1807 件，上年结转政府信息公开申请 75 件，其中予以公开 755 件，部分公开的 146 件，依申请公开率仅为 47.87%。

（七）主要建议

针对金华市在此次法治指数测评中存在的短板，测评组提出如下建议：

（1）深入贯彻落实习近平法治思想，不断提升依法治市的能力水平。一是发挥党统揽全局、协调各方的作用，探索加强对依法治市委员会四个协调小组的工作指导和监督；二是充分发挥党领导立法的作用，建立健全依法治市委员会对法规规章年度立法计划项目以及市委常委会对重大立法项目的审议制度。

（2）坚持科学立法，进一步加强和改进立法工作。一是建立健全政府规章和规范性文件的人大备案审查制度，加强立法监督；二是推动立法后新闻发布会机制建设，积极召开新闻发布会保证立法工作有序高效运行，同时增进群众对立法工作的了解；三是适时开展立法后评估，提升立法质量，促进法律制度的有效实施。

（3）严格规范行政执法，进一步提升执法水平。进一步完善自由裁量基准制度，确保严格规范执法；做好行政复议纠错率和行政诉讼行政机关败诉率的信息公开，自觉接受公众的社会监督。

（4）坚持以民为本，执政为民，继续打造公开透明的“阳光政府”。进一步推进政务公开，提升政府信息依申请公开率，以便接受群众监督，为群众提供更加优质的服务，确保权力在阳光下运行。

（5）完善法律服务体系建设，进一步提升法律服务水平。一是加强公共法律服务平台建设，构建覆盖城乡居民的公共法律服务体系，更好地服务保障和改善民生，维护人民群众合法权益；二是深化法律顾问制度改革，完善法律顾问工作和制度建设，发挥法律顾问在经济社会发展和法治建设中的作用；三是持续推进法律服务进村居，为基层群众提供多层次、专业化、便捷高效精准的公共法律服务；四是注重工作创新，以改革的精神推进公共法律服务事业。

十八、舟山市法治指数测评分报告

（一）测评数据

表 3-18-1　A1 依法治市分项得分表

二级指标	基础分项					项目分项			加分项			总分	27 个城市平均分
	B1	B2	B3	B4	B5	B6	B7	B8	B9	B10	B11		
分值	1	1	1	1	1	1	1	1	4			12	5.68
得分	1	1	0.5	1	0.5	0.75	0	1	0	0.5	0	6.25	

表 3-18-2　A2 科学立法分项得分表

二级指标	基础分项					项目分项			加分项					减分项	总分	27 个城市平均分
	B12	B13	B14	B15	B16	B17	B18	B19	B20	B21	B22	B23	B24	B25		
分值	1	1	1	1	1	1	1	1	4					2	12	8.62
得分	0.5	0.5	1	0	1	1	1	1	0.5	0	1	0	0	0	7.5	

表 3-18-3　A3 严格执法分项得分表

二级指标	基础分项					项目分项			加分项			减分项			总分	27 个城市平均分
	B26	B27	B28	B29	B30	B31	B32	B33	B34	B35	B36	B37	B38	B39		
分值	1.5	1	1	0.5	1	1	1	1	4			2			12	8.07
得分	1.5	1	0	0.5	1	1	1	0	0	0	1	0	0	0	7	

表 3-18-4　A4 公正司法分项得分表

二级指标	基础分项					项目分项			加分项				减分项	总分	27 个城市平均分
	B40	B41	B42	B43	B44	B45	B46	B47	B48	B49	B50	B51	B52		
分值	1	1	1	1	1	1	1	1	4				2	12	9.82
得分	1	1	0	0.5	1	1	1	1	0	0	0.5	0	0	7	

表 3-18-5　A5 全民普法守法分项得分表

二级指标	基础分项					项目分项			加分项		减分项	总分	27 个城市平均分
	B53	B54	B55	B56	B57	B58	B59	B60	B61	B62	B63		
分值	1	1	1	1	1	1	1	1	4		2	12	8.56
得分	1	1	1	1	1	0.5	1	1	0	0	0	7.5	

表 3-18-6　A6 阳光政府分项得分表

二级指标	基础分项					项目分项			加分项				减分项	总分	27 个城市平均分
	B64	B65	B66	B67	B68	B69	B70	B71	B72	B73	B74	B75	B76		
分值	1	1	1	1	1	1	1	1	2				2	10	9.38
得分	1	1	0.75	1	1	1	1	1	1.5	0.5	0	0	0	9.75	

表 3-18-7　A7 社会治理分项得分表

二级指标	基础分项					项目分项			加分项		减分项			总分	27 个城市平均分
	B77	B78	B79	B80	B81	B82	B83	B84	B85	B86	B87	B88	B89		
分值	1	1	1	1	1	1	1	1	2		2			10	8.58
得分	1	1	1	1	1	1	1	1	0	0.5	0	0	0	8.5	

表 3-18-8　A8 营商环境分项得分表

二级指标	基础分项					项目分项			加分项		减分项		总分	27 个城市平均分
	B90	B91	B92	B93	B94	B95	B96	B97	B98	B99	B100	B101		
分值	1	1	1	1	1	1	1	1	2		2		10	8.62
得分	1	0.5	1	0.5	1	1	1	1	0	1	0	0	8	

表 3-18-9　A9 法律服务分项得分表

二级指标	基础分项					项目分项			加分项		减分项	总分	27 个城市平均分
	B102	B103	B104	B105	B106	B107	B108	B109	B110	B111	B112		
分值	1	1	1	1	1	1	1	1	2		2	10	7.77
得分	1	1	0.5	1	1	0.5	1	0.5	0.5	0	0	7	

（二）总体评价

舟山市在此次长江三角洲城市法治指数测评中，总得分为 68.5 分，对应的等级为“C+ ”，总体表现为“合格”。与 27 个城市的法治指数平均分（75.11 分）相比，低出平均分数 6.61 分。

（三）分项比较分析

测评结果显示，在 9 项一级指标中，舟山市在“依法治市”“阳光政府”等 2 项一级指标中的得分高于 27 个城市的平均水平。其中，“依法治市”得 6.25 分，高出平均分 0.57 分；“阳光政府”得 9.75 分，高出平均分 0.37 分。通过分析上述数据可见，该 2 项一级指标总体表现较好。

除上述 2 项一级指标外，其余 7 项一级指标的得分均低于 27 个城市法治指数的平均水平。其中，“科学立法”得 7.5 分，低出平均分 1.12 分；“严格执法”得 7 分，低出平均分 1.07 分；“公正司法”得 7 分，低出平均分 2.82 分；“全民普法守法”得 7.5 分，低出平均分 1.06 分；“社会治理”得 8.5 分，低出平均分 0.08 分；“营商环境”得 8 分，低出平均分 0.62 分；“法律服务”得 7 分，低出平均分 0.77 分。通过分析上述数据可见，“社会治理”“营商环境”“法律服务”3 项一级指标得分与平均分差距不大，均在 1 分以内；而“科学立法”“严格执法”“公正司法”“全民普法守法”4 项一级指标得分与平均分差距较大，超过 1 分，得分在 27 个城市中处于下游。

（四）加分项分析

舟山市在 9 项一级指标的加分项中共得 7.5 分，除“全民普法守法”一项没有得分外，舟山市在其他各个方面均有所加分。其中，“依法治市”得 0.5 分；“科学立法”得 1.5 分；“严格执法”得 1 分；“公正司法”得 0.5 分；“阳光政府”得满分 2 分；“社会治理”得 0.5 分；“营商环境”得 1 分；“法律服务”得0.5分。

（1）在依法治市方面，舟山市人大借助全媒体融合提升人大监督实效项目获得“浙江省人大工作与时俱进奖”优秀奖。

（2）在科学立法方面，舟山市制定的《舟山市港口船舶污染物管理条例》，属于地方性法规年度立法计划外项目；此外，举行了《舟山市居家养老服务促进条例（草案征求意见稿）》的立法听证会。

（3）在严格执法方面，舟山市“推进工程建设项目审批制度改革”项目成功入选中央依法治国办公布的第一批全国法治政府建设示范项目名单；舟山市司法局以通过自贸区“集成化行政执法监督体系”最佳实践案例复制推广成果验收为抓手，创新提出“升级打造行政执法监督集成化范式2.0版”构想，充分运用集成化系统思维，优化监督协作机制，基本建立起“2＋5＋N”的执法监督同盟体系。

（4）在公正司法方面，舟山市法院首执案件12项考核指标中有9项排名全省前三，其中实际执结率、终本率、未结率、结案平均用时排名全省第1。

（5）在阳光政府方面，舟山市积极健全重大行政决策公众参与、专家论证、风险评估、合法性审查、集体讨论决定机制；积极开展规范性文件与政策的解读工作。

（6）在社会治理方面，舟山市连续16年被省委、省政府命名为“平安市”，在平安建设上交出一张高分答卷。

（7）在营商环境方面，舟山市市场监管局不断深化“放管服”和“最多跑一次”改革，统筹推进目标升级、效能升级、减负升级、服务升级，勇做优化营商环境的“领跑者”，2020年全市新设立企业比上一年度增长6.21%，实现疫情之下逆势增长。这项改革举措被中央媒体重点宣传。

（8）在法律服务方面，舟山市针对公证服务领域群众“办证慢、办证难、办证繁、办证远”及偏远海岛岛际交通不便利、公证资源匮乏等痛点堵点问题，率先在当地试点“公证E岛通”服务模式，实现公证服务“一次办、就近办、网上办、掌上办”，并同宁波市司法局签署公共法律服务甬舟一体化合作协议，以共同研发和推广“公证E岛通”服务模式为支点，合力推进两地“最多跑一次”深化改革。

（五）减分项分析

舟山市在8项设定减分项的一级指标中均不存在减分情形。

（六）主要短板与不足

从法治指数测评过程中获取的资料来看，舟山市法治建设存在以下主要短板：

（1）“科学立法”得7.5分，比平均分低1.12分。这项指标所反映的主要问题是：政府规章制定过程中公开征求公众意见制度有待进一步落实；人大对政府规章的备案审查工作有待进一步加强；没有搜索到地方性法规、规章立法后的新闻发布会与解读的动态信息。

（2）“严格执法”得7分，低出平均分1.07分。这项指标所反映的主要问题是：2020年度舟山市法治政府建设报告没有向社会公开。

（3）“公正司法”得7分，在27个城市中处于下游水平。这项一级指标反映的主要问题是：跨行政区域管辖试点工作有待开展；司法责任制改革有待进一步推进。

（4）“全民普法守法”得7.5分，低出平均分1.06分。这项一级指标所反映的主要问题是宪法宣誓制度有待进一步落实；普法工作有进一步创新的空间。

（5）“营商环境”得8分，与平均分相比低0.62分。这项一级指标所反映的主要问题是：放管服改革工作有待进一步开展；行业协会没有充分发挥应有的作用。

（6）“法律服务”得分低于平均分，在27个城市中处于下游水平。这项一级指标所反映的主要问题是：仲裁工作有待进一步开展；法律援助制度有待进一步完善；法律服务进村居工作有待进一步推进。

（七）主要建议

针对舟山市在此次法治指数测评中存在的短板，测评组提出如下建议：

（1）完善立法程序，提高科学立法水平。一是强化公众参与立法，完善立法公开征求公众意见机制；二是完善立法工作机制，进一步健全政府规章的人大备案审查制度；三是要积极开展法规、规章立法后的新闻发布会与解读活动，不断提升立法工作质量。

（2）严格规范行政执法，进一步提升执法水平，及时披露年度法治政府建设报告，以接受人民群众监督。

（3）完善司法制度，保障司法公正。一是积极开展跨行政区域管辖试点工作；二是进一步推动司法责任制改革。

（4）加强全民普法守法工作，建设法治社会。积极落实宪法宣誓制度，在人大、政府、法院与检察院等单位普遍开展宪法宣誓活动。

（5）营造公平开放营商环境，助力各方企业自由发展。一是积极开展放管服改革工作，主动公布相关工作开展动态；二是进一步发挥各行业协会作用，推动政府职能转变，促进市场经济繁荣发展。

（6）健全完善法律服务体系建设，进一步提升公共法律服务水平。一是深化仲裁制度改革，发挥仲裁在经济社会发展和法治建设中的作用；二是进一步完善法律援助制度，切实加强法律援助工作；三是持续推动法律服务进村居工作，为基层人民群众提供专业化、多层次的公共法律服务。

十九、台州市法治指数测评分报告

（一）测评数据

表 3-19-1　A1 依法治市分项得分表

二级指标	基础分项					项目分项			加分项			总分	27 个城市平均分
	B1	B2	B3	B4	B5	B6	B7	B8	B9	B10	B11		
分值	1	1	1	1	1	1	1	1		4		12	5.68
得分	0.5	1	0	1	0.5	1	0	0	0	0	0	4	

表 3-19-2　A2 科学立法分项得分表

二级指标	基础分项					项目分项			加分项					减分项	总分	27 个城市平均分
	B12	B13	B14	B15	B16	B17	B18	B19	B20	B21	B22	B23	B24	B25		
分值	1	1	1	1	1	1	1	1			4			2	12	8.62
得分	1	0.5	0.5	1	1	1	1	1	0	1	0	0	1	0	9	

表 3-19-3　A3 严格执法分项得分表

二级指标	基础分项					项目分项			加分项			减分项			总分	27 个城市平均分
	B26	B27	B28	B29	B30	B31	B32	B33	B34	B35	B36	B37	B38	B39		
分值	1.5	1	1	0.5	1	1	1	1	4			2			12	8.07
得分	1.5	1	1	0.5	1	1	1	1	0	0	0.5	0	0	0	8.5	

表 3-19-4　A4 公正司法分项得分表

二级指标	基础分项					项目分项			加分项				减分项	总分	27 个城市平均分
	B40	B41	B42	B43	B44	B45	B46	B47	B48	B49	B50	B51	B52		
分值	1	1	1	1	1	1	1	1	4				2	12	9.82
得分	1	1	0	0.5	1	1	1	1	2	0	1	0	0	9.5	

表 3-19-5　A5 全民普法守法分项得分表

二级指标	基础分项					项目分项			加分项		减分项	总分	27 个城市平均分
	B53	B54	B55	B56	B57	B58	B59	B60	B61	B62	B63		
分值	1	1	1	1	1	1	1	1	4		2	12	8.56
得分	1	1	1	1	1	1	1	1	0	0	0	8	

表 3-19-6　A6 阳光政府分项得分表

二级指标	基础分项					项目分项			加分项				减分项	总分	27 个城市平均分
	B64	B65	B66	B67	B68	B69	B70	B71	B72	B73	B74	B75	B76		
分值	1	1	1	1	1	1	1	1	2				2	10	9.38
得分	1	1	0.5	1	1	1	1	1	1.5	0.5	0	0	0	9.5	

表 3-19-7　A7 社会治理分项得分表

二级指标	基础分项					项目分项			加分项		减分项			总分	27 个城市平均分
	B77	B78	B79	B80	B81	B82	B83	B84	B85	B86	B87	B88	B89		
分值	1	1	1	1	1	1	1	1	2		2			10	8.58
得分	1	1	1	1	1	1	1	1	0	0	0	0	0	8	

表 3-19-8　A8 营商环境分项得分表

二级指标	基础分项					项目分项			加分项		减分项		总分	27 个城市平均分
	B90	B91	B92	B93	B94	B95	B96	B97	B98	B99	B100	B101		
分值	1	1	1	1	1	1	1	1	2		2		10	8.62
得分	1	1	1	1	1	1	1	1	0	0	0	0	8	

表 3-19-9　A9 法律服务分项得分表

二级指标	基础分项					项目分项			加分项		减分项	总分	27 个城市平均分
	B102	B103	B104	B105	B106	B107	B108	B109	B110	B111	B112		
分值	1	1	1	1	1	1	1	1	2		2	10	7.77
得分	0.5	1	0.5	1	1	1	0.5	1	0	0	0	6.5	

（二）总体评价

台州市在 2020 年度长江三角洲城市法治指数测评中，总得分为 71.00 分，对应的等级为“B–”，与 27 个城市的法治指数平均分（75.11 分）相比，有 4.11 分的差距。总体表现为“良好”。

（三）分项比较分析

测评结果显示，在 9 项一级指标中，台州市在“科学立法”“严格执法”“阳光政府”3 项指标中的得分高于 27 个城市的平均水平。其中，“科学立法”得 9 分，高出平均分 0.38 分；“严格执法”得 8.5 分，高出平均分 0.43 分；“阳光政府”得 9.5 分，高出平均分 0.12 分。表明这 3 项一级指标总体表现较好。

除上述 3 项一级指标外，其余 6 项一级指标的得分均低于 27 个城市法治指数的平均水平。其中，“依法治市”得 4 分，低于平均分 1.68 分；“公正司法”得 9.5 分，低于平均分 0.32 分；“全民普法守法”得 8 分，低于平均分 0.56 分；“社会治理”得 8 分，低于平均分 0.58 分；“营商环境”得 8 分，低于平均分 0.62 分；“法律服务”得 6.5 分，低于平均分 1.27 分。通过分析上述数据可见，“公正司法”“全民普法守法”“社会治理”“营商环境”4 项一级指标得分与平均分差距不大，均在 1 分以内；而“依法治市”“法律服务”2 项一级指标得分与平均分差距较大，均超过 1 分，得分在 27 个城市中均处于下游。

（四）加分项分析

台州市在9项一级指标加分项中共有8项二级指标得到加分，得7.5分，其中，“科学立法”得2分，“严格执法”得0.5分，“公正司法”得3分，“阳光政府”得2分。

（1）在科学立法方面，台州市制定了全国首部企业信用促进领域的地方性法规《台州市企业信用促进条例》，以地方立法形式来引导、激励、服务台州市企业走诚信经营的发展之路。此外，台州市建立了规范性文件征求公众意见的反馈机制。

（2）在严格执法方面，台州市在“2020年度浙江省大花园示范县建设单位”评估中，仙居县、天台县被评定为优秀单位。

（3）在公正司法方面，台州市黄岩法院疫情防控期间对一被执行企业启动“信用修复”，助其平稳复工，入选最高人民法院典型案例；台州市智慧法院建设成果不断涌现，自主研发的司法鉴评拍系统获2020年度（智慧政法）信息化数字政务创新奖；台州市中级人民法院率先在全省实现上诉案件数据共享、线上移送，在线移送率100%；深化“当事人一件事”改革，8家基层法院建立执行“一件事”协作平台，三门法院执行“一件事”改革经验刊登于《瞭望》新闻周刊；台州市人民检察院主动探索将司法救助深度融入精准扶贫工程，被最高人民检察院推广；传承发展新时代“枫桥经验”，两个案例获评全省检察机关践行“枫桥经验”优秀案例。

（4）在阳光政府方面，台州市严格落实《重大行政决策程序暂行条例》《浙江省重大行政决策程序规定》等要求，市县两级政府均公开发布年度重大行政决策目录，并切实履行公众参与、专家论证、风险评估、合法性审查、集体讨论决定等相应程序；建立规范性文件政策解读机制。

（五）减分项分析

测评组获取的信息中，台州市没有减分项扣分情况。

（六）主要短板与不足

从法治指数测评过程中获取的资料来看，台州市法治建设存在以下主要短板：

（1）“依法治市”得分为4分，在27个城市中处于下游水平。测评数据显示，台州市召开了2020年度依法治市委员会工作会议，但是没有制定年度工作计划，也没有搜索到市委对依法治市重点工作进行部署的相关信息；没有公布2020年度政府规章立法计划；在推动、协调各区（县）开展依法治区（县）工作方面力度有待进一步加强；地方性法规和政府规章年度立法计划未有经依法治市委员会或者市委常委会审议的信息。

（2）“科学立法”得分在27个城市中处于中下游水平，虽然立法工作有可圈可点之处，但总体上仍然有提升和完善的空间。测评数据显示，地方性法规未有开展立法后评估工作的相关信息；没有获取到市人大对政府规章开展备案审查工作的相关信息；立法质量总体上还有待进一步提高。

（3）“社会治理”得分偏低，只得到了基础分项和项目分项的分数，没有加分项得分。这也反映出台州市在社会治理方面，有待进一步加强和创新社会治理，发掘社会治理的新方式、新举措。

（4）“营商环境”得到8分，低于27个城市的平均水平，只得到了基础分项和项目分项的分数，没有加分项得分。测评数据反映出台州市在优化营商环境方面，总体情况较好，但是在体制机制和制度创新方面还存在进一步发掘的空间。

（5）“法律服务”得到6.5分，比最低分仅高出0.25分，在27个城市中处于下游水平。测评数据显示，台州市已经普遍建立了政府法律顾问制度，但是党委、国企、村居等法律顾问制度的落实情况没有相关信息；仲裁制度有待进一步完善。此外，该项没有加分项得分，反映出台州市在创新公共法律服务机制、举措等方面仍有很大的提升空间。

（七）主要建议

针对台州市在此次法治指数测评中存在的短板，测评组提出如下建议：

（1）深入贯彻落实习近平法治思想，加强党的领导，不断提升依法治市的能力水平。一是制定依法治市工作计划，部署年度重点工作任务，切实推动依法治市工作稳步开展；二是及时向社会公开政府规章立法计划，增强立法工作的透明度和公众参与度；三是发挥党统揽全局、协调各方的作用，进一步协调、推动各区县的依法治理工作，提高整体的依法治理水平；四是加强党对立法工作的领导，将地方性法规和政府规章年度立法计划提交依法治市委员会或者市委常委会审议。

（2）坚持科学立法，进一步加强和改进立法工作。一是适时开展地方性法规立法后评估，提升立法质量，促进法律制度的有效实施；二是加强市人大对政府规章备案审查工作，助力法治政府建设高质量发展。

（3）进一步加强社会治理，提升社会治理能力。创新社会治理方式方法，积极发掘社会治理创新工作亮点，提升社会治理创新工作水平。

（4）聚焦实践创新，推动营商环境持续优化。深入推进体制机制改革，营造公平竞争市场环境，实现台州打造“对标世行标准、走在全国前列、与民营经济高质量发展相匹配”的最优营商环境的目标。

（5）健全完善法律服务体系建设，进一步提升法律服务水平。一是进一步健全市委、国企、村居法律顾问制度，提升社会治理能力，促进法治建设；二是深化仲裁制度改革，支持仲裁融入社会治理，发挥仲裁在经济社会发展和法治建设中的作用；三是持续推进法律服务进村居，为基层群众提供多层次、专业化、便捷高效精准的公共法律服务；四是不断创新公共法律服务的机制、举措，提升群众对公共法律服务的满意度和获得感。

二十、合肥市法治指数测评分报告

（一）测评数据

表 3-20-1　A1 依法治市分项得分表

二级指标	基础分项					项目分项			加分项			总分	27个城市平均分
	B1	B2	B3	B4	B5	B6	B7	B8	B9	B10	B11		
分值	1	1	1	1	1	1	1	1		4		12	5.68
得分	1	0.5	0.5	1	0.5	0.5	1	0	0	2.5	0	7.5	

表 3-20-2　A2 科学立法分项得分表

二级指标	基础分项					项目分项			加分项					减分项	总分	27个城市平均分
	B12	B13	B14	B15	B16	B17	B18	B19	B20	B21	B22	B23	B24	B25		
分值	1	1	1	1	1	1	1	1			4			2	12	8.62
得分	0.5	1	0.5	1	1	0.5	0.5	0.5	0	0	0	0	1	0	6.5	

表 3-20-3　A3 严格执法分项得分表

二级指标	基础分项					项目分项			加分项			减分项			总分	27 个城市平均分
	B26	B27	B28	B29	B30	B31	B32	B33	B34	B35	B36	B37	B38	B39		
分值	1.5	1	1	0.5	1	1	1	1	4			2			12	8.07
得分	1.5	1	1	0.5	1	1	1	1	0	1	0	−1	0	0	8	

表 3-20-4　A4 公正司法分项得分表

二级指标	基础分项					项目分项			加分项				减分项	总分	27 个城市平均分
	B40	B41	B42	B43	B44	B45	B46	B47	B48	B49	B50	B51	B52		
分值	1	1	1	1	1	1	1	1	4				2	12	9.82
得分	1	1	1	1	1	1	1	1	0.5	0	0	0	0	8.5	

表 3-20-5　A5 全民普法守法分项得分表

二级指标	基础分项					项目分项			加分项		减分项	总分	27 个城市平均分
	B53	B54	B55	B56	B57	B58	B59	B60	B61	B62	B63		
分值	1	1	1	1	1	1	1	1	4		2	12	8.56
得分	1	1	1	1	1	1	1	1	0.5	1	0	9.5	

表 3-20-6　A6 阳光政府分项得分表

二级指标	基础分项					项目分项			加分项				减分项	总分	27 个城市平均分
	B64	B65	B66	B67	B68	B69	B70	B71	B72	B73	B74	B75	B76		
分值	1	1	1	1	1	1	1	1	2				2	10	9.38
得分	1	1	0.5	1	1	0.5	1	1	1	0.5（不计）	0	1	0	9	

表 3-20-7　A7 社会治理分项得分表

二级指标	基础分项					项目分项			加分项		减分项			总分	27 个城市平均分
	B77	B78	B79	B80	B81	B82	B83	B84	B85	B86	B87	B88	B89		
分值	1	1	1	1	1	1	1	1	2		2			10	8.58
得分	1	0.5	1	1	1	1	1	1	1	1	0	0	0	9.5	

表 3-20-8　A8 营商环境分项得分表

二级指标	基础分项					项目分项			加分项		减分项		总分	27 个城市平均分
	B90	B91	B92	B93	B94	B95	B96	B97	B98	B99	B100	B101		
分值	1	1	1	1	1	1	1	1	2		2		10	8.62
得分	1	1	1	1	1	1	1	1	1	1	0	0	10	

表 3-20-9　A9 法律服务分项得分表

二级指标	基础分项					项目分项			加分项		减分项	总分	27 个城市平均分
	B102	B103	B104	B105	B106	B107	B108	B109	B110	B111	B112		
分值	1	1	1	1	1	1	1	1	2		2	10	7.77
得分	1	1	1	1	1	1	1	1	0	0	0	8	

（二）总体评价

合肥市在 2020 年度长江三角洲城市法治指数测评中，总得分为 76.5 分，对应的等级为“B 级”，与 27 个城市的法治指数平均分（75.11 分）相比，高出 1.39 分，总体表现为“良好”。

（三）分项比较分析

测评结果显示，在 9 项一级指标中，合肥市在“营商环境”得满分 10 分，是三个得满分的城市之一；在“依法治市”“全民普法守法”“社会治理”“法律服务”等 4 项指标上均高于 27 个城市的平均水平。其中，“依法治市”得 7.5 分，高出平均分 1.82 分，比最高分仅低 0.25 分；“全民普法守法”得 9.5 分，高出平均分 0.94 分；“社会治理”得 9.5 分，高出平均分 0.42 分；“法律服务”得 8 分，高出平均分 0.23 分。这些指标也印证了合肥市法治水平总体处于良好状态。

在另外 4 项一级指标“科学立法”“严格执法”“公正司法”“阳光政府”中，合肥市的得分均低于 27 个城市的平均分。其中，“科学立法”得 6.5 分，比平均分低了 2.12 分，比最低分仅高出 0.25 分；“严格执法”得 8 分，仅比平均分低 0.07 分；“公正司法”得 8.5 分，比平均分低 1.32 分；“阳光政府”得 9 分，比平均分低 0.38 分。测评数据显示，“严格执法”与“阳光政府”2 项指标与平均分的差距不大，只有“科学立法”“公正司法”2 项指标得分较低，是明显的短板。

（四）加分项分析

合肥市在 9 项一级指标的加分项中一共得 12.5 分，“法律服务”没有加分项得分，其他 8 项一级指标都有加分项得分，表现较好。其中，“阳光政府”“社会治理”“营商环境”3 项都得满分 2 分；“依法治市”得 2.5 分，“全民普法守法”得 1.5 分，“科学立法”“严格执法”2 项均得 1 分，“公正司法”得 0.5 分。

（1）在依法治市方面，合肥市在由法治日报社、法治周末报社共同开展的“第六届社会治理创新奖”评选中，获“2020 法治政府建设优秀城市”；在安徽省发布的《中共安徽全面依法治省法治政府建设示范地区和项目命名的决定》中，获得全省法治政府建设示范区；在 36 城市政务环境维度排名中，列全国第 3。

（2）在科学立法方面，合肥市深入推行法规规章立法草案公开征求意见及反馈制度、立法项目草案专家咨询论证制度，认真研究吸纳相关意见建议，确保制度设计合法合理。

（3）在严格执法方面，合肥市司法局荣获省“2020 年推进法治政府建设优秀组织”；《合肥市高标准推进法治政府建设为经济高质量发展提供有力法治保障》案例入选《法治影响中国典范案例汇编》。

（4）在公正司法方面，合肥中院三篇案例在全省法院系统 2020 年度百篇优秀案例中获奖。

（5）在全民普法守法方面，合肥市在全省首创“三责任两备案”普法工作制度，市直普法责任单位由 55 家扩大到 59 家，有效推动了各级行政执法机关普及法律的积极性和主动性。安徽省肥西县司法局紫蓬司法所结合工作重点，组织该所干警、法律明白人、普法志愿者以及“紫蓬飞歌”宣讲团成员深入村（社区）、单位“开展普法宣传，助力人口普查”宣传活动，让群众清楚明白人口普查的重要意义并积极配合，为推动“七人普”工作顺利进行营造浓厚的法治氛围，被《光明日报》宣传报道。

（6）在阳光政府方面，合肥市政府网站开设了“政策解读”专栏，建立了政策解读制度；出台《法治智库建设管理暂行办法》，为法治政府建设提供强大智力支撑；进一步理顺重大决策合法性审查流程，出台《关于贯彻落实行政规范性文件合法性审核机制建设的实施意见》，以正负清单形式锁定审查事项范围；2020年6月发布的《中国法治蓝皮书》中，合肥市政府透明度指数排名全国第8。

（7）在社会治理方面，合肥市成为创建全国市域社会治理现代化试点城市，出台《合肥市创建全国市域社会治理现代化试点城市工作方案（2020—2022）》；滨湖世纪社区坚持以党建引领，大力推行社区治理体制改革，社区先后孵化出121个社会组织、组建72支帮客志愿者团队、培育120个文体社团，先后获全国先进基层党组织、全国最美志愿服务社区等多项荣誉，被人民网专题宣传；合肥包河区"大共治"模式获全国创新社会治理典型案例优秀案例之一。

（8）在营商环境方面，合肥高新区发布全国首个开发区层面的营商环境指数，人民网以《合肥高新区率先发布营商环境"领跑计划"》为题加以宣传。

（五）减分项分析

合肥市的减分项只有一项，在"严格执法"指标中，由于行政行为被复议纠错率高于全国平均水平被减扣1分。合肥市政府全年收到行政复议申请418件，同比增长39.3%，受理363件，受理率86.8%；审结307件，准期结案率100%，直接纠错率44.6%，综合纠错率52.4%。行政复议纠错率高，一方面体现了通过行政复议实现行政系统内部的自我纠错，体现行政复议的纠错功能，值得肯定。但另一方面，被纠错率高于全国水平也从某种角度反映出执法领域仍然存在短板和不足，依法行政的水平还有待进一步提高①。

（六）主要短板与不足

从法治指数测评过程中获取的资料来看，合肥市法治建设存在以下主要短板：

（1）"依法治市"得7.5分，横向比较虽然属于较高分数，但离满分12

① 由于2020年全国复议纠错率还没有公布统计数据，测评组选取了2019年的全国复议纠错率作为对照，全国平均复议纠错率为16%。

分仍有较大差距。这项指标所反映的主要问题是：地方性法规和政府规章的年度立法计划虽经依法治市委审议批准，但未查询到向社会公布的信息；推动、协调各县区依法治区（县）工作方面的力度尚显不够；依法治市委员会的四个协调小组中，2020 年度只有立法协调小组和普法守法协调小组组织召开过会议协调推进相关工作，其他两个协调小组均没有工作动态等方面的相关信息；未查询到重大立法项目提交市委常委会审议的情况。

（2）“科学立法”得 6.5 分，是合肥市 9 项一级指标中得分最低的项目，也是 27 个城市中得分较低的城市之一。这项指标所反映的主要问题是：规章征求社会公众意见的制度有待健全；立法后评估制度需要进一步完善；规章公开征集立法项目和论证制度尚需完善；尚未建立立法听证会和人大全会审议地方性法规项目的制度；在提高立法质量，创新立法方式等方面需要作出进一步的努力。

（3）“公正司法”也是合肥市得分较低的项目，属于明显的短板。测评数据显示，合肥市在司法公正方面基础分项和项目分项的 8 分都拿到了，主要差距是在加分项上，4 分中只得了 0.5 分，反映出合肥市在司法公正的制度创新方面典型做法缺乏，获得省级以上的荣誉也不多。相比较其他城市，有 14 个城市得分在 10 分以上，有 5 个城市得满分。说明合肥市在这项指标中需要付出更多的创新努力。

（4）“阳光政府”一项也是合肥市低于平均分的项目，这项指标所反映的主要问题是：政府信息依申请公开率偏低，2020 年度收到政府信息公开申请数量 2491 件，予以公开 1010 件，公开率仅为 40.5%；重大行政决策事项目录及其公示制度有待进一步完善。

（七）主要建议

针对合肥市在此次法治指数测评中存在的短板，测评组提出如下建议：

（1）深入贯彻落实习近平法治思想，不断提升依法治市的能力水平。一是进一步加强党对立法工作的领导，及时向社会公开地方性法规和政府规章立法计划，增强立法工作的透明度和公众参与度；二是发挥党统揽全局、协调各方的作用，探索加强对依法治市委员会四个协调小组的工作指导和监督；三是进一步协调、推动各区县的依法治理工作，提高整体的依法治理水平。

（2）坚持科学立法，进一步加强和改进立法工作。一是完善立法工作机制，进一步健全地方性法规和政府规章征求社会公众意见的制度，拓展公民有序参与政府立法的途径；二是进一步完善立法后评估制度，促进法律制度的有效实施；三是要积极探索法规规章公开征集立法项目和论证制度、立法听证会以及人大全会审议地方性法规项目等制度，不断提升立法质量。

（3）坚持公正司法，按照国家的统一部署，积极开展司法制度改革，创新公正司法的体制机制，同时，加大对公正司法的宣传力度，让全社会从每个案件中感受到所实现的公平正义。

（4）进一步推进阳光政府建设，提高政府信息依申请公开的答复率；进一步完善重大行政决策事项目录以及公示制度。

二十一、芜湖市法治指数测评分报告

（一）测评数据

表 3-21-1　A1 依法治市分项得分表

二级指标	基础分项					项目分项			加分项			总分	27 个城市平均分
	B1	B2	B3	B4	B5	B6	B7	B8	B9	B10	B11		
分值	1	1	1	1	1	1	1	1		4		12	5.68
得分	1	0.5	1	0.75	0.5	0.5	0.5	0.5	0	0	0	5.25	

表 3-21-2　A2 科学立法分项得分表

二级指标	基础分项					项目分项			加分项					减分项	总分	27 个城市平均分
	B12	B13	B14	B15	B16	B17	B18	B19	B20	B21	B22	B23	B24	B25		
分值	1	1	1	1	1	1	1	1			4			2	12	8.62
得分	1	0.5	0	1	0.5	0	1	1	0	1	1	1	1	0	9	

表 3-21-3　A3 严格执法分项得分表

二级指标	基础分项					项目分项			加分项			减分项			总分	27 个城市平均分
	B26	B27	B28	B29	B30	B31	B32	B33	B34	B35	B36	B37	B38	B39		
分值	1.5	1	1	0.5	1	1	1	1	4			2			12	8.07
得分	1.5	1	1	0.5	1	0	1	1	0	0	0	−1	0	0	6	

表 3-21-4　A4 公正司法分项得分表

二级指标	基础分项					项目分项			加分项				减分项	总分	27 个城市平均分
	B40	B41	B42	B43	B44	B45	B46	B47	B48	B49	B50	B51	B52		
分值	1	1	1	1	1	1	1	1	4				2	12	9.82
得分	1	1	1	1	1	1	0.5	1	2	0	1	0	0	10.5	

表 3-21-5　A5 全民普法守法分项得分表

二级指标	基础分项					项目分项			加分项		减分项	总分	27 个城市平均分
	B53	B54	B55	B56	B57	B58	B59	B60	B61	B62	B63		
分值	1	1	1	1	1	1	1	1	4		2	12	8.56
得分	1	1	1	1	1	1	1	1	0	1	0	9	

表 3-21-6　A6 阳光政府分项得分表

二级指标	基础分项					项目分项			加分项				减分项	总分	27 个城市平均分
	B64	B65	B66	B67	B68	B69	B70	B71	B72	B73	B74	B75	B76		
分值	1	1	1	1	1	1	1	1	2				2	10	9.38
得分	1	1	0.5	1	1	0	1	1	2	0	0	0	0	8.5	

表 3-21-7　A7 社会治理分项得分表

二级指标	基础分项					项目分项			加分项		减分项			总分	27 个城市平均分
	B77	B78	B79	B80	B81	B82	B83	B84	B85	B86	B87	B88	B89		
分值	1	1	1	1	1	1	1	1	2		2			10	8.58
得分	1	1	1	1	1	1	0.5	1	0	0.5	0	0	0	8	

表 3-21-8　A8 营商环境分项得分表

二级指标	基础分项					项目分项			加分项		减分项		总分	27 个城市平均分
	B90	B91	B92	B93	B94	B95	B96	B97	B98	B99	B100	B101		
分值	1	1	1	1	1	1	1	1	2		2		10	8.62
得分	0.5	1	1	0.5	1	0.5	1	1	1	0	0	0	7.5	

表 3-21-9　A9 法律服务分项得分表

二级指标	基础分项					项目分项			加分项		减分项	总分	27 个城市平均分
	B102	B103	B104	B105	B106	B107	B108	B109	B110	B111	B112		
分值	1	1	1	1	1	1	1	1	2		2	10	7.77
得分	1	0.5	1	0.5	1	1	1	0.5	0	1	0	7.5	

（二）总体评价

芜湖市在此次长江三角洲城市法治指数测评中，总得分为 71.25 分，对应的等级为“B–”，总体表现为“良好”。与 27 个城市的法治指数平均分（75.11 分）相比，仍有 3.86 分的差距。

（三）分项比较分析

测评结果显示，在 9 项一级指标中，芜湖市在“科学立法”“公正司法”“全民普法守法”等 3 项一级指标中的得分高于 27 个城市的平均水平。其中，“科学立法”得 9 分，高于平均分 0.38 分；“公正司法”得 10.5 分，高出平均分 0.68 分；“全民普法守法”得 9 分，高出平均分 0.44 分，通过分析上述数据可见，该 3 项一级指标总体表现较好。

除上述 3 项一级指标外，其余 6 项一级指标的得分均低于 27 个城市法治指数的平均水平。其中，“依法治市”得 5.25 分，低于平均分 0.43 分；“严格执法”得 6 分，低于平均分 2.07 分；“阳光政府”得 8.5 分，低于平均分 0.88 分；“社会治理”得 8 分，低于平均分 0.58 分；“营商环境”得 7.5 分，低于平均分 1.12 分；“法律服务”得 7.5 分，低于平均分 0.27 分。通过分析上述数据可见，“依法治市”“阳光政府”“社会治理”“法律服务”4 项一级指标得分与平均分差距不大，均在 1 分以内；而“严格执法”“营商环境”2 项一级指标得分与平均分差距较大，均超过了 1 分，得分在 27 个城市中均处于下游。

（四）加分项分析

芜湖市在 9 项一级指标的加分项中一共得 12.5 分，除“依法治市”“严格执法”没有加分之外，其他 7 项一级指标均有加分的事项。其中，“科学立法”得满分 4 分；“阳光政府”得满分 2 分；“公正司法”得 3 分，这 3 项得分都比较理想。此外，“全民普法守法”得 1 分；“社会治理”得 0.5 分；“营商环境”得 1 分；“法律服务”得 1 分。

（1）在科学立法方面，芜湖市充分运用地方立法权率先尝试制定地方政府规章，制定《芜湖市快递管理办法》。国家邮政局关于“邮政地方立法工作取得新成效”情况交流工作简报中多次引用《芜湖市快递管理办法》的内容，供全国邮政系统内参考借鉴；在制定《芜湖市养犬管理条例》过程中举行立法听证会，积极推动公众参与立法工作；《人民代表报》刊文介绍《芜湖市文明行为促进条例》的立法情况；此外，芜湖市在立法过程中建立征求公众意见的反馈机制。

（2）在公正司法方面，芜湖市镜湖区院成功办理最高人民检察院、公安部、原环保部联合挂牌督办的“10・12”跨省倾倒固体废物污染长江案，该案作为全省唯一案件入选最高人民检察院指导性案例；芜湖市检察机关办理的一起司法救助案件入选全国“十佳国家司法救助案例”、全省“司法救助典型案例”；芜湖市司法辅助案件管理系统获评全国智慧法院十大创新产品。

（3）在全民普法守法方面，芜湖市突出普法形式创新，县市区、市直单位门户网站均开设普法专栏，微信平台开设“法治云课堂”；普遍建立普法微博、微信公众号等新媒体普法平台。“今日芜湖”App 开设普法专题，开通“芜湖普法”抖音号，创办《公民与法——芜湖普法之声》专栏，《法制日报》推广《芜湖推动普法工作迈上新台阶》的做法，疫情防控普法微视频微动漫等多部作品被司法部官微等媒体转载转发。

（4）在阳光政府方面，芜湖市严格落实《重大行政决策程序暂行条例》，对事关经济社会发展全局和涉及人民群众切身利益的重大行政决策事项，坚持完善公众参与、专家论证、风险评估、合法性审查、集体讨论决定程序。2020 年，市政府常务会议议题全部会前征求相关部门意见，规范性文件和协议全部进行会前审查。

（5）在社会治理方面，“芜湖矛盾纠纷多元化解在线系统——解纷芜忧”入选 2020 全国社会治理“十大解决方案”。“解纷芜优”在线调解平台通过在线咨询、在线评估，向在线调解、在线仲裁、在线诉讼层层递进，解决用户法律问题，使矛盾纠纷通过在线漏斗不断过滤和分流，最大限度减少矛盾纠纷进入诉讼程序。同时也为基层调解组织及时高效地化解社会矛盾纠纷提供便利，缓解民事纠纷调解压力，充分发挥基层调解组织在排查化解矛盾纠纷中的“第一道防线”作用。

（6）在营商环境方面，芜湖市在全省率先出台“首次轻微违法违规经营行为免罚清单”，梳理免罚事项 100 项，涵盖市场监管全领域，通过“有温度的执法”，为各类市场主体在发展初期提供更为宽容的制度环境；启动新一轮公共资源交易改革，在全国首创打击围串标大数据模型。

（7）在法律服务方面，芜湖市法律援助中心办理涉黑涉恶法援案件的经验做法，被《法治日报》刊文推介；微视频《津津润润带你扫黑除恶之小萝卜头日记》荣获平安安徽“三微”作品一等奖。

（五）减分项分析

芜湖市的减分项只有一项，在“严格执法”指标中，由于行政行为被复议纠错率高于全国平均水平被减扣 1 分。行政复议纠错率高，一方面体现了通过行政复议实现行政系统内部的自我纠错，体现行政复议的纠错功能。但另一方面，被纠错率高于全国水平也反映出执法领域仍然存在短板和不足，依法行政的水平还有待进一步提高。①

（六）主要短板与不足

从法治指数测评过程中获取的资料来看，芜湖市法治建设存在以下主要短板：

（1）“依法治市”只得 5.25 分，在 9 项一级指标中得分最低。这项指标所反映的主要问题是：地方性法规的年度立法计划项目没有向社会公布；推动、协调各县区依法治区（县）工作方面的力度不够；依法治市委员会的四

① 由于 2020 年全国复议纠错率还没有公布统计数据，测评组选取了 2019 年的全国复议纠错率作为对照，2019 年全国平均复议纠错率为 16%。

个协调小组中，2020 年度只有执法协调小组组织召开过会议协调推进相关工作，其他三个协调小组均没有工作动态等方面的相关信息。

（2）“科学立法”得 9 分，反映芜湖市立法工作总体情况较好，但是立法工作仍然有提升和完善空间。测评数据显示，地方性法规年度立法计划没有向社会公开；地方性法规和政府规章均未有开展立法后评估工作的相关信息；政府基层立法联系点尚未建立。

（3）“严格执法”得分在 9 项一级指标中倒数第 2，同时在 27 个城市的纵向比较中也是得分最低的。这项指标所反映的主要问题是：严格执法方面的制度安排和落实效果在测评组所及的搜索范围内无法获取；行政行为被复议纠错率高于全国平均水平。①

（4）“营商环境”得 7.50 分，低于平均分 1.16 分，是 27 个城市中得分最低的四个城市之一。这项一级指标所反映的主要问题是：优化营商环境方面的政策力度有待提高、行业协会的作用有待进一步发挥。

（5）“法律服务”得分低于平均分，这项一级指标所反映的主要问题是：律师制度、司法鉴定制度有待进一步完善；法律服务进村居有待进一步推进。

（七）主要建议

针对芜湖市在此次法治指数测评中存在的短板，测评组提出如下建议：

（1）深入贯彻落实习近平法治思想，不断提升依法治市的能力水平。一是进一步加强党对立法工作的领导，及时向社会公开地方性法规立法计划，增强立法工作的透明度和公众参与度；二是发挥党统揽全局、协调各方的作用，探索加强对依法治市委员会四个协调小组的工作指导和监督；三是进一步协调、推动各区县的依法治理工作，提高整体的依法治理水平。

（2）坚持科学立法，进一步加强和改进立法工作。一是完善立法工作机制，建立健全政府基层立法联系点，拓展公民有序参与政府立法的途径；二是适时开展立法后评估，提升立法质量，促进法律制度的有效实施。

（3）严格规范行政执法，进一步提升执法水平。一是进一步完善行政

① 由于 2020 年全国复议纠错率还没有公布统计数据，测评组选取了 2019 年的全国复议纠错率作为对照。

裁量基准制度，确保严格规范执法；二是针对“严格执法”一级指标没有加分项的情况，建议执法过程中积极探索创新执法手段，打造新型执法模式，有效破解执法难题；三是针对行政行为被复议纠错率较高的情况，建议加大对行政执法人员的业务培训力度，不断提高执法人员的办案能力和水平。

（4）持续优化营商环境，更好服务市场主体。一是加大优化营商环境方面的工作力度，在吸引人才、鼓励创新、扶持中小企业、知识产权保护等方面，推动出台更多政策举措；二是发挥行业协会的作用，推动政府职能转变，促进市场经济繁荣发展。

（5）健全完善法律服务体系建设，进一步提升法律服务水平。一是深化律师制度改革，加强律师工作和律师队伍建设，发挥律师在经济社会发展和法治建设中的作用；二是创新发展司法鉴定工作，提升司法鉴定质量和社会公信力；三是持续推进法律服务进村居，为基层群众提供多层次、专业化、便捷高效精准的公共法律服务。

二十二、马鞍山市法治指数测评分报告

（一）测评数据

表 3-22-1　A1 依法治市分项得分表

二级指标	基础分项					项目分项			加分项			总分	27 个城市平均分
	B1	B2	B3	B4	B5	B6	B7	B8	B9	B10	B11		
分值	1	1	1	1	1	1	1	1		4		12	5.68
得分	1	0.5	1	1	0.5	0.75	0.5	0	0	0	0	5.25	

表 3-22-2　A2 科学立法分项得分表

二级指标	基础分项					项目分项			加分项					减分项	总分	27 个城市平均分
	B12	B13	B14	B15	B16	B17	B18	B19	B20	B21	B22	B23	B24	B25		
分值	1	1	1	1	1	1	1	1			4			2	12	8.62
得分	1	1	0	1	0.5	0.5	0.25	1	0	0	0	0	1	0	6.25	

表 3-22-3 A3 严格执法分项得分表

二级指标	基础分项					项目分项			加分项			减分项			总分	27 个城市平均分
	B26	B27	B28	B29	B30	B31	B32	B33	B34	B35	B36	B37	B38	B39		
分值	1.5	1	1	0.5	1	1	1	1	4			2			12	8.07
得分	1.5	1	1	0.5	1	1	1	1	0	0.5	0	−1	0	−1	6.5	

表 3-22-4 A4 公正司法分项得分表

二级指标	基础分项					项目分项			加分项				减分项	总分	27 个城市平均分
	B40	B41	B42	B43	B44	B45	B46	B47	B48	B49	B50	B51	B52		
分值	1	1	1	1	1	1	1	1	4				2	12	9.82
得分	1	1	0	1	1	1	1	1	1	0	0	0	−0.5	7.5	

表 3-22-5 A5 全民普法守法分项得分表

二级指标	基础分项					项目分项			加分项		减分项	总分	27 个城市平均分
	B53	B54	B55	B56	B57	B58	B59	B60	B61	B62	B63		
分值	1	1	1	1	1	1	1	1	4		2	12	8.56
得分	1	1	1	1	1	1	1	1	1	0	−0.5	8.5	

表 3-22-6 A6 阳光政府分项得分表

二级指标	基础分项					项目分项			加分项				减分项	总分	27 个城市平均分
	B64	B65	B66	B67	B68	B69	B70	B71	B72	B73	B74	B75	B76		
分值	1	1	1	1	1	1	1	1	2				2	10	9.38
得分	1	1	0.5	1	1	0.5	1	1	1	0.5	0	0	0	8.5	

表 3-22-7 A7 社会治理分项得分表

二级指标	基础分项					项目分项			加分项		减分项			总分	27 个城市平均分
	B77	B78	B79	B80	B81	B82	B83	B84	B85	B86	B87	B88	B89		
分值	1	1	1	1	1	1	1	1	2		2			10	8.58
得分	1	1	1	1	0.5	1	1	1	1	0	0	0	0	8.5	

表 3-21-8　A8 营商环境分项得分表

二级指标	基础分项					项目分项			加分项		减分项		总分	27 个城市平均分
	B90	B91	B92	B93	B94	B95	B96	B97	B98	B99	B100	B101		
分值	1	1	1	1	1	1	1	1	2		2		10	8.62
得分	1	1	1	0	1	1	1	1	0	1	0	0	8	

表 3-22-9　A9 法律服务分项得分表

二级指标	基础分项					项目分项			加分项		减分项	总分	27 个城市平均分
	B102	B103	B104	B105	B106	B107	B108	B109	B110	B111	B112		
分值	1	1	1	1	1	1	1	1	2		2	10	7.77
得分	0.25	1	1	1	1	1	0.75	1	0	0	0	7	

（二）总体评价

马鞍山市在此次长江三角洲城市法治指数测评中，总得分为 66 分，对应的等级为“C 级”，是四个得分为最低等级 C 级的城市之一，与 27 个城市的法治指数平均分（75.11 分）相比仍有 9.11 分的差距。总体表现为“合格”。

（三）分项比较分析

测评结果显示，在 9 项一级指标中，马鞍山市各项得分均低于 27 个城市法治指数的平均水平。其中，“依法治市”得 5.25 分，低于平均分 0.43 分；“科学立法”得 6.25 分，低于平均分 2.37 分；“严格执法”得 6.5 分，低于平均分 1.57 分；“公正司法”得 7.5 分，低于平均分 2.32 分；“全民普法守法”得 8.5 分，低于平均分 0.06 分；“阳光政府”得 8.5 分，低于平均分 0.88 分；“社会治理”得 8.5 分，低于平均分 0.08 分；“营商环境”得 8 分，低于平均分 0.62 分；“法律服务”得 7 分，低于平均分 0.77 分。

通过分析上述数据可见，“依法治市”“全民普法”“阳光政府”“社会治理”“营商环境”“法律服务”6 项一级指标得分与平均分差距不算太大，均在 1 分以内；而“科学立法”“严格执法”“公正司法”等 3 项一级指标得分与平均分差距较大，均超过 1 分，得分在 27 个城市中均处于下游，值得总结与分析。

（四）加分项分析

马鞍山市在9项一级指标加分项中除“依法治市”与“法律服务”两项未获得加分外，其余7个指标均有加分，共有得分事项8项，得分7分。其中“科学立法”“公正司法”“全民普法守法”“社会治理”“营商环境”等5项均得到1分；“阳光政府”得到1.5分；“严格执法”得到0.5分。

（1）在科学立法方面，马鞍山市在立法过程中建立了落实征求公众意见的反馈机制，如对于《马鞍山市城市绿化管理办法（草案征求意见稿）》发布了公众意见反馈情况。

（2）在公正司法方面，马鞍山市雨山区人民检察院办理的某执法机关阻碍律师会见案入选最高人民检察院典型案例。

（3）在全民普法守法方面，马鞍山市探索“农村精准普法新模式”，被中国农业农村部官网重点宣传，普法新形式具有全国影响，亦被司法部列为全国法治政府建设示范项目。

（4）在阳光政府方面，马鞍山市严格贯彻落实国务院《重大行政决策程序暂行条例》，出台了《马鞍山市人民政府重大行政决策风险评估办法（试行）》《马鞍山市重大行政决策实施后评估办法（试行）》，印发《关于进一步规范市政府重大事项合法性审查工作的通知》，积极推行合法性审查“4321”工作法，2020年共审查决策事项190件，实现应审尽审。同时，马鞍山市还开展落实规范性文件、政策解读制度。

（5）在社会治理方面，马鞍山市法院系统构建立体解纷体系促进市域治理现代化，提供诉调对接的“马鞍山经验”，马鞍山法院系统做好诉调判执有序对接，推动市域社会治理现代化的做法，受到最高人民法院司法改革领导小组办公室的肯定并推广。

（6）在营商环境方面，马鞍山市优化升级营商环境的行动被华网重点宣传。

（五）减分项分析

在减分项方面，马鞍山市在“严格执法”“公正司法”和“全民普法守法”3项一级指标下有扣分，共计扣除2分。

（1）在严格执法方面，马鞍山市2020年度行政行为被复议直接纠错率达22.8%，高于全国平均的16%。这一方面是复议纠错功能良好运行的体现，但另一方面，被纠错率高于全国水平也反映出执法领域仍然存在短板和不足，依法行政的水平还有待进一步提高。[①]此外，马鞍山市博望区丹阳镇党委委员、政法委委员兼司法所所长杭某因履职不力，不担当、不作为问题，受到党内警告处分。该项不作为、乱作为问题被中纪委国家监察委官网通报。

（2）在公正司法方面，马鞍山市人大常委会原党组书记、主任从某不履行职责，有案不查，违规干预和插手司法活动，涉嫌受贿犯罪等问题由安徽省纪委监委通报，被中纪委国家监察委官网转发。

（3）在全民普法守法方面，马鞍山慈湖高新技术产业开发区党工委原书记兼管委会原主任郎某严违反政治纪律，对抗组织审查，参与迷信活动；违反中央八项规定精神和廉洁纪律；违反组织纪律；违反生活纪律；利用职务便利，为他人谋取利益，索取或非法收受财物，涉嫌受贿犯罪。该问题由安徽省纪委监委通报，并由中纪委国家监察委官网转发。

（六）主要短板与不足

从法治指数测评过程中获取的资料来看，马鞍山市法治建设存在以下主要短板：

（1）“依法治市”得5.25分，在9项一级指标中最低。反映的主要问题是：未公布地方性法规立法计划；依法治区工作推动中缺少市级层面协调；依法治市委员会立法协调小组本年度未有工作动态信息体现；法规规章计划、重大立法项目审议过程中没有提交依法治市委员会或市委、市委常委会审议。

（2）“科学立法”得6.25分，为27个城市中两个得分最低的城市之一。这项指标所反映的主要问题是：立法后评估办法于2021年刚刚出台，意味着2020年尚未建立立法后评估制度；未查询到政府建立基层立法联系点的相关信息；政府规章年度立法计划三项仅完成一项。

---

① 由于2020年全国复议纠错率还没有公布统计数据，测评组选取了2019年的全国复议纠错率作为对照，2019年全国平均复议纠错率为16%。

（3）“严格执法”得6.5分，在27个城市中并列倒数第2。这项指标所反映的主要问题是：行政复议直接纠错率高于全国平均水平；行政裁量基准制度还有待进一步完善；不作为、乱作为案件被中纪委国家监察委官网报道。

（4）“阳光政府”得8.5分，为27个城市并列最低。这项指标所反映的主要问题是：政府信息公开依申请公开率较低，马鞍山市全年公开政府信息24.6万余条，受理、办结依申请公开280件，发布政策解读信息955条、回应社会关切信息1237条；予以公开、部分公开共计129件，依申请公开率约为46%。此外，重大行政决策事项目录及其公示制度本年度未有工作动态信息体现。

（5）“营商环境”得8分，为27个城市并列倒数第2。这项指标所反映的主要问题是：行业协会作用未能得到充分发挥，本年度行业协会工作动态体现较少。

（6）“法律服务”得7分，低于平均分0.77分，位于27个城市下游。这项指标所反映的主要问题是：法律顾问制度还有待完善，国企法律顾问制度建设方面没有2020年度工作动态体现。

（七）主要建议

针对马鞍山市在此次法治指数测评中存在的短板，测评组提出如下建议：

（1）深入贯彻落实习近平法治思想，不断提升依法治市的能力水平。一是加强党对立法工作的领导，及时向社会公开地方性法规立法计划，增强立法工作的透明度和公众参与度；二是进一步加强上级部门对各区县依法治理工作的协调与推动，提高整体的依法治理水平；三是进一步推动依法治市委员会发挥积极作用，促进四个协调小组积极开展工作；四是注重依法治市工作的制度创新和改革力度，不断创造马鞍山的工作经验和做法。

（2）坚持科学立法，不断提高立法精细化水平。一是将立法后评估制度落到实处，提升立法质量，促进法律制度的有效实施；二是科学制定立法计划，确保立法计划项目按时完成；三是完善立法工作机制，建立健全政府基层立法联系点，拓展公民有序参与政府立法的途径；四是提升立法工作效率，注重制定计划科学性与开展计划有效性的有机统一。

（3）严格规范公正文明执法，进一步提升行政执法水平。针对行政行为被复议纠错率较高的情况，建议加大对行政执法人员的业务培训力度，注重在作为能力与作为态度两方面的同步培养，不断提高执法人员的办案能力和水平。

（4）加强阳光政府建设，一是进一步强化重大事项决策公开透明度，注重重大行政决策事项目录及其公示制度的落实；二是加强阳光政府建设，强化政府信息公开制度建设，提高依申请公开率，及时、高效处理申请公开事项。

（5）持续优化营商环境，更好服务市场主体。发挥行业协会的作用，推动政府职能转变，促进市场经济繁荣发展。

（6）健全完善法律服务体系建设，进一步提升法律服务水平。进一步完善公共法律服务平台建设；进一步完善法律顾问制度，大力推进法律顾问制度在国企中的实际运行，促进经济发展与社会秩序的稳定；注重法律服务领域的制度创新与改革，提供更富成效的公共法律服务。

二十三、铜陵市法治指数测评分报告

（一）测评数据

表 3-23-1　A1 依法治市分项得分表

二级指标	基础分项					项目分项			加分项			总分	27 个城市平均分
	B1	B2	B3	B4	B5	B6	B7	B8	B9	B10	B11		
分值	1	1	1	1	1	1	1	1		4		12	5.68
得分	1	1	1	0.5	0.5	0.75	1	1	0	0	0	6.75	

表 3-23-2　A2 科学立法分项得分表

二级指标	基础分项					项目分项			加分项					减分项	总分	27 个城市平均分
	B12	B13	B14	B15	B16	B17	B18	B19	B20	B21	B22	B23	B24	B25		
分值	1	1	1	1	1	1	1	1			4			2	12	8.62
得分	1	0.5	0.5	1	0.5	0.75	0.5	1	0	0	0	0	1	0	6.75	

表 3-23-3　A3 严格执法分项得分表

二级指标	基础分项					项目分项			加分项			减分项			总分	27 个城市平均分
	B26	B27	B28	B29	B30	B31	B32	B33	B34	B35	B36	B37	B38	B39		
分值	1.5	1	1	0.5	1	1	1	1		4			2		12	8.07
得分	1	1	1	0.25	1	1	1	1	0	0.5	0	−1	0	0	6.75	

表 3-23-4　A4 公正司法分项得分表

二级指标	基础分项					项目分项			加分项				减分项	总分	27 个城市平均分
	B40	B41	B42	B43	B44	B45	B46	B47	B48	B49	B50	B51	B52		
分值	1	1	1	1	1	1	1	1		4			2	12	9.82
得分	1	1	0	0.5	1	1	1	0.5	1	0	0	0	0	7	

表 3-23-5　A5 全民普法守法分项得分表

二级指标	基础分项					项目分项			加分项		减分项	总分	27 个城市平均分
	B53	B54	B55	B56	B57	B58	B59	B60	B61	B62	B63		
分值	1	1	1	1	1	1	1	1	4		2	12	8.56
得分	1	1	1	1	1	1	1	1	0	0	0	8	

表 3-23-6　A6 阳光政府分项得分表

二级指标	基础分项					项目分项			加分项				减分项	总分	27 个城市平均分
	B64	B65	B66	B67	B68	B69	B70	B71	B72	B73	B74	B75	B76		
分值	1	1	1	1	1	1	1	1		2			2	10	9.38
得分	1	1	0.75	1	1	0	1	1	1.5	0.5	0	0	0	8.75	

表 3-23-7　A7 社会治理分项得分表

二级指标	基础分项					项目分项			加分项		减分项			总分	27 个城市平均分
	B77	B78	B79	B80	B81	B82	B83	B84	B85	B86	B87	B88	B89		
分值	1	1	1	1	1	1	1	1	2			2		10	8.58
得分	1	1	1	1	1	1	1	0.5	0	0	0	0	0	7.5	

表 3-23-8　A8 营商环境分项得分表

二级指标	基础分项					项目分项			加分项		减分项		总分	27个城市平均分
	B90	B91	B92	B93	B94	B95	B96	B97	B98	B99	B100	B101		
分值	1	1	1	1	1	1	1	1	2		2		10	8.62
得分	1	1	1	1	1	1	0.5	1	0	0	0	0	7.5	

表 3-23-9　A9 法律服务分项得分表

二级指标	基础分项					项目分项			加分项		减分项	总分	27个城市平均分
	B102	B103	B104	B105	B106	B107	B108	B109	B110	B111	B112		
分值	1	1	1	1	1	1	1	1	2		2	10	7.77
得分	1	1	1	0.5	0.5	1	1	1	0	0	0	7	

（二）总体评价

铜陵市在此次2020年度长江三角洲城市法治指数测评中，总得分为66分，对应的等级为“C”，与27个城市的法治指数平均分（75.11分）相比，有9.11分的差距。总体表现为“合格”。

（三）分项比较分析

测评结果显示，在9项一级指标中，铜陵市“依法治市”的得分高于27个城市的平均水平，高于平均分1.07分，表明该项一级指标总体表现较好。

除上述一级指标外，其余8项一级指标的得分均低于27个城市法治指数的平均水平。其中，“科学立法”得6.75分，低于平均分1.87分；“严格执法”得6.75分，低于平均分1.32分；“公正司法”得7分，低于平均分2.82分；“全民普法守法”得8分，低于平均分0.56分；“阳光政府”得8.75分，低于平均分0.63分；“社会治理”得7.5分，低于平均分1.08分；“营商环境”得7.5分，低于平均分1.12分；“法律服务”得7分，低于平均分0.77分。通过分析上述数据可见，“全民普法守法”“阳光政府”“法律服务”等3项一级指标得分与平均分差距不大，均在1分以内；而“科学立法”“严格执法”“公正司法”“社会治理”“营商环境”等5项一级指标得分与平均分差距较大，均超过了1分，得分在27个城市中均处于下游，值得分析与总结。

（四）加分项分析

铜陵市在9项一级指标的加分项中一共有5项得分项，得4.5分，涉及4项一级指标。其中，“科学立法”得1分；“严格执法”得0.5分；“公正司法”得1分；“阳光政府”得2分。

（1）在科学立法方面，铜陵市坚持开门立法，健全完善意见研究采纳反馈机制，全市政府立法草案公开征求意见率达100%，对于落实科学民主立法要求、改进地方立法工作具有重要意义。

（2）在严格执法方面，铜陵市加快推进项目审批标准化及简化优化工作，依托“多规合一”平台，积极开展项目联合测绘、联合踏勘、联合验收，探索开展投资项目区域评价、多评合一，进一步下放初步设计审批职能和权限；铜陵市政府“‘多规合一’优化法治化营商环境”项目获得2020年安徽省法治政府建设示范项目。

（3）在公正司法方面，铜陵市郊区人民检察院诉李某某等非法采矿刑事附带民事公益诉讼一案入选最高人民检察院第三批检察机关服务保障长江经济带发展典型案例。

（4）在阳光政府方面，铜陵市不断完善依法决策工作机制，印发《关于推行合法性审核机制建设的实施意见》《铜陵市人民政府重大行政决策公众参与程序规定》等文件，不断完善公众参与、专家论证、风险评估、合法性审查、集体讨论决定程序；同时，铜陵市建立健全了地方性法规、规章、规范性文件的解读机制，出台的法规、规章和规范性文件均有解读。

（五）减分项分析

铜陵市的减分项只有一项，在“严格执法”指标中。2020年，铜陵市行政复议直接纠错率达28.3%，综合纠错率达59.8%。由于行政行为被复议纠错率高于全国平均水平（2019年统计数据）被扣1分。行政复议纠错率高，一方面体现了通过行政复议实现行政系统内部的自我纠错，体现行政复议的纠错功能。但另一方面，被纠错率高于全国水平也反映出执法领域仍然存在短板和不足，依法行政的水平还有待进一步提高。①

① 由于2020年全国复议纠错率还没有公布统计数据，测评组选取2019年的全国复议纠错率作为对照，全国平均复议纠错率为16%。

（六）主要短板与不足

从法治指数测评过程中获取的资料来看，铜陵市法治建设存在以下主要短板：

（1）“科学立法”得分在 27 个城市中处于下游，虽然立法工作有可圈可点之处，但总体上仍然有提升和完善的空间。测评数据显示，铜陵市政府基层立法联系点尚未建立；部分地方性法规和政府规章年度立法计划项目没有完成；市人大对政府规章的备案审查工作情况没有获取到相关公开资料。

（2）“严格执法”得 6.75 分，低于平均分 1.32 分。这项指标所反映的主要问题是：行政执法三项制度、行政裁量基准制度有待进一步完善；行政行为被复议纠错率高于全国平均水平。

（3）“公正司法”得 7 分，低于平均分 2.82 分，相对于过半城市得分均高于 10 分的情况，铜陵市公正司法指标的得分并不理想。这项指标所反映的主要问题是：测评组没有获取到铜陵市在跨行政区域管辖试点方面的信息；解决执行难的力度有进一步提升的空间；司法工作和制度创新有待进一步加强。

（4）“社会治理”得分较于其他 26 个城市相对偏低，只得到了基础分项和项目分项的大部分分数，没有得到加分项。这项指标所反映的主要问题是司法所建设有待进一步加强；创新社会治理的举措有待进一步发掘。

（5）“营商环境”得 7.5 分，低于平均分 1.12 分，是 27 个城市中得分最低的四个城市之一。这项指标所反映的主要问题是：优化营商环境方面的政策力度有待提高；未能得到加分项，表明创新空间有待进一步发掘。

（七）主要建议

针对铜陵市在此次法治指数测评中存在的短板，测评组提出如下建议：

（1）坚持科学立法，进一步加强和改进立法工作。一是完善立法工作机制，建立健全政府基层立法联系点，拓展公民有序参与政府立法的途径；二是认真落实立法计划，加强对地方性法规、政府规章草案起草工作的领导，切实做到“任务、时间、组织、责任”四落实，保证立法任务如期完成；三是健全市人大对政府规章的备案审查制度。

（2）严格规范公正文明执法，进一步提升行政执法水平。一是进一步完善行政执法三项制度、自由裁量基准制度，确保严格规范执法；二是针对行政行为被复议纠错率较高的情况，建议加大对行政执法人员的业务培训力度，提高执法人员的素质，提升依法行政的能力和水平。

（3）进一步深化司法体制改革，促进司法公正。一是积极探索跨行政区域集中管辖试点，助推法治政府建设；二是加大对执行工作的改革力度，持续破解“执行难”问题；三是进一步推动司法改革创新，为促进经济社会发展保驾护航。

（4）进一步加强社会治理，创新社会治理方式方法，增强社会治理的科学性和有效性，打造共建共治共享的社会治理格局。

（5）持续优化营商环境，服务市场经济发展。一是加大优化营商环境方面的政策力度，在吸引人才、扶持中小企业、知识产权保护等方面，推动出台更多政策举措，激发市场活力和社会创造力；二是深入推进体制机制改革，加强创新实践，推动营商环境持续优化。

二十四、安庆市法治指数测评分报告

（一）测评数据

表 3-24-1　A1 依法治市分项得分表

二级指标	基础分项					项目分项			加分项			总分	27 个城市平均分
	B1	B2	B3	B4	B5	B6	B7	B8	B9	B10	B11		
分值	1	1	1	1	1	1	1	1		4		12	5.68
得分	1	0.5	0	0	0.5	0	0	0.5	1	0	0	3.5	

表 3-24-2　A2 科学立法分项得分表

二级指标	基础分项					项目分项			加分项					减分项	总分	27 个城市平均分
	B12	B13	B14	B15	B16	B17	B18	B19	B20	B21	B22	B23	B24	B25		
分值	1	1	1	1	1	1	1	1			4			2	12	8.62
得分	1	0.5	1	0.5	1	0.5	0	1	0	0	0	1	1	0	7.5	

表 3-24-3　A3 严格执法分项得分表

二级指标	基础分项					项目分项			加分项			减分项			总分	27 个城市平均分
	B26	B27	B28	B29	B30	B31	B32	B33	B34	B35	B36	B37	B38	B39		
分值	1.5	1	1	0.5	1	1	1	1	4			2			12	8.07
得分	1.5	1	1	0.5	1	1	1	1	0	0	0	0	0	0	8	

表 3-24-4　A4 公正司法分项得分表

二级指标	基础分项					项目分项			加分项				减分项	总分	27 个城市平均分
	B40	B41	B42	B43	B44	B45	B46	B47	B48	B49	B50	B51	B52		
分值	1	1	1	1	1	1	1	1	4				2	12	9.82
得分	1	1	0	1	1	1	1	1	0	0	0	0.5	0	7.5	

表 3-24-5　A5 全民普法守法分项得分表

二级指标	基础分项					项目分项			加分项		减分项	总分	27 个城市平均分
	B53	B54	B55	B56	B57	B58	B59	B60	B61	B62	B63		
分值	1	1	1	1	1	1	1	1	4		2	12	8.56
得分	1	0.5	1	1	0.75	0.75	1	1	0	0	0	7	

表 3-24-6　A6 阳光政府分项得分表

二级指标	基础分项					项目分项			加分项				减分项	总分	27 个城市平均分
	B64	B65	B66	B67	B68	B69	B70	B71	B72	B73	B74	B75	B76		
分值	1	1	1	1	1	1	1	1	2				2	10	9.38
得分	1	1	0.75	1	1	1	1	1	1.5	0.5	0	0	0	9.75	

表 3-24-7　A7 社会治理分项得分表

二级指标	基础分项					项目分项			加分项		减分项			总分	27 个城市平均分
	B77	B78	B79	B80	B81	B82	B83	B84	B85	B86	B87	B88	B89		
分值	1	1	1	1	1	1	1	1	2		2			10	8.58
得分	1	1	1	1	1	1	1	0.75	1.5	0	0	0	0	9.25	

表 3-24-8　A8 营商环境分项得分表

二级指标	基础分项					项目分项			加分项		减分项		总分	27 个城市平均分
	B90	B91	B92	B93	B94	B95	B96	B97	B98	B99	B100	B101		
分值	1	1	1	1	1	1	1	1	2		2		10	8.62
得分	1	1	0.5	0.75	1	1	1	1	0.5	0	0	0	7.75	

表 3-24-9　A9 法律服务分项得分表

二级指标	基础分项					项目分项			加分项		减分项	总分	27 个城市平均分
	B102	B103	B104	B105	B106	B107	B108	B109	B110	B111	B112		
分值	1	1	1	1	1	1	1	1	2		2	10	7.77
得分	1	1	1	1	1	1	0.5	0.5	0	1	0	8	

（二）总体评价

安庆市在 2020 年度长江三角洲城市法治指数测评中，总得分为 68.25 分，对应的等级为“C+”，与 27 个城市的法治指数平均分（75.11 分）相比，有 6.86 分的差距。总体表现为“合格”。

（三）分项比较分析

测评结果显示，在 9 项一级指标中，安庆市在“阳光政府”“社会治理”“法律服务”等 3 项指标中的得分高于 27 个城市的平均水平。其中，“阳光政府”得 9.75 分，高出平均分 0.37 分；“社会治理”得 9.25 分，高出平均分 0.67 分；“法律服务”得 8 分，高出平均分 0.23 分。这 3 项一级指标总体表现较好。

除上述 3 项一级指标外，其余 6 项一级指标的得分均低于 27 个城市法治指数的平均水平。其中，“依法治市”得 3.5 分，低于平均分 2.18 分；“科学立法”得 7.5 分，低于平均分 1.12 分；“严格执法”得 8 分，低于平均分 0.07 分；“公正司法”得 7.5 分，低于平均分 2.32 分；“全民普法守法”得 7 分，低于平均分 1.56 分；“营商环境”得 7.75 分，低于平均分 0.87 分。通过分析上述数据可见，“严格执法”“营商环境”等 2 项一级指标得分与平均分差距不大，均在 1 分以内；而“依法治市”“科学立法”“公正司法”“全民普法守法”等 4 项一级指标得分与平均分差距较大，均超过 1 分，得分在 27

个城市中均处于下游。其中，“依法治市”比得分最低的城市仅高出0.25分；“全民普法守法”得分在27个城市中最低。

（四）加分项分析

安庆市在9项一级指标加分项中共有10项得分，得8.5分，除了“严格执法”和“全民普法守法”2项没有加分外，其他7项一级指标均有加分。其中，“依法治市”得1分，“科学立法”得2分，“公正司法”得0.5分，“阳光政府”得2分，“社会治理”得1.5分，“营商环境”得0.5分，“法律服务”得1分。

（1）在依法治市方面，安庆市为加强法治监督工作，制定《关于建立安庆市法治督察员队伍的若干意见》，在全省率先建立法治督察员队伍，公开选聘首批法治督察员54名，中央依法治国办《工作旬报》推介该项工作。

（2）在科学立法方面，安庆市出台全国首部林长制地方性法规《安庆市实施林长制条例》，《条例》于2020年1月1日起施行。安庆市建立的“林长 + 检察长”协作机制被国家林业和草原局多次以简报和《调研与思考》期刊专题文章形式向全国推介。此外，安庆市完善立法公开征求公众意见采纳反馈机制。

（3）在公正司法方面，在2020年安徽全省对上个年度营商环境评价中，安庆市中级人民法院牵头的“办理破产”指标项位居全省各市之首。

（4）在阳光政府方面，安庆市建立健全重大行政决策公众参与、风险评估、合法性审查机制，强化公众参与，规范合法性审查工作，开展重大决策风险评估。

（5）在社会治理方面，安庆市积极组织开展法治政府建设示范创建，宿松县政府“乡贤调解工作创新与实践”获评全省法治政府建设示范项目；按“网格化管理、小单元作战”要求，在城乡社区普遍实行网格长基础上，分别在城市和农村创新实施“单元长”“联防长”制，新华社《内部参考》刊文推介这一基层社会治理创新举措。

（6）在营商环境方面，安庆市在全省率先开展轻微违法行为“首违免罚”，已有66项轻微违法事项列入“首违免罚”范围，该项工作入选2020

年全省行政执法“十大事件”。

（7）在法律服务方面，安庆市有两个案例入选司法部疫情防控和复工复产典型指导案例，一是太湖县法律援助中心为农民工工伤死亡赔偿提供法律援助一案入选司法部疫情防控和企业复工复产公共法律服务十大典型案例；二是中皖律师事务所推动在线调解助力中小企业渡过难关案例入选司法部疫情防控和企业复工复产律师公益法律服务指导案例。

（五）减分项分析

测评组获取的信息中，安庆市没有减分项扣分情况。

（六）主要短板与不足

从法治指数测评过程中获取的资料来看，安庆市法治建设存在以下主要短板：

（1）“依法治市”得3.5分，仅比最低分城市高0.25分，在27个城市中处于下游水平。测评数据显示，安庆市没有公布地方性法规年度立法计划和政府规章年度立法计划；没有搜索到依法治市督察工作的相关信息；依法治区（县）工作协调有待进一步推进；没有搜索到依法治市委员会四个协调小组开展工作的相关信息；地方性法规和政府规章年度立法计划没有经依法治市委或者市委常委会审议的信息。

（2）“科学立法”得分在27个城市中处于下游，总体上仍然有提升和完善的空间。测评数据显示，没有搜索到市人大对政府规章开展备案审查工作的相关信息；2020年度没有制定政府规章、解读政府规章的信息。

（3）“公正司法”得7.5分，相对于过半城市得分均高于10分的情况，安庆市公正司法指标的得分并不理想。这项指标所反映的主要问题是：没有搜索到安庆市在跨行政区域集中管辖试点方面的信息；加分项得分较低，反映出司法工作和制度创新存在进一步提升的空间。

（4）“全民普法守法”得7分，在27个城市中得分最低。这项指标所反映的主要问题是：“谁执法谁普法”制度有待进一步完善；领导干部学法制度有待进一步加强；没有搜索到检察院系统开展宪法宣誓活动的信息；

（5）“营商环境”得7.75分，在27个城市中得分偏低。这项一级指标所反映的主要问题是：扶持中小企业的政策力度有待进一步提高；行业协会作用有待进一步发挥；创新举措有待进一步发掘。

（七）主要建议

针对安庆市在此次法治指数测评中存在的短板，测评组提出如下建议：

（1）深入贯彻落实习近平法治思想，不断提升依法治市的能力水平。一是制定地方性法规年度立法计划和政府规章年度立法计划并积极向社会公开；二是积极开展依法治市督查工作；三是发挥党统揽全局、协调各方的作用，进一步协调、推动各区县的依法治理工作，提高整体的依法治理水平；四是加强党对立法工作的领导，将地方性法规和政府规章年度立法计划提交依法治市委员会或者市委常委会审议。

（2）坚持科学立法，进一步加强立法工作。一是加强市人大对政府规章备案审查工作，助力法治政府建设高质量发展；二是认真制定并落实立法计划，加强对地方性法规、政府规章草案起草工作的领导，确保立法工作保质保量完成；三是注重对新出台政府规章的宣传解读，面向公众进行有效的普法宣传，确保规章的正确实施。

（3）进一步深化司法体制改革，促进司法公正。积极探索跨行政区域集中管辖试点，助推法治政府建设；进一步推动司法改革创新，为促进经济社会发展保驾护航。

（4）进一步推动全民守法，加强普法教育。进一步加强“谁执法谁普法”普法责任制的贯彻落实；进一步健全领导干部学法制度，推进领导干部学法用法工作规范化、制度化；贯彻落实宪法宣誓制度，弘扬宪法精神，增强国家工作人员履行职务的使命感和责任感。

（5）持续优化营商环境，服务市场经济发展。一是加大优化营商环境方面的政策力度，提高中小企业扶持力度，激发市场活力和社会创造力；二是发挥行业协会的作用，推动政府职能转变，促进市场经济繁荣发展；三是深入推进体制机制改革，加强创新实践，推进法治化营商环境保障共同体建设，推动营商环境持续优化。

二十五、滁州市法治指数测评分报告

（一）测评数据

表 3-25-1　A1 依法治市分项得分表

二级指标	基础分项					项目分项			加分项			总分	27 个城市平均分
	B1	B2	B3	B4	B5	B6	B7	B8	B9	B10	B11		
分值	1	1	1	1	1	1	1	1		4		12	5.68
得分	1	1	0.5	0.25	0.25	0.75	0	0	0	0	0	3.75	

表 3-25-2　A2 科学立法分项得分表

二级指标	基础分项					项目分项			加分项					减分项	总分	27 个城市平均分
	B12	B13	B14	B15	B16	B17	B18	B19	B20	B21	B22	B23	B24	B25		
分值	1	1	1	1	1	1	1	1			4			2	12	8.62
得分	1	1	0	1	1	1	1	1	0	0	0	0	1	0	8	

表 3-25-3　A3 严格执法分项得分表

二级指标	基础分项					项目分项			加分项			减分项			总分	27 个城市平均分
	B26	B27	B28	B29	B30	B31	B32	B33	B34	B35	B36	B37	B38	B39		
分值	1.5	1	1	0.5	1	1	1	1		4			2		12	8.07
得分	1.5	1	1	0.5	1	1	1	0.5	1	0	1	−1	0	0	8.5	

表 3-25-4　A4 公正司法分项得分表

二级指标	基础分项					项目分项			加分项				减分项	总分	27 个城市平均分
	B40	B41	B42	B43	B44	B45	B46	B47	B48	B49	B50	B51	B52		
分值	1	1	1	1	1	1	1	1		4			2	12	9.82
得分	0.75	1	1	0.5	1	1	1	1	2	0	0	0	0	9.25	

表 3-25-5　A5 全民普法守法分项得分表

二级指标	基础分项					项目分项			加分项		减分项	总分	27个城市平均分
	B53	B54	B55	B56	B57	B58	B59	B60	B61	B62	B63		
分值	1	1	1	1	1	1	1	1	4		2	12	8.56
得分	1	1	1	1	1	0.75	1	1	0	0	0	7.75	

表 3-25-6　A6 阳光政府分项得分表

二级指标	基础分项					项目分项			加分项				减分项	总分	27个城市平均分
	B64	B65	B66	B67	B68	B69	B70	B71	B72	B73	B74	B75	B76		
分值	1	1	1	1	1	1	1	1	2				2	10	9.38
得分	1	1	0.75	1	1	1	1	1	1.5	0.5	0	0	0	9.75	

表 3-25-7　A7 社会治理分项得分表

二级指标	基础分项					项目分项			加分项		减分项			总分	27个城市平均分
	B77	B78	B79	B80	B81	B82	B83	B84	B85	B86	B87	B88	B89		
分值	1	1	1	1	1	1	1	1	2		2			10	8.58
得分	1	1	1	1	1	1	1	1	0.5	0	0	0	0	8.5	

表 3-25-8　A8 营商环境分项得分表

二级指标	基础分项					项目分项			加分项		减分项		总分	27个城市平均分
	B90	B91	B92	B93	B94	B95	B96	B97	B98	B99	B100	B101		
分值	1	1	1	1	1	1	1	1	2		2		10	8.62
得分	1	1	1	1	1	1	1	1	0	1	0	0	9	

表 3-25-9　A9 法律服务分项得分表

二级指标	基础分项					项目分项			加分项		减分项	总分	27个城市平均分
	B102	B103	B104	B105	B106	B107	B108	B109	B110	B111	B112		
分值	1	1	1	1	1	1	1	1	2		2	10	7.77
得分	1	1	1	1	1	1	1	1	0	2	0	10	

（二）总体评价

滁州市在此次长江三角洲城市法治指数测评中，总得分 74.5 分，对应的等级为“B”，总体表现为“良好”。与 27 个城市的法治指数平均分（75.11 分）相比，存在 0.61 分的差距。

（三）分项比较分析

测评结果显示，在 9 项一级指标中，滁州市在“严格执法”“阳光政府”“营商环境”“法律服务”等 4 项一级指标中的得分高于 27 个城市的平均水平。其中，“法律服务”得满分 10 分，高于平均分 2.23 分；“严格执法”得 8.5 分，高出平均分 0.43 分；“阳光政府”得 9.75 分，高出平均分 0.37 分；“营商环境”得 9 分，高出平均分 0.38 分，通过分析上述数据可见，该 4 项一级指标总体表现较好。

除上述 4 项一级指标外，其余 5 项一级指标的得分均低于 27 个城市法治指数的平均水平。其中，“依法治市”得分为 3.75 分，低于平均分 1.93 分；“科学立法”得 8 分，低于平均分 0.62 分；“公正司法”得 9.25 分，低于平均分 0.57 分；“全民普法守法”得 7.75 分，低于平均分 0.81 分；“社会治理”得 8.5 分，低于平均分 0.08 分。通过分析上述数据可见，“公正司法”“全民普法守法”“社会治理”“科学立法”4 项一级指标得分与平均分差距不大，均在 1 分以内；而“依法治市”该项一级指标得分与平均分差距较大，均超过了 1 分，得分在 27 个城市中处于较低水平。

（四）加分项分析

滁州市在 9 项一级指标的加分项中一共得 12.5 分，除“依法治市”“全民普法守法”没有加分之外，其他 7 项一级指标均有加分的事项。其中，“阳光政府”得满分 2 分；“法律服务”得满分 2 分，这 2 项得分都比较理想。此外，“严格执法”得 2 分，“公正司法”得 2 分，“科学立法”得 1 分，“营商环境”得 1 分，“社会治理”得 0.5 分。

（1）在科学立法方面，滁州市在立法过程中已建立征求公众意见的反馈机制，多渠道增强立法的民主化和透明度。

（2）在严格执法方面，滁州市政府“政务服务标准化体系建设”被命名为 2020 年全省法治政府建设示范项目；滁州天长市获评全国首批法治政府建设综合示范市；滁州市“王某等跨省销售假冒‘飘安’口罩案”、康某微信销售假冒“3M”口罩案入选国家市场监管总局“联合双打行动”典型案例。

（3）在公正司法方面，滁州市法院审理的史某某妨害公务案入选全省法院妨害疫情防控典型案件；滁州市人民检察院的13件案件被最高人民检察院、省检察院评为典型案例。

（4）在阳光政府方面，滁州市已建立重大行政决策公众参与、专家论证、风险评估、合法性审查、集体讨论决定机制；建立规范性文件、政策解读制度。

（5）在社会治理方面，滁州市发布《公筷公勺服务规范》地方标准，该标准是安徽省首个关于公筷公勺服务规范的地方标准，成为滁州社会治理创新的一项新举措。

（6）在营商环境方面，滁州市两级法院紧紧围绕滁州市打造“亭满意”营商环境服务品牌的目标，提升诉讼服务水平，高效多元解纷，开展执行攻坚，提升司法质效，着力打造更公平、更安全的法治营商环境，该做法被《人民法院报》报道。

（7）在法律服务方面，滁州法院一站式解纷和诉讼服务工作，受到省委、省高院及市委主要领导批示肯定，获《人民法院报》头版头条刊发；滁州市四篇法援案例入选全国司法行政案例库。

（五）减分项分析

滁州市的减分项只有一项，在“严格执法”指标中，由于行政行为的复议综合纠错率高于全国平均水平被减扣1分。行政综合复议纠错率高，一方面体现了通过行政复议实现行政系统内部的自我纠错，体现行政复议的纠错功能。但另一方面，被纠错率高于全国水平也反映出执法领域仍然存在短板和不足，依法行政的水平还有待进一步提高。①

（六）主要短板与不足

从法治指数测评过程中获取的资料来看，滁州市法治建设存在以下主要

① 由于2020年全国复议纠错率还没有公布统计数据，测评组选取2019年的全国复议纠错率作为对照，2019年全国平均复议纠错率为16%。

短板：

（1）“依法治市”只得 3.75 分，在 9 个一级指标中得分最低，与 27 个城市横向比较，得分处于下游水平。这项指标所反映的主要问题是：地方性法规的年度立法计划没有向社会公布；依法治市督查工作开展不够充分；依法治区（县）工作协调推进有关信息公布不够完整全面；未能搜索到 2020 年度依法治市委员会司法协调小组召开会议的相关信息；地方性法规、政府规章立法计划没有经由依法治市委员会或者市委审议的相关信息；也没有重大立法项目提交市委常委会审议的相关动态信息。

（2）“科学立法”得 8 分，稍低于 27 个城市的平均分。该项指标反映出滁州市立法工作总体情况较为良好，但仍然有较大提升和完善空间。测评数据显示，地方性法规和政府规章均未有开展立法后评估工作的相关信息；立法制度创新性有待加强，没有举行立法听证会的信息，也没有人大全会审议的立法项目。

（3）“公正司法”得 9.25 分，该指标反映的主要问题有：法院、检察院两院工作报告没有全文公开，影响两院工作报告的公开透明度以及公众对两院“阳光司法”建设、司法责任制改革推进等工作情况的知晓度。

（4）“社会治理”得 8.5 分，略低于平均分。该指标反映出滁州市社会治理开展情况总体较好，但仍有进一步加强和提高的空间。该指标存在的问题在于，有待进一步加强和创新社会治理，发掘社会治理的新方式、新举措。

（5）“全民普法守法”得 7.75 分，这项一级指标所反映的主要问题是，测评组未搜索到检察院系统的就职宪法宣誓信息；普法新形式有待进一步拓展。

（七）主要建议

针对滁州市在此次法治指数测评中存在的短板，测评组提出如下建议：

（1）深入贯彻落实习近平法治思想，不断提升依法治市的能力水平。一是及时向社会公开地方性法规立法计划，增强立法工作的透明度和公众参与度；二是发挥党统揽全局、协调各方的作用，探索加强对依法治市委员会四个协调小组的工作指导和监督；三是进一步协调、推动各区县的依法治理工作，提高整体的依法治理水平。四是加强党对立法工作的领导，将地方性法规和政府规章年度立法计划提交依法治市委员会或者市委常委会审议。

（2）增强立法科学性，不断改进提升立法质量。一是适时开展立法后评估，提升立法质量，促进法律制度的有效实施；二是保障立法听证会制度的扎实推进，完善人大全会审议重要立法项目的工作机制，提高群众对于立法工作的参与度。

（3）扎实推进司法责任制改革，进一步提升新时代司法工作水平。进一步提高司法透明度，促进公正司法，保障工作报告重大事项可查，全方位贯彻落实司法责任制改革，努力提高人民群众的满意度。

（4）创新社会治理模式，提升社会治理能力。不断创新社会治理方式方法，展现新时代社会治理新效能。

（5）推动全民普法守法工作建设，坚持依靠群众巩固法治成果。一是推进宪法宣誓制度全方位落实，强化宪法宣誓的使命感、责任感；二是创新开展全民普法守法工作，提升全民普法守法工作质量。

二十六、池州市法治指数测评分报告

（一）测评数据

表 3-26-1　A1 依法治市分项得分表

二级指标	基础分项					项目分项			加分项			总分	27个城市平均分
	B1	B2	B3	B4	B5	B6	B7	B8	B9	B10	B11		
分值	1	1	1	1	1	1	1	1		4		12	5.68
得分	1	0.5	0	0.25	1	0.5	0	0	0	0	0	3.25	

表 3-26-2　A2 科学立法分项得分表

二级指标	基础分项					项目分项			加分项					减分项	总分	27个城市平均分
	B12	B13	B14	B15	B16	B17	B18	B19	B20	B21	B22	B23	B24	B25		
分值	1	1	1	1	1	1	1	1			4			2	12	8.62
得分	0.5	1	0.5	0.75	0.5	1	0	1	0	1	0	1	1	0	8.25	

表 3-26-3　A3 严格执法分项得分表

二级指标	基础分项					项目分项			加分项			减分项			总分	27 个城市平均分
	B26	B27	B28	B29	B30	B31	B32	B33	B34	B35	B36	B37	B38	B39		
分值	1.5	1	1	0.5	1	1	1	1	4			2			12	8.07
得分	1.5	1	1	0.25	1	1	1	1	0	0.5	0	−1	0	0	7.25	

表 3-26-4　A4 公正司法分项得分表

二级指标	基础分项					项目分项			加分项				减分项	总分	27 个城市平均分
	B40	B41	B42	B43	B44	B45	B46	B47	B48	B49	B50	B51	B52		
分值	1	1	1	1	1	1	1	1	4				2	12	9.82
得分	0.5	1	0.5	1	1	1	1	1	1	0	0	0	0	8	

表 3-26-5　A5 全民普法守法分项得分表

二级指标	基础分项					项目分项			加分项		减分项	总分	27 个城市平均分
	B53	B54	B55	B56	B57	B58	B59	B60	B61	B62	B63		
分值	1	1	1	1	1	1	1	1	4		2	12	8.56
得分	1	1	1	1	1	0.75	1	1	0	1	0	8.75	

表 3-26-6　A6 阳光政府分项得分表

二级指标	基础分项					项目分项			加分项				减分项	总分	27 个城市平均分
	B64	B65	B66	B67	B68	B69	B70	B71	B72	B73	B74	B75	B76		
分值	1	1	1	1	1	1	1	1	2				2	10	9.38
得分	1	1	1	1	1	1	1	1	1	0.5	0	0	0	9.5	

表 3-26-7　A7 社会治理分项得分表

二级指标	基础分项					项目分项			加分项		减分项			总分	27 个城市平均分
	B77	B78	B79	B80	B81	B82	B83	B84	B85	B86	B87	B88	B89		
分值	1	1	1	1	1	1	1	1	2		2			10	8.58
得分	1	1	1	1	1	1	1	1	0	0	−1	0	0	7	

表 3-26-8　A8 营商环境分项得分表

二级指标	基础分项					项目分项			加分项		减分项		总分	27个城市平均分
	B90	B91	B92	B93	B94	B95	B96	B97	B98	B99	B100	B101		
分值	1	1	1	1	1	1	1	1	2		2		10	8.62
得分	1	1	1	1	1	1	1	1	0	1	0	0	9	

表 3-26-9　A9 法律服务分项得分表

二级指标	基础分项					项目分项			加分项		减分项	总分	27个城市平均分
	B102	B103	B104	B105	B106	B107	B108	B109	B110	B111	B112		
分值	1	1	1	1	1	1	1	1	2		2	10	7.77
得分	0.5	1	1	1	1	1	0.75	1	0	0	0	7.25	

（二）总体评价

池州市在此次长江三角洲城市法治指数测评中，总得分为75.1分，对应的等级为“B”，与27个城市的法治指数平均分（75.11分）基本持平。总体表现为“良好”。

（三）分项比较分析

测评结果显示，在9项一级指标中，池州市在“全民普法守法”“阳光政府”“营商环境”这3项一级指标中的得分高于27个城市的平均水平。其中，“全民普法守法”得8.75分，高出平均分0.19分；“阳光政府”得9.5分，高于平均分0.12分；“营商环境”得9分，高出平均分0.38分，通过分析上述数据可见，该3项一级指标总体表现较好。

除上述3项一级指标外，其余6项一级指标的得分均低于27个城市法治指数的平均水平。其中，“依法治市”得3.25分，低于平均分2.43分；“科学立法”得8.25分，低于平均分0.37分；“严格执法”得7.25分，低于平均分0.82分；“公正司法”得8分，低于平均分1.82分；“社会治理”得7分，低于平均分1.58分；“法律服务”得7.25分，低于平均分0.52分。通过分析上述数据可见，“科学立法”“严格执法”“法律服务”3项一级指标得分与平均分差距不大，均在1分以内；而“依法治市”“公正司法”“社会治理”3项一级指标得分与平均分差距较大，均超过1分，得分在27个城市中均处于下游，值得分析。

（四）加分项分析

池州市在9项一级指标中，有6项一级指标获得加分，得分事项为9项，得分为8分，其中，“科学立法”得3分（满分4分）；“阳光政府”得1.5分（满分2分），这两项得分比较理想。此外，“公正司法”“全民普法守法”和“营商环境”等3项均得到1分，“严格执法”得到0.5分。在“依法治市”“社会治理”“法律服务”等3项上没有得到加分。

（1）在科学立法方面，池州市充分运用地方立法权在全国首次创新性地制定《池州市海绵城市建设和管理条例》，获安徽省全省2020年度“十大法治事件”提名奖，并被有的省人大作为生态立市战略的学习经验报道；此外，池州市在立法过程中建立征求公众意见的反馈机制，助力科学民主立法。

（2）在严格执法方面，池州市政府的“加强信访工作化解矛盾纠纷”获2020年安徽省法治政府建设示范项目，彰显池州市信访工作的法治成效。

（3）在公正司法方面，池州市贵池区检察院承办的“原前江工业园固废污染刑事附带民事公益诉讼案”入选最高人民检察院26件公益诉讼典型案例。案例中，检察机关坚持一案双查，提前介入，有效促进案件的办理，保护长江沿岸的土壤与地下水生态环境，维护国家和社会公共利益。

（4）在全民普法守法方面，池州市法治副校长基本达到全覆盖，建成法治教育基地、观护基地等法治普法教育阵地。专注未成年人检察工作，未成年人犯罪不捕率、不诉率上升，池州市人民检察院所建立的“护苗工作室”得到《法治日报》的报道。

（5）在阳光政府方面，池州市政府贯彻落实公众参与、专家论证、风险评估、合法性审查、集体讨论决定程序，2020年共召开市政府常务会议16次，先后邀请9名公众代表参与相关议题讨论；2020年，池州市政府常务会议审议事项、市政府重大决策事项合法性审查率达100%。建立市级行政规范性文件制定主体清单，全面推行行政规范性文件合法性审核机制，做到应审必审、依法合规。同时，池州市不断坚持完善政府政策解读制度，市应急管理局及时发布《池州市突发事件总体应急预案》等规章、规范性文件的政府官方解读，保证政策公开透明与顺利实施。

（6）在营商环境方面，池州市突出示范引领，高标准开展“放心消费在池州”活动；加强区域协作，高站位推进“满意消费长三角”行动，全力打造“放心消费之城”，优化营商环境、扩大消费需求、助推经济高质量发展的做法，被中国质量新闻网宣传。

（五）减分项分析

池州市的减分项共有两项，分别在“严格执法”和“社会治理”指标中扣除。

（1）在“严格执法”中，由于行政行为被复议纠错率高于全国平均水平被减扣1分。池州市全年市本级共收到行政复议申请58件，受理前通过调解等方式妥善处置18件、受理40件、办结37件、纠错率17.5%。行政复议纠错率高，一方面体现通过行政复议实现行政系统内部的自我纠错，体现行政复议的纠错功能。但另一方面，被纠错率高于全国水平也反映出执法领域仍然存在短板和不足，依法行政的水平还有待进一步提高[①]。

（2）在“社会治理”中，由于被全国性新闻媒体曝光了一起涉黑涉恶案件被减扣1分。池州贵池宣判一起恶势力犯罪案被中国法院网报道，主要为“村霸”陈某犯有串通投标、破坏选举、敲诈勒索等罪行，损害村民集体利益，严重危害基层政权。池州市严惩涉黑涉恶案件，一方面体现其加紧社会治理，在扫黑除恶专项斗争中取得重大成果，但另一方面，也表现出池州部分地区的社会治理不够完善。

（六）主要短板与不足

从法治指数测评过程中获取的资料来看，池州市法治建设存在以下主要短板：

（1）“依法治市”得分只有3.25分，在9项一级指标中得分最低，也是27个城市纵向比较中的最低分数。这项指标所反映的主要问题是：政府规章的年度立法计划没有向社会公布；依法治市督查工作开展不足；推动、协调各县区依法治区（县）工作方面的力度不够；依法治市委员会的四个协调小

① 由于2020年全国复议纠错率还没有公布统计数据，测评组选取了2019年的全国复议纠错率作为对照，2019年全国平均复议纠错率为16%。

组中，2020 年度只有司法、守法普法协调小组组织召开过会议协调推进相关工作，其他两个协调小组均没有工作动态等方面的相关信息；法规规章计划没有经过依法治市委员会或市委审议的动态；也没有重大立法项目提交市委常委会审议的相关信息。

（2）“科学立法”得 8.25 分，低于平均分数，说明立法工作还有很大的提升和进步空间。测评数据显示，政府规章年度立法计划没有向社会公开，相关完成情况也无从获知，在此次测评中，此类情况并不多见；规章的公开征求意见机制不完善；规章立法后评估工作没有进行；政府基层立法联系点尚未建立。上述问题都是需要改进和解决的。

（3）“严格执法”得 7.25 分，得分偏低。这项指标所反映的主要问题是：行政裁量基准制度在 2020 年度内没有完善与实施的信息；行政行为被复议纠错率高于全国平均水平。①

（4）“公正司法”得 8 分，得分较低且与 27 个城市的平均分相差较大。测评数据显示，池州市检察院的信息公开工作不足，没有公开其 2020 年工作报告的全部内容，导致无法获知检察院的具体工作情况，这在此次测评中亦不多见。

（5）“社会治理”得 7 分，与平均分差距较大且属于 27 个城市纵向比较中的最低分。从测评数据上来看，池州市获得了该一级指标中的全部基础分项和项目分项，与其他城市的差距在于加分项不足，创新能力不够，且减分项中由于出现了涉黑涉恶案件而被扣除 1 分。

（6）“法律服务”得 7.25 分，与平均分差距不大，但得分较低。这项一级指标所反映的主要问题是：公共法律服务四级平台建设有待进一步加强；法律顾问制度有待进一步完善与更新；在制度创新上下功夫不够，未能得到加分项。

（七）主要建议

针对池州市在此次法治指数测评中存在的短板，测评组提出如下建议：

（1）深入贯彻落实习近平法治思想，不断提升依法治市的能力水平。一

① 由于 2020 年全国复议纠错率还没有公布统计数据，测评组选取了 2019 年的全国复议纠错率作为对照。

是进一步加强党对立法工作的领导，将法规规章计划交由依法治市委员会或市委审议，及时向社会公开政府规章立法计划，增强立法工作的透明度和公众参与度；二是发挥党统揽全局、协调各方的作用，探索加强对依法治市委员会四个协调小组的工作指导和监督；三是加强依法治市委员会对全市法治工作的监督检查；四是进一步协调、推动各区县的依法治理工作，提高整体的依法治理水平；五是注重工作创新，积极探索新时代依法治市的新路，努力开创池州模式和池州经验。

（2）坚持科学立法，进一步加强和改进立法工作。一是完善政府规章的立法工作，积极有效运用地方立法权，实现地方依法治理；二是完善立法工作机制，建立健全政府基层立法联系点，拓展公民有序参与政府立法的途径；三是适时开展立法后评估，提升立法质量，促进法律制度的有效实施。

（3）严格规范行政执法，进一步提升执法水平。一是进一步完善行政自由裁量基准制度，确保严格规范执法；二是针对行政行为被复议纠错率较高的情况，建议加大对行政执法人员的业务培训力度，不断提高执法人员的办案能力和水平。

（4）坚持公正司法，进一步加强司法公开力度。主要是检察院要做好信息公开，将“阳光司法”、司法责任制的具体落实情况公布，增加检察工作的透明度。

（5）完善社会治理，加强创新驱动依法治理。一是针对“社会治理”一级指标没有加分项的情况，建议在社会治理的过程中积极探索创新治理手段，打造新型社会治理模式。

（6）健全完善法律服务体系建设，进一步提升法律服务水平。一是持续推进公共法律服务平台建设，不断完善四级平台的衔接；二是不断更新发展法律顾问制度，在市委、政府、企业、村居四个不同领域发挥法律顾问的积极作用；三是注重工作创新，积极探索法律服务的新途径、新方式。

二十七、宣城市法治指数测评分报告

（一）测评数据

表 3-27-1　A1 依法治市分项得分表

二级指标	基础分项					项目分项			加分项			总分	27 个城市平均分
	B1	B2	B3	B4	B5	B6	B7	B8	B9	B10	B11		
分值	1	1	1	1	1	1	1	1		4		12	5.68
得分	0.5	1	1	1	0.5	0.25	0	0	0	0	0	4.25	

表 3-27-2　A2 科学立法分项得分表

二级指标	基础分项					项目分项			加分项					减分项	总分	27 个城市平均分
	B12	B13	B14	B15	B16	B17	B18	B19	B20	B21	B22	B23	B24	B25		
分值	1	1	1	1	1	1	1	1			4			2	12	8.62
得分	1	0	0	0.75	1	1	1	1	0	0	0	0	1	0	6.75	

表 3-27-3　A3 严格执法分项得分表

二级指标	基础分项					项目分项			加分项			减分项			总分	27 个城市平均分
	B26	B27	B28	B29	B30	B31	B32	B33	B34	B35	B36	B37	B38	B39		
分值	1.5	1	1	0.5	1	1	1	1		4			2		12	8.07
得分	1.5	1	1	0.5	0.5	1	0.5	1	0	0.5	0	–1	0	0	6.5	

表 3-27-4　A4 公正司法分项得分表

二级指标	基础分项					项目分项			加分项				减分项	总分	27 个城市平均分
	B40	B41	B42	B43	B44	B45	B46	B47	B48	B49	B50	B51	B52		
分值	1	1	1	1	1	1	1	1		4			2	12	9.82
得分	1	1	0	0.5	1	1	1	1	0	0	0	0	0	6.5	

表 3-27-5　A5 全民普法守法分项得分表

二级指标	基础分项					项目分项			加分项		减分项	总分	27 个城市平均分
	B53	B54	B55	B56	B57	B58	B59	B60	B61	B62	B63		
分值	1	1	1	1	1	1	1	1	4		2	12	8.56
得分	1	1	1	1	1	1	0.5	1	0	0	0	7.5	

表 3-27-6　A6 阳光政府分项得分表

二级指标	基础分项					项目分项			加分项				减分项	总分	27 个城市平均分
	B64	B65	B66	B67	B68	B69	B70	B71	B72	B73	B74	B75	B76		
分值	1	1	1	1	1	1	1	1	2				2	10	9.38
得分	1	1	0.75	1	1	0	1	1	1.5	0.5	0	0	0	8.75	

表 3-27-7　A7 社会治理分项得分表

二级指标	基础分项					项目分项			加分项		减分项			总分	27 个城市平均分
	B77	B78	B79	B80	B81	B82	B83	B84	B85	B86	B87	B88	B89		
分值	1	1	1	1	1	1	1	1	2		2			10	8.58
得分	1	1	1	1	0.5	1	1	1	0	0	0	0	0	7.5	

表 3-27-8　A8 营商环境分项得分表

二级指标	基础分项					项目分项			加分项		减分项		总分	27 个城市平均分
	B90	B91	B92	B93	B94	B95	B96	B97	B98	B99	B100	B101		
分值	1	1	1	1	1	1	1	1	2		2		10	8.62
得分	1	1	1	0.5	1	1	1	1	0	0	0	0	7.5	

表 3-27-9　A9 法律服务分项得分表

二级指标	基础分项					项目分项			加分项		减分项	总分	27 个城市平均分
	B102	B103	B104	B105	B106	B107	B108	B109	B110	B111	B112		
分值	1	1	1	1	1	1	1	1	2		2	10	7.77
得分	1	1	1	1	1	1	0.75	1	0	0	0	7.75	

（二）总体评价

宣城市在此次长江三角洲城市法治指数测评中，总得分为63分，对应的等级为“C”，总体表现为“合格”。与27个城市的法治指数平均分（75.11分）相比，低于平均分12.11分，在27个参与测评的城市中得分最低。

（三）分项比较分析

测评结果显示，宣城市在9项一级指标中的得分均低于平均水平。其中，“依法治市”得4.25分，低于平均分1.43分；“科学立法”得6.75分，低于平均分1.87分；“严格执法”得6.5分，低于平均分1.57分；“公正司法”得6.5分，低于平均分3.32分；“全民普法守法”得7.5分，低于平均分1.06分；“阳光政府”得8.75分，低于平均分0.63分；“社会治理”得7.5分，低于平均分1.08分；“营商环境”得7.5分，低于平均分1.12分；“法律服务”得7.75分，低于平均分0.02分。通过分析上述数据可见，“阳光政府”“法律服务”2项一级指标得分与平均分差距不大，均在1分以内；而其余7项一级指标得分与平均分差距较大，均超过了1分，得分在27个城市中处于下游。

（四）加分项分析

宣城市在9项一级指标的加分项中共得3.5分。其中，“阳光政府”得满分2分；“科学立法”得1分；“严格执法”得0.5分，其余6项没有得分。

（1）在科学立法方面，宣城市在立法过程中建立了征求公众意见的反馈机制。

（2）在严格执法方面，宣城市绩溪县荣获全省法治政府建设示范县称号。

（3）在阳光政府方面，宣城市严格执行重大行政决策程序规定，坚持依法决策，将公众参与、专家论证、风险评估、合法性审查和集体讨论决定作为重大决策的必经程序；建立了规范性文件的解读机制。

（五）减分项分析

宣城市行政行为被复议纠错率高于全国平均水平，被扣1分。测评组认为，行政复议纠错率高，一方面体现了通过行政复议实现行政系统内部的自我纠错，体现行政复议的纠错功能。但另一方面，被纠错率高于全国水平也反映出执法领域仍然存在短板和不足，依法行政的水平还有待进一步提高。①

（六）主要短板与不足

从法治指数测评过程中获取的资料来看，宣城市法治建设存在以下主要短板：

（1）“依法治市”只得 4.25 分，在 9 项一级指标中得分最低。这项指标所反映的主要问题是：没有公布依法治市年度工作计划；推动、协调各县区依法治区（县）工作方面的力度不够；依法治市委员会的四个协调小组中，2020 年度只有守法普法协调小组组织召开过会议协调推进相关工作，其他三个协调小组均没有工作动态等方面的相关信息；法规规章立法计划没有提交依法治市委员会或市委审议、重大立法项目也没有提交市委常委会进行审议的相关信息。

（2）“科学立法”得 6.75 分，在所有测评城市中位于下游水平。这项指标所反映的主要问题是：规章、规范性文件的人大备案审查制度不够健全；法规、规章的立法后评估工作开展力度不够。

（3）“严格执法”得 6.5 分，得分较低。这项指标所反映的主要问题是：执法人员培训制度有待进一步加强；电子政务建设有待进一步推进。

（4）“公正司法”得 6.5 分，比 27 个城市的平均分低 3.32 分。这项指标所反映的主要问题是：跨行政区域管辖试点工作有待进一步开展；检察院司法责任制改革有待进一步推进。

（5）“全民普法守法”得 7.5 分，在 27 个城市中处于下游。这项一级指标反映的主要问题是：普法进中小学工作开展还不够充分；普法新形式和普法创新工作有进一步提升的空间。

（6）“阳光政府”得 8.75 分，在 9 项指标中得分最高，但仍然低于 27 个城市的平均水平。这项一级指标反映的主要问题是：根据信息公开工作年度报告显示，2020 年度共收到信息公开申请 107 份，实际公开 74 份，依申请

① 由于 2020 年全国复议纠错率还没有公布统计数据，测评组选取了 2019 年的全国复议纠错率作为对照，2019 年全国平均复议纠错率为 16%。

公开率为 69%，依申请公开率较低；重大行政决策事项目录及其公示制度还不够完善。

（7）“社会治理”得 7.5 分，低于平均分 1.08 分。这项一级指标所反映的主要问题是：网格化管理工作有待进一步推进；社会治理创新有进一步提升的空间。

（8）“营商环境”得 7.5 分，在全部 27 个城市中排名倒数第一。这项一级指标所反映的主要问题是：行业协会作业发挥还不充分；营商环境制度创新力不足，创新空间有待进一步发掘。

（9）“法律服务”得 7.75 分，接近 27 个城市的平均分。这项一级指标所反映的主要问题是：法律顾问制度有待进一步完善；公共法律服务的制度创新和改革需要进一步加强。

（七）主要建议

针对宣城市在此次法治指数测评中存在的短板，测评组提出如下建议：

（1）深入贯彻落实习近平法治思想，不断提升依法治市的能力水平。一是加强党对依法治市工作的领导，制定年度工作计划；二是进一步协调、推动各区县的依法治理工作，提高整体的依法治理水平；三是发挥党统揽全局、协调各方的作用，加强对依法治市委员会四个协调小组的工作指导和监督；四是健全完善立法机制，将法规规章立法计划交由依法治市委员会或市委审议、将重大立法项目提交市委常委会进行审议。

（2）完善立法程序，提高科学立法水平。一是进一步健全完善政府规章、规范性文件的人大备案审查制度；二是积极开展地方性法规、规章的立法后评估工作，为修改完善立法提供基础。

（3）严格规范行政执法，进一步提升执法水平。一是贯彻落实执法人员培训制度，提升执法队伍整体素质；二是全面加强电子政务建设，加快打造服务型政府品牌。

（4）完善司法制度，保障司法公正。一是积极推进跨行政区域管辖试点工作；二是进一步推动司法责任制改革工作，为促进经济社会发展保驾护航。

（5）进一步加强全民普法守法工作，打造法治社会。一是注重开展普法进中小学工作，营造全民普法守法的良好氛围；二是创新普法工作方式方法，探寻更有效的普法新路径。

（6）提升信息公开水平，打造阳光政府品牌。一是进一步提高依申请信息公开率；二是健全重大行政决策事项目录及其公示制度，进一步提升政府透明度。

（7）积极创新社会治理模式，创设社会治理新项目，增强社会治理的科学性和有效性，打造共建共治共享的社会治理格局。此外，进一步推进网格化管理工作，将社会治理工作落到实处，落到细节。

（8）营造公平开放营商环境，更好服务市场主体。一是进一步发挥行业协会作用，促进政府职能转变；二是积极探索营商环境领域制度创新，助力市场经济健康繁荣发展。

（9）加快法律服务体系建设，健全完善法律顾问制度，进一步提升法律服务水平。

附件一

长三角主要城市法治指数测评表

评估城市：________省________市　　　　　　　　　　　　　　　　总得分：

一级指标		二　级　指　标	分值
A1 依法治市	基础分项	B1. 召开年度依法治市委员会工作会议；有年度工作计划（0.5×2）	1
		B2. 公布地方性法规年度立法计划项目	1
		B3. 公布政府规章年度立法计划项目	1
		B4. 开展依法治市督查工作（0.25—1）	1
		B5. 依法治区（县）工作协调推进（0.25—1）	1
	项目分项	B6. 依法治市委员会四个协调小组（立法、执法、司法、守法普法）开展工作情况（0.25×4）	1
		B7. 法规规章计划由依法治市委员会或市委审议（0.5×2）	1
		B8. 重大立法项目提交市委常委会审议情况（每项 0.5，最多 1）	1
	加分项	B9. 形成有全国影响，或者得到国家相关部门肯定的创新工作事项（每项 1）	4
		B10. 获国家级、省级奖项（0.5—1）	
		B11. 被中央媒体重点宣传（1）	
A2 科学立法	基础分项	B12. 立法（法规、规章）有公开征求公众意见机制（0.5×2）	1
		B13. 规章、规范性文件的人大备案审查制度健全（0.5×2）	1

（续表）

一级指标	二级指标		分值
A2 科学立法	基础分项	B14. 有立法后评估（法规、规章）(0.5×2）	1
		B15. 立法（法规、规章）后有新闻发布会、解读等机制（0.25×4）	1
		B16. 人大和政府基层立法联系点建设（0.5×2）	1
	项目分项	B17. 完成地方性法规年度立法计划（1）	1
		B18. 完成政府规章年度立法计划（1）	1
		B19. 公开征集立法项目或者论证制度（0.5—1）	1
	加分项	B20. 完成法规、规章年度立法计划外项目（0.5×2）	4
		B21. 有国内或者省内首创的立法项目（0.5—1）	
		B22. 举行立法听证会，或者有人大全会审议的立法项目（1）	
		B23. 立法中有创新性的制度安排被中央或者省级媒体重点宣传（0.5—1）	
		B24. 立法过程中有征求公众意见的反馈机制（1）	
	减分项	B25. 在备案审查中被认定违宪或与上位法相抵触（每项 1）	2
A3 严格执法	基础分项	B26. 行政执法三项制度完善（行政执法公示制度、执法全过程记录制度、重大执法决定法制审核制度）[（0.25—0.5）×3]	1.5
		B27. 综合执法体制改革（0.5—1）	1
		B28. 法治政府建设报告制度（1）	1
		B29. 行政裁量制度完善（0.25—0.5）	0.5
		B30. 执法人员培训制度（0.5—1）	1
	项目分项	B31. 有严格执法的制度安排，实际效果良好（如行政执法案卷评查、行刑衔接制度等）(0.5—1）	1
		B32. 电子政务有成效（一网通办、一网统管等）(0.5—1）	1
		B33. 行政复议制度健全（0.5—1）	1
	加分项	B34. 被中央媒体重点宣传（1）	4
		B35. 有全国或者全省首创的法治政府建设项目（每项 0.5—1）	
		B36. 有全国性影响的典型示范单位（1）	
	减分项	B37. 行政行为被复议纠错率高于全国平均水平（注：全国平均水平为 16%）(1）	2
		B38. 行政诉讼败诉率高于全国平均水平（注：全国平均水平为 17.8%）（1）	
		B39. 不作为、乱作为（包括选择性执法）案件被曝光（1）	

（续表）

<table>
<tr><th>一级指标</th><th colspan="2">二　级　指　标</th><th>分值</th></tr>
<tr><td rowspan="13">A4
公正
司法</td><td rowspan="5">基础
分项</td><td>B40.“阳光司法”建设情况两院报告可查（0.5×2）</td><td>1</td></tr>
<tr><td>B41. 公正审判（0.5—1）</td><td>1</td></tr>
<tr><td>B42. 跨行政区域管辖试点（0.5—1）</td><td>1</td></tr>
<tr><td>B43. 司法责任制推进有力（0.5×2）</td><td>1</td></tr>
<tr><td>B44. 检察监督有力（0.5—1）</td><td>1</td></tr>
<tr><td rowspan="3">项目
分项</td><td>B45. 公益诉讼制度得到推进（0.5—1）</td><td>1</td></tr>
<tr><td>B46. 行政负责人出庭应诉制度普遍推行（0.5—1）</td><td>1</td></tr>
<tr><td>B47. 解决执行难（0.5—1）</td><td>1</td></tr>
<tr><td rowspan="4">加分项</td><td>B48. 审判成为最高院（检）指导案例、典型案例（每项1）</td><td rowspan="4">4</td></tr>
<tr><td>B49. 审理全国新型诉讼案件（每项1）</td></tr>
<tr><td>B50. 公正司法有制度创新（每项1）</td></tr>
<tr><td>B51. 测评指数在全国或全省名列前茅（0.5—1）</td></tr>
<tr><td>减分项</td><td>B52. 被曝光或确认有司法腐败案件（每项0.5—1）</td><td>2</td></tr>
<tr><td rowspan="11">A5
全民普
法守法</td><td rowspan="5">基础
分项</td><td>B53. 宪法宣传周机制完善（0.5—1）</td><td>1</td></tr>
<tr><td>B54.“谁执法谁普法”制度完善（0.5—1）</td><td>1</td></tr>
<tr><td>B55. 建立普法宣讲团（0.5—1）</td><td>1</td></tr>
<tr><td>B56. 普法阵地建设有成效（包括网络阵地）（0.5—1）</td><td>1</td></tr>
<tr><td>B57. 有领导干部学法制度（0.5—1）</td><td>1</td></tr>
<tr><td rowspan="3">项目
分项</td><td>B58. 宪法宣誓仪式得到执行（0.25×4）</td><td>1</td></tr>
<tr><td>B59. 普法进中小学（0.5—1）</td><td>1</td></tr>
<tr><td>B60. 普法进社区（0.5—1）</td><td>1</td></tr>
<tr><td rowspan="2">加分项</td><td>B61. 普法新形式在全国或全省有影响（0.5—1）</td><td rowspan="2">4</td></tr>
<tr><td>B62. 被中央媒体重点宣传（每项1）</td></tr>
<tr><td>减分项</td><td>B63. 发生全国有影响的违法违纪案件（0.5—1）</td><td>2</td></tr>
<tr><td rowspan="5">A6
阳光
政府</td><td rowspan="5">基础
分项</td><td>B64. 政府网站有专门窗口可进行政府信息公开申请（0.5—1）</td><td>1</td></tr>
<tr><td>B65. 政府信息主动公开制度健全、内容完备（0.5—1）</td><td>1</td></tr>
<tr><td>B66. 依申请公开率（0.25—1）</td><td>1</td></tr>
<tr><td>B67. 政府新闻发布会制度健全（0.5—1）</td><td>1</td></tr>
<tr><td>B68. 发布政府信息公开年度报告（0.5—1）</td><td>1</td></tr>
</table>

（续表）

<table>
<tr><th>一级指标</th><th colspan="2">二 级 指 标</th><th>分值</th></tr>
<tr><td rowspan="8">A6
阳光
政府</td><td rowspan="3">项目
分项</td><td>B69. 有重大行政决策事项目录及其公示制度（0.5—1）</td><td>1</td></tr>
<tr><td>B70. 行政规范性文件目录可查且有文本（0.5—1）</td><td>1</td></tr>
<tr><td>B71. 规范性文件的政府备案审查清理制度（0.5—1）</td><td>1</td></tr>
<tr><td rowspan="4">加分项</td><td>B72. 重大行政决策公众参与、专家论证、风险评估、合法性审查、集体讨论决定机制（每项0.5）</td><td rowspan="4">2</td></tr>
<tr><td>B73. 有规范性文件或者政策解读（0.5）</td></tr>
<tr><td>B74. 有信息公开创新性制度（每项0.5）</td></tr>
<tr><td>B75. 政府透明度测评指数名列前茅（0.5）</td></tr>
<tr><td>减分项</td><td>B76. 政府信息公开网上申请无渠道（每项1）</td><td>2</td></tr>
<tr><td rowspan="13">A7
社会
治理</td><td rowspan="5">基础
分项</td><td>B77.“枫桥模式”得到推广（基层人民调解）(0.5—1）</td><td>1</td></tr>
<tr><td>B78. 行业性专业性调解有组织、有类型（0.5—1）</td><td>1</td></tr>
<tr><td>B79. 信访制度完善（0.5—1）</td><td>1</td></tr>
<tr><td>B80. 平安建设（0.5—1）</td><td>1</td></tr>
<tr><td>B81. 网格化管理（0.5—1）</td><td>1</td></tr>
<tr><td rowspan="3">项目
分项</td><td>B82. 市域社会治理有抓手、有成效（0.5—1）</td><td>1</td></tr>
<tr><td>B83. 诉调对接制度完善（0.5—1）</td><td>1</td></tr>
<tr><td>B84. 司法所建设（0.5—1）</td><td>1</td></tr>
<tr><td rowspan="2">加分项</td><td>B85. 有全国或者全省影响的创新项目（每项0.5—1）</td><td rowspan="2">2</td></tr>
<tr><td>B86. 获得省级或者全国奖项（每项0.5—1）</td></tr>
<tr><td rowspan="3">减分项</td><td>B87. 被曝光涉黑涉恶案件（1）</td><td rowspan="3">2</td></tr>
<tr><td>B88. 发生重大、特大安全事故（1）</td></tr>
<tr><td>B89. 发生重大社会安全事件（1）</td></tr>
<tr><td rowspan="8">A8
营商
环境</td><td rowspan="5">基础
分项</td><td>B90. 有优化营商环境的政策（人才、财税等）(0.5—1）</td><td>1</td></tr>
<tr><td>B91. 放管服改革有成效（0.5—1）</td><td>1</td></tr>
<tr><td>B92. 有扶持中小企业措施（0.5—1）</td><td>1</td></tr>
<tr><td>B93. 行业协会作用发挥（0.5—1）</td><td>1</td></tr>
<tr><td>B94. 知识产权保护统筹协调机制（0.5—1）</td><td>1</td></tr>
<tr><td rowspan="3">项目
分项</td><td>B95. 电子证照、印章、签名应用（0.5—1）</td><td>1</td></tr>
<tr><td>B96. 行政许可承诺时限短于法定时限（0.5—1）</td><td>1</td></tr>
<tr><td>B97. 社会信用体系平台建设（0.5—1）</td><td>1</td></tr>
</table>

（续表）

一级指标		二　级　指　标	分值
A8 营商环境	加分项	B98. 有全国或者全省首创性项目（每项 0.5—1）	2
		B99. 中央媒体重点宣传（每项 1）	
	减分项	B100. 出台地方保护主义政策（每项 1）	2
		B101. 发生有地方保护主义倾向的行政执法案件（每项 1）	
A9 法律服务	基础分项	B102. 公共法律服务平台建设（四级平台：市、区、街镇、社区）（0.25—1）	1
		B103. 律师工作（0.5—1）	1
		B104. 仲裁工作（0.5—1）	1
		B105. 司法鉴定工作（0.5—1）	1
		B106. 公证工作（0.5—1）	1
	项目分项	B107. 法律援助制度保障（0.5—1）	1
		B108. 法律顾问制度完备（党、政、国企、村居）(0.25—1）	1
		B109. 法律服务进村居（0.5—1）	1
	加分项	B110. 全国或者全省创新性项目（0.5—1）	2
		B111. 中央媒体重点宣传（每项 1）	
	减分项	B112. 律师、司鉴、公证、仲裁领域发生全国影响的腐败案件（每项 1）	2

附件二

主要法治评价指标体系概述

党的十八届三中全会《关于全面深化改革若干重大问题的决定》提出，“建设法治中国，必须坚持依法治国、依法执政、依法行政共同推进，坚持法治国家、法治政府、法治社会一体建设”，并要求“建立科学的法治建设指标体系和考核标准”。即通过法治建设指标体系和考核标准，衡量法治政府建设的进度，进而推进法治建设的进程。从一定意义上讲，科学合理的法治评价指标体系，是测评法治建设水平的关键因素。分析研究已有的法治评价指标体系，对于长三角城市法治测评指标体系的设计具有重要的理论意义和实践参考价值。

一、国外法治评价指标体系

1996 年，世界上第一个法治指数诞生，由世界银行三位经济学家丹尼尔·考夫曼、阿特·克雷和巴勃罗·索伊多–洛瓦顿（Daniel Kaufmann, Aart Kraay and Pablo Zoido-Lobaton）开发，附属于全球治理指标（Worldwide Governance Indicators）。2005 年，世界银行在《国别财富报告》中将“法治指数”用来衡量一个国家的国民守法情况与该国法律被信任的程度；2006 年，世界银行宣布将法治指数作为国家无形资产重要组成部分。2007 年，美国律师协会联合其他律师组织发起成立了“世界正义工程”(the World Justice Project，WJP)，开始创建第一个国际法治综合指数。该组织在世界范围内首次提出了各国需不断完善“法治指数”体系，并将这一评估体系作为衡量一国法治状况的重要“量化”标准。作为当前唯一一个专门测量法治的国际指数，WJP 指数具有测量全面、数据新鲜、编制严谨、透明度高的特点，该项指数可以说是迄今为止全球法治评价实践中最全面的范例。WJP 指标体系由 9 个一级指标、52 个次级指标、76 个三级指标、14 个四级指标组成，详见表一。[①]

表一　WJP 法治指数的一二级指标体系

序号	一级指标	二　级　指　标
1	有限的政府	政府的权力受到基本法律的限制、政府的权力受到立法机关的限制、政府的权力受到司法机关的限制、政府的权力受到独立的审计和审查的限制、政府的官员的不当行为受到制裁、政府的权力有效受到非官方的审查、权力的交接依据法律发生
2	没有腐败	行政部门的官员不以权谋私、司法部门的官员不以权谋私、军警部门的官员不以权谋私、立法部门的官员不以权谋私
3	开放政府	法律是公开的、可知悉的，法律是稳定的，请愿权和公众参与，经请求能得到官方信息
4	基本权利	平等对待和免受歧视、生存权利与人身安全被有效保障、法律正当程序与被告的权利、言论与表达自由被有效保障、信仰与宗教自由被有效保障、不受任意干涉的隐私自由被有效保障、集会与结社自由被有效保障、基本的劳动权利被有效保障
5	秩序和安全	犯罪被有效控制、民事冲突被有效限制、人民无需诉诸暴力来修复个人怨恨
6	有效的监管执行	政府规章被有效执行、政府规章的执行与实施免受不当影响、行政程序的实施免受无理的拖延、正当程序在行政程序中受到尊重、政府必须对征收的财产给予充分的补偿
7	获得民事审判途径	人民能够接近并利用民事司法、民事司法免于歧视、民事司法免于腐败、民事司法免受政府的不当影响、民事司法不会被无理拖延、民事司法被有效执行
8	有效的刑事司法	犯罪调查体制是有效的、犯罪审判体制及时而有效、矫正体制对于减少犯罪行为是有效的、刑事体制是公正的、刑事体制不腐败、刑事体制免受政府的不当影响、法律正当程序与被告的权利
9	非正式司法	非正式司法及时而有效，非正式司法是公正的、免受不当影响，非正式司法尊重、保障基本权利

① Juan C. Botero and Alejandro Ponce，Measuring the Rule of Law，The World Justice Project-Working Papers Series No. 001. 2011. pp.39—54.

WJP 法治指数不仅为世人展现了一幅全球“法治图景”，也展示了法治是如何得以指数化的。基于 WJP 的实践和方法，可以把法治指数的理论基础和方法论归纳如下。第一，基于实证主义的立场，采取实证化的形式法治理论和实质法治理论，同时配以相应的指数方法论。第二，对“法治”进行概念化和操作化，使其最终分解为一个个可以具体观察的变量。第三，收集各个变量的数据，包括调查的方法、标准打分的方法、统计事件的方法等。第四，为每个指标分配权重。第五，根据相关的计算规则，对收集到的数据进行计算、得出法治指数，第六，对指数进行审查，包括信度、效度、协调性、稳健性等方面。

WJP 法治指数在全世界产生了重大影响，但是也存在两大缺陷，第一就是 WJP 的调查取样存在严重问题：只限于大城市，不包括农村。在城乡差异巨大的国家，城市调查和农村调查的结果往往迥然有别。第二个缺陷是公众调查取样的总体数量不够，每个国家只调查 1000 个左右的样本。在社会科学调查中，如果是非常大的总体（1000 万人以上），需要 2500 个左右的样本才能得出较为准确的结果。不过，这些都是人力财力不足所造成的问题，不属于理论方法不当的结果，只要经费和人力获得充分的保障，这些问题都可以克服。对于中国的法治评估而言，WJP 法治指数的建构方法尤其值得学习，在法治指数的编制过程中，指数方法起着举足轻重、引领全局的作用。这些都是中国法学界和政府需要着力弥补的。①

二、中国代表性的法治评价指标体系

国外法治指数在世界范围内的广泛传播，为我国法治建设的评价活动提供了必要的技术支持与参考。从国家层面而言，2004 年国务院在《全面推行依法行政实施纲要》中提出了推进依法行政、建设法治政府的目标，之后在相关文件中多次提到要“建立科学的法治建设指标体系和考核标准”。党的十八届四中全会《决定》进一步将法治建设的成效纳入政绩考核指标体系

① 参见孟涛：《法治的测量：世界正义工程法治指数研究》，《政治与法律》2015 年第 5 期。

中以衡量各级领导各部的工作业绩。在这一大背景下，实务界和学术界对于法治评估、法治指数的关注度越来越高，各地根据自身特点，集思广益、因地制宜地制定了一系列的法治政府评价指标，各地相继开展了“法治建设评价”“法治政府评价”等实践，拉开了国内法治评价的序幕。

我国法治评价指标体系按照性质的不同可分为两类，一类是体制内开展的法治政府建设指标体系。2008 年，深圳市以地方政府规章的形式出台全国首个地方性法治政府建设指标体系，也是全国第一个法治政府量化评价体系，标志着我国开始探索和尝试对法治进行定量评价和分析。随后，湖北省政府、广东省政府等十余个地方政府出台了法治政府评价指标体系。一些省份虽未出台法治政府评价指标体系，但也开展了法治政府评估实践，如上海市人民政府发布的《上海依法行政状况报告（2004—2009）》，其中包括上海市依法行政状况测评。另一类是体制外第三方主导的法治评价指标体系，这也是本书项目团队特别关注的部分。在法治建设过程中，由于第三方法治评价具有独立性、公开性、公正性和专业性等优势，能够有效克服体制内自我法治评价的弊端，因而成为法治建设评价的一道亮丽风景线。目前我国法治评价指数主要有如下几项：

（一）体制内推动的法治政府建设指标体系

1．深圳法治政府建设指标体系

深圳采取“政府主导”模式推进法治政府建设，原深圳市法制办深入研究、广泛借鉴国内外法治领域的各类指标，以中国特色社会主义法治的基本要求为指引，结合深圳实际，制定《深圳市法治政府建设指标体系》。2008 年 12 月 16 日，深圳市委市政府联合发布《中共深圳市委深圳市人民政府关于制定和实施〈深圳市法治政府建设指标体系（试行）〉的决定》（深发〔2008〕14 号），正式出台实施《指标体系》，深圳成为全国首个出台法治政府建设指标的城市。《指标体系》共设置 12 个大项、44 个子项、225 个细项。其中 12 个大项指标分别是：政府立法工作法治化，机构、职责和编制法治化，行政决策法治化，公共财政管理与政府投资法治化，行政审批法治化，行政处罚法治化，行政服务法治化，政府信息公开法治化，行政救济法治化，行政监督法治化，行政责任法治化，提高行政机关工作人员依法行政的观念和能力。涵盖了法治政府建设的各方面，涉及每类行为的各个关键环节。2015年，深圳根据中央和国家有关精神，对《指标体系》作了修订。修订后的《指标体系》由10个大项、46个子项、212个细项构成。深圳的法治政府建设考评工作从2009年正式开始，2010年作为重要指标纳入全市政府绩效考核体系，考评分值比重相对稳定，目前大约占8%，考评对象全面涵盖各区政府及新区管委会、市政府各工作部门。考评结果作为领导班子调整，领导干部选拔、任用、奖惩的重要参考。

2. 上海市依法行政状况测评指标体系

该指标体系将统计资料与公众满意度调查相结合，既不同于政府系统内部考核模式，也不有别于公众评价模式。该指标体系设依法行政状况一项为一级指标，设立制度健全度、公众参与度、信息透明度、行为规范度、高效便民度、行为可问责度6项二级指标，每个二级指标又细分20项三级指标。例如，制度健全度又分为实施性制度配套率、行政决策议事规则健全率、规范性文件备案纠错率、对制度建设的公众满意度等4项三级指标；公众参与度指标设规章公开征询率、规章公众意见反馈率、对公众参与的公众满意度等3项三级指标；信息透明度指标设依申请公开率、“执法流程”公开率、对政府信息公开的公众满意度等3项三级指标；行为规范度指标设执法流程规范度、执法文书规范度、对行为规范度的公众满意度、企业对行政审批行为的满意度等4项三级指标；高效便民度指标设审批效率、咨询答复率、对政府便民服务的公众满意度等3项三级指标；行为可问责度指标设行政复议纠错率、行政诉讼败诉率、对行政问责的公众满意度等3项三级指标。在构建这套测评指标体系时，对于20项三级指标，平均赋予权重。以百分计，按照每个指标占5%的权重，每个指标满分为5分。最后测评出上海市2004—2009年依法行政状况的总体评分为78.1分；2010—2015年测评的结果为83.74分，较前六年增加5.64分。

（二）体制外第三方主导的法治评价指标体系

1. 浙江余杭指数

由余杭法治建设领导小组与浙江大学光华法学院成立的法治余杭评估体系课题组发布。余杭指数是中国内地首个法治指数，实现了内地法治评价的重大突破。课题组于2007年出台“法治余杭”考核评估指标体系，该指标体系主要围绕“党委依法执政、政府依法行政、司法公平正义、权利依法保障、市场规范有序、监督体系健全、民主政治完善、全民素质提升、社会平安和谐”九大目标任务设计了9项一级指标，27项二级指标，77项三级指标。每年通过内审组、外审组、专家组评审及群众满意度调查四个步骤，按17.5%、17.5%、30%、35%的权重比测评计算出余杭法治指数，以反映当年的法治建设情况。其中，内审组的数据来自党委、人大、政府、司法机构直接参与法律工作的人员的打分；外审组的数据来自大学教授、企业家、新闻记者等不直接参与法律工作的人员的打分；专家组数据来自法律专家的客观打分；群众满意度调查数据来自问卷调查。①2008年，法治余杭评估体系课题组发布了余杭法治指数2007年度报告，象征着中国内地的法制建设在指标量化和价值评价体系科学化方面迈出了重要一步。余杭法治指数的意义在于“以评促治”，深化法治评估的实践运用，即以法治评估为抓手，实现基层治理体系和治理能力的现代化。

2．中国法治政府评估指数

由中国政法大学法治政府研究院发布。这是国内首例严格意义上由独立第三方进行的法治评价。该研究院自2014年起发布包括全国50—100个城市法治得分的评估报告，先后已发布6份。该评估指标体系坚持客观评价和主观评价相结合，共设置9项一级指标，26项二级指标、72项三级指标，共计1000分。9项一级指标中有8项反映客观评价，分别为“机构职能”“依法行政的组织领导”“政府制度建设”“行政决策”“行政执法”“政府信息公开”“监督与问责”“社会矛盾化解与行政争议解决”。有1项一级指标反映主观评价，即“公众满意度调查”，在该一级指标下设置了10个问题，通过社会调查方式进行评估。评分标准根据具体的三级指标确定，主要分为五种情况：第一，以考察“是否开展某类工作”或者“有无建立某种制度”等客观事实作为评分依据，根据检索资料的情况，进行赋分。第二，以“多寡”或者“频率”等客观事实分层赋分。第三，为了突出城市之间的可比性，项目组对于部分指标采取

① 余杭法治指数评审组：《余杭法治指数报告》，社会科学文献出版社2009年版，第385—401页。

将所有被评估城市的平均分作为参照的评分方式。例如，市政府机构数是否超过平均值，平均值为所有被评估市的平均值。第四，以项目组成员实际的执法体验进行赋分，例如“行政执法”一级指标项下的“违法行为投诉体验”三级指标，项目组委派调研员进行实地调查，发现违法行为后向相关行政部门进行举报，对相关部门接到举报后的行政执法行为进行全程记录。第五，公众社会调查指标中，根据被调查公众的评价进行综合评分。①

3．中国法治满意度评估

由学者朱景文主持的项目组发布。其自 2016 年始已发布 3 份包括全国 18 个省法治满意度得分和全国法治满意度平均得分的评估报告。中国法治满意度评估包括 6 项一级指标、20 项二级指标、64 项三级指标、166 项四级指标。其中一级指标包括法律规范体系、法治实施体系、法治监督体系、法治保障体系、党内法规体系和法治效果体系。评估的评价标准有两个：一是评估得分，评估设立的评分等级为五等，即好、较好、中间、较差、差，分别赋值为 90 分、80 分、70 分、60 分、50 分，据此计算每项指标得分；二是评价比例，即好评、中评、差评的百分比，评价为好和较好的为好评，评价为中间的为中评，评价为较差和差的为差评，据此计算它们所占的百分比。评估得分标准可以从总体上判断某项指标在整个法治指标中所处的地位。②

4．上海法治建设满意度指数

由上海社会科学院法学研究所和社会调查中心发布。问卷调查内容的设计，参考了上海市政府法制办在《上海市依法行政状况报告（2004—2009）》中所运用的测评指标的设计原则和方法，确定了上海法治建设评价的指标体系，由 0 级指标（也简称 A 层）、1 级指标（简称 B 层）、2 级指标（简称 C 层）和 3 级指标（简称 D 层）共同构成。其中，0 级指标，以上海法治建设状况作为目标层的指标，用来衡量上海法治建设水平。该评价指标应在时间维度上反映上海法治建设的水平和演进变化，在空间维度上反

① 《中国法治政府评估报告（2016）精编版》，法治政府网，http://fzzfyjy.cupl.edu.cn/info/1021/5945.htm。

② 朱景文：《法治评估中的问题指标——中国法治建设面临的难题》，《中国法律评论》2017 年第 4 期。

映上海法治建设的整体状态、分布特征、内在潜力和发展后劲。一级指标由反映 0 级指标的因素构成，设置了民主政治、法治政府、司法公正和社会治理 4 项一级指标。二级指标是对一级指标的分类综合，共有 22 项二级指标。其中民主政治指标由人大选举、地方立法、人大监督和政治协商组成；法治政府指标由公众参与度、信息透明度、执法规范度、高效便民度和行为可问责度组成；司法公正指标由审判质量、审判效率、审判效果、检察质量、检察效率、检察效果和队伍建设组成；社会治理指标由党委依法执政、普法程度、纠纷调处、公民参与、城市管理和法治环境组成。三级指标共有 52 项，主要从静态维度反映上海法治建设的现实情况，而且动态反映其变化演进的基本趋势和发展方向。在问卷调查设计中，同时对社会公众、法律专业人士和律师这三类受访群体开展了问卷调查，试图了解不同主体对上海法治建设的不同感受，并通过统计结果比较分析，分析提炼上海法治建设中的深层次问题。①

① 参见上海法治市情研究中心:《上海市法治建设满意度状况分析总报告》，载叶青、史建三主编:《上海法治发展报告（2014）》，社会科学文献出版社 2014 年版，第 25—56 页。

后　记

发布《长江三角洲城市法治指数测评蓝皮书》是华东师范大学长三角一体化法治研究院成立之初就确定的一项重要任务，并努力想打造成一个在社会上有一定影响的项目品牌。

机缘巧合，最终这一项目由长三角一体化法治研究院与上海律典智库合作完成，成为两家共同的成果。当然也是项目团队每个成员共同付出努力的结果。

鉴于目前国内还没有这样的可以用作区域或者城市横向作比较分析的法治指数，为此，我们研究了国际上各种类似的法治指数范本，得到不少启迪，但都无法简单地照搬借用，也决定了这是项具有原创性的、探索性的工作。

本项目的框架以及主要一级指标和二级指标指标体系，是由刘平和陈书笋先行共同研究形成，然后提交给项目团队的核心成员群策群力，共同打磨。在此基础上，团队的五位核心成员：刘平、程彬、陈书笋、杨海宁、陈肇新各自选择了一个城市进行模拟测试，并根据测试结果又对指标进行了调整、删减和补充，最终确定下来 9 项一级指标和 112 项二级指标。

测试团队由陈书笋和陈肇新两位负责，八位成员是来自华东师范大学法学院的在读硕士研究生：张健、邵思明、吴沛廷、杜宇、付楠、杨阳、殷奇林、刘紫荆。这支团队虽然是临时组成，但八位同学都展示了很高的法律素养和实务能力，很顺利地完成了 27 个城市的资料收集任务，产生了第一批指标数据。

在此基础上，按照 9 项一级指标，分别由核心成员对 27 个城市的相同二级指标数据进行资料与数据的统一校核，以统一口径和把握尺寸，避免标准不统一带来的失准。最终形成了测评数据。

蓝皮书的说明报告由刘平主笔完成。

总报告则由程彬所带领的上海律典智库研究团队：杨海宁、李露沁、郑明圆、卢映旭、梁心仪，共同精心完成。从中可见团队所拥有的社会学调查和统计学专业的长处，使得总报告富有专业性和全面性。

27 个城市的分报告，则由刘平、陈书笋和陈肇新带领部分参加测试的同学一起完成，其中有张健、邵思明、吴沛廷、杜宇、付楠 5 位同学的辛勤付出。

最后由刘平完成统稿。

虽然经过半年多的紧张工作，成果已经呈现在大家面前。但我们团队也清楚地认识到，这只是一次初步的探索和尝试，其中不可避免地还存在不足和缺陷，包括一些指标过于原则、抽象，量化程度受限，缺乏可测性；一些指标的动态性不够；受限于信息资料的来源，有些城市的测评数据并未能全面反映其法治建设的真实水平。我们已经将这些不足和缺陷一一记录在案，等待将来发布后续《蓝皮书》时会加以改进和完善。

在本《蓝皮书》即将付印之际，项目团队要对长三角一体化法治研究院学术委员会表示感谢，尤其要感谢张志铭院长，以及郝铁川、董保华、姜峰三位教授和于浩老师对城市法治指数测评方案给予的专业指导。

还要衷心感谢上海人民出版社曹培雷副总编辑给予的无私帮助和支持，使《蓝皮书》能及时纳入出版计划，能按计划及时面世。

华东师范大学长三角一体化法治研究院

上 海 律 典 智 库

二〇二一年五月三十日

图书在版编目(CIP)数据

长江三角洲城市法治指数测评蓝皮书. 2020年度/
华东师范大学长三角一体化法治研究院，上海律典智库编；
刘平，程彬主编. —上海：上海人民出版社，2021
ISBN 978-7-208-17263-0

Ⅰ. ①长… Ⅱ. ①华… ②上… ③刘… ④程… Ⅲ.
①长江三角洲-城市群-社会主义法治-建设-研究报告
-2020 Ⅳ. ①D927.5

中国版本图书馆CIP数据核字(2021)第151389号

责任编辑 史尚华
封面设计 一本好书

长江三角洲城市法治指数测评蓝皮书(2020年度)
华东师范大学长三角一体化法治研究院
上　海　律　典　智　库　编
刘　平　程　彬　主编

出　　版	上海人民出版社 (200001　上海福建中路193号)
发　　行	上海人民出版社发行中心
印　　刷	常熟市新骅印刷有限公司
开　　本	720×1000　1/16
印　　张	21
插　　页	2
字　　数	311,000
版　　次	2021年8月第1版
印　　次	2021年8月第1次印刷

ISBN 978-7-208-17263-0/D・3812
定　　价 88.00元